U0457730

国际贸易协定
对国有企业的规制研究

GUOJI MAOYI XIEDING
DUI GUOYOU QIYE DE GUIZHI YANJIU

陈　瑶◎著

中国政法大学出版社

2024·北京

声　明　1. 版权所有，侵权必究。

　　　　2. 如有缺页、倒装问题，由出版社负责退换。

图书在版编目（ＣＩＰ）数据

国际贸易协定对国有企业的规制研究 / 陈瑶著.-- 北京 ： 中国政法大学出版社，2024．7． -- ISBN 978-7-5764-1674-9

Ⅰ．F279.241

中国国家版本馆 CIP 数据核字第 2024JB9271 号

出 版 者　中国政法大学出版社

地　　址　北京市海淀区西土城路 25 号

邮寄地址　北京 100088 信箱 8034 分箱　邮编 100088

网　　址　http://www.cuplpress.com (网络实名：中国政法大学出版社)

电　　话　010-58908285(总编室) 58908433 （编辑部）58908334(邮购部)

承　　印　固安华明印业有限公司

开　　本　720mm×960mm　1/16

印　　张　14.25

字　　数　230 千字

版　　次　2024 年 7 月第 1 版

印　　次　2024 年 7 月第 1 次印刷

定　　价　65.00 元

上海政法学院学术著作编审委员会

主　任：刘晓红

副主任：郑少华

秘书长：刘　军　康敬奎

委　员：(以姓氏拼音为序)

　　　　蔡一军　曹　阳　陈海萍　陈洪杰　冯　涛　姜　熙

　　　　刘长秋　刘志强　彭文华　齐　萌　汪伟民　王　倩

　　　　魏治勋　吴苌弘　辛方坤　徐　红　徐世甫　许庆坤

　　　　杨　华　张继红　张少英　赵运锋

总 序 /FOREWORD

四秩芳华，似锦繁花。幸蒙改革开放的春风，上海政法学院与时代同进步，与法治同发展。如今，这所佘山北麓的高等政法学府正以稳健铿锵的步伐在新时代新征程上砥砺奋进。建校 40 年来，学校始终坚持"立足政法、服务上海、面向全国、放眼世界"的办学理念，秉承"刻苦求实、开拓创新"的校训精神，走"以需育特、以特促强"的创新发展之路，努力培养德法兼修、全面发展，具有宽厚基础、实践能力、创新思维和全球视野的高素质复合型应用型人才。四十载初心如磐，奋楫笃行，上海政法学院在中国特色社会主义法治建设的征程中书写了浓墨重彩的一笔。

上政之四十载，是蓬勃发展之四十载。全体上政人同心同德，上下协力，实现了办学规模、办学层次和办学水平的飞跃。步入新时代，实现新突破，上政始终以敢于争先的勇气奋力向前，学校不仅是全国为数不多获批教育部、司法部法律硕士（涉外律师）培养项目和法律硕士（国际仲裁）培养项目的高校之一；法学学科亦在"2022 软科中国最好学科排名"中跻身全国前列（前 9%）；监狱学、社区矫正专业更是在"2023 软科中国大学专业排名"中获评 A+，位居全国第一。

上政之四十载，是立德树人之四十载。四十年春风化雨、桃李芬芳。莘莘学子在上政校园勤学苦读，修身博识，尽显青春风采。走出上政校门，他们用出色的表现展示上政形象，和千千万万普通劳动者一起，绘就了社会主义现代化国家建设新征程上的绚丽风景。须臾之间，日积月累，学校的办学成效赢得了上政学子的认同。根据 2023 软科中国大学生满意度调查结果，在本科生关注前 20 的项目上，上政 9 次上榜，位居全国同类高校首位。

上政之四十载，是胸怀家国之四十载。学校始终坚持以服务国家和社会需要为己任，锐意进取，勇担使命。我们不会忘记，2013 年 9 月 13 日，习近平主席在上海合作组织比什凯克峰会上宣布，"中方将在上海政法学院设立中国—上海合作组织国际司法交流合作培训基地，愿意利用这一平台为其他成员国培训司法人才。"十余年间，学校依托中国—上合基地，推动上合组织国家司法、执法和人文交流，为服务国家安全和外交战略、维护地区和平稳定作出上政贡献，为推进国家治理体系和治理能力现代化提供上政智慧。

历经四十载开拓奋进，学校学科门类从单一性向多元化发展，形成了以法学为主干，多学科协调发展之学科体系，学科布局日益完善，学科交叉日趋合理。历史坚定信仰，岁月见证初心。建校四十周年系列丛书的出版，不仅是上政教师展现其学术风采、阐述其学术思想的集体亮相，更是彰显上政四十年发展历程的学术标识。

著名教育家梅贻琦先生曾言，"所谓大学者，有大师之谓也，非谓有大楼之谓也。"在过去的四十年里，一代代上政人勤学不辍、笃行不息，传递教书育人、著书立说的接力棒。讲台上，他们是传道授业解惑的师者；书桌前，他们是理论研究创新的学者。《礼记·大学》曰："古之欲明明德于天下者，先治其国"。本系列丛书充分体现了上政学人想国家之所想的高度责任心与使命感，体现了上政学人把自己植根于国家、把事业做到人民心中、把论文写在祖国大地上的学术品格。激扬文字间，不同的观点和理论如繁星、似皓月，各自独立，又相互辉映，形成了一幅波澜壮阔的学术画卷。

吾辈之源，无悠长之水；校园之草，亦仅绿数十载。然四十载青葱岁月光阴荏苒。其间，上政人品尝过成功的甘甜，也品味过挫折的苦涩。展望未来，如何把握历史机遇，实现新的跨越，将上海政法学院建成具有鲜明政法特色的一流应用型大学，为国家的法治建设和繁荣富强作出新的贡献，是所有上政人努力的目标和方向。

四十年，上政人竖起了一方里程碑。未来的事业，依然任重道远。今天，借建校四十周年之际，将著书立说作为上政一个阶段之学术结晶，是为了激励上政学人在学术追求上续写新的篇章，亦是为了激励全体上政人为学校的发展事业共创新的辉煌。

党委书记　葛卫华教授

校　　长　刘晓红教授

2024 年 1 月 16 日

前 言 / PREFACE

　　企业的模式本来属于国内法范畴，但国际贸易规则似乎比较早就关注了国有企业问题。各个国家处于不同的发展水平和发展阶段，有权选择适合本国的经济发展模式。与补贴一样，国有企业本身并非造成当前国际市场不公平竞争的根本原因。随着国有企业深度参与全球价值链发展，一方面国有企业对全球经济发展产生了巨大的拉动作用，另一方面参与商业竞争的部分国有企业有可能利用补贴、特权及其他政府授予的优势扭曲市场竞争。在此背景下，欧美等发达经济体要求以竞争中立为国有企业参与国际竞争建立新规则的呼声不绝于耳。不管是在 WTO 现代化改革、中美贸易战、还是在经贸协定谈判中，国有企业议题越来越成为一个绕不开的议题。国有企业条款已成为未来国际贸易竞争规则发展的重要趋势之一，在区域性自由贸易协定（Free Trade Agreements, FTAs）中频频出现，其规则体系和具体规定内容方面在体现共性的同时又有所差异。随着习近平总书记提出中方将积极考虑加入《全面与进步跨太平洋伙伴关系协定》，中欧《全面投资协定》对"涵盖实体"作出承诺，这都表明中国将积极考虑其他贸易伙伴的诉求，直面国有企业的问题。

　　基于此，本书将研究国际贸易协定[1]中与国有企业相关规则的内涵与外延到底有哪些不同？在国际贸易协定法律框架下，国有企业将受到哪些约束？这些约束对中国而言，无论是参与 WTO 的现代化改革，还是参与乃至引领 FTAs 的谈判，存在哪些机遇与挑战？最终试图构建出既能够被国际上普遍认

---

　　[1]　本书中的国际贸易协定指的是 WTO 涵盖协定与 FTAs，其中 FTAs 除区域 FTAs，还包括诸边贸易协定（如 TiSA）、双边 FTAs、巨型 FTAs（如 TPP）以及经济伙伴协定（如欧日 EPA）等。

可，又能更好地维护中国国家利益与安全的国有企业国际规制体系，以期为中国参与国有企业条款谈判提出中国方案。本书除导论与结束语外共分为五章：

第一章"国有企业条款的理论基础及其来源"。接合理论为国有企业设立特殊规则开辟了先河。随着国有企业在国际市场迅速扩张，在欧美传统优势产业崭露头角，欧美等经济体认为既有的 WTO 规则以及 FTAs 并不足以规制国有企业的不当竞争行为。因此，欧美借助竞争中立理论，提出国有企业仅因其政府所有权或控制而获得了私营企业所无法获得的不正当竞争优势，扭曲贸易和市场，并纷纷在 CETA、TPP〔1〕、USMCA 和欧日 EPA 中纳入国有企业条款。当前国有企业条款已经形成了以国有企业为核心的规制体系，开始向重要的国际规则迈进。国有企业条款主要分为两种模式：美国主导的国有企业条款与欧盟主导的国有企业条款。两者均在国有企业定义、非歧视待遇和商业考虑以及透明度等方面作出规范。而两者的差异在于，美国主导的国有企业条款更加关注国有企业接受的补贴优势，而欧盟主导的国有企业条款则更加关注国有企业接受的国内监管方面的优势。

第二章"纳入规制的国有企业的范围"。新一代区域自由贸易协定〔2〕中的国有企业条款直接规制国有企业，为 WTO 涵盖协定的规制不足提供补充。一方面，为了使更多的国有企业受到规制，国有企业条款以"政府所有或控制"界定国有企业。另一方面，针对国有企业的规模、层级、所处行业、从事的具体活动等提出了诸多例外，将很大一部分国有企业排除在了国有企业条款的适用范围之外，限制了国有企业条款的实施效果。总体上，随着国有企业条款的模板效应不断显现，以"政府所有或控制"的界定方法逐渐达成共识，而且"政府对企业非基于所有权益的控制"也逐渐获得认同。然而，这一国有企业定义所界定的政府行为边界可能既是过度的，也是不足的。为使国有企业条款的适用范围更具可预期性，未来国有企业定义中应进一步明确政府控制，并对例外作出更为一致的规定。

第三章"非歧视待遇和商业考虑条款的适用"。非歧视待遇和商业考虑是

---

〔1〕 CPTPP 国有企业条款与 TPP 国有企业条款基本上没有差别，为研究和行文方便，在论述 TPP 的国有企业条款时，直接以 TPP 指代 CPTPP。

〔2〕 本书所讨论的新一代区域自由贸易协定主要指的是 TPP、USMCA、CETA 以及欧日 EPA。

基于竞争中立为国有企业参与商业活动制定的核心义务，也是研究国有企业条款的重点。《关税与贸易总协定》下国营贸易企业仅需遵守非歧视待遇。非歧视待遇仅明确包含最惠国待遇。商业考虑因素仅仅是判断其是否违反非歧视待遇的一项标准。国有企业非歧视待遇与商业考虑条款不仅将商业考虑独立于非歧视待遇，作为国有企业需要遵守的独立义务，而且全面扩张了非歧视待遇，尤其是明确国有企业非歧视待遇包含国民待遇，并且将适用范围从货物贸易扩展到了服务贸易与投资。然而，本章也指出，国有企业非歧视待遇条款中所设义务属于准政府义务、市场管理者义务，国有企业商业考虑条款中的义务则属于市场参与者需要遵守的义务。对于国有企业而言，在商业活动中同时遵守两种义务可能会引发相互矛盾的行为。为此，国有企业非歧视待遇和商业考虑条款对其适用范围作出了划分。根据国有企业非歧视待遇与商业考虑条款，国有企业基于商业考虑因素给予差别待遇并不被视为违反非歧视待遇条款。当国有企业根据公共服务指令提供或购买货物或服务时，只需以非歧视的方式进行，而无需遵守商业考虑义务。国有企业的双重属性，即公共属性与商业属性，是国有企业监管的难题所在。应当说，国有企业非歧视待遇与商业考虑条款为双重属性的国有企业参与商业活动提供了一种可能的监管方法，但也确实对国有企业参与商业活动提出了更高的要求。

第四章"非商业援助条款对 SCM 协定的重塑"。非商业援助条款是为国有企业量身定做的补贴与反补贴规则。非商业援助条款对 SCM 协定中与国有企业相关争议作出了回应：第一，在涉及国有企业的交易中，可绕过 SCM 协定下对"公共机构"认定问题，直接将国有企业作为补贴提供者；第二，简化了是否"授予一项利益"的判断，模糊处理利益比较的基准问题，赋予缔约方调查机构在拒绝使用补贴提供国的国内价格以及选择替代的外部基准方面更多的自由裁量权；第三，将 SCM 协定下对补贴专向性的判断中的"特定企业"变更为"国家所有或控制的企业"。非商业援助条款强化了对国有企业商业活动的约束，减轻了调查机构的举证责任。但是，由于非商业援助条款缺乏对关键性术语的界定，降低了适用的可预期性，将有可能导致反补贴措施的滥用。非商业援助条款区别对待以国有企业作为接受者的补贴与以私营企业作为接受者的补贴，缺乏合理性与经济学理论支持。非商业援助条款中对补贴专向性与补贴中立的判断也存在偏差。未来的针对国有企业的补贴规则应"捕捉"那些真正因政府所有权或控制权而授予国有企业的补贴，并充分考虑国有企业可能承担的政策目标。

第五章"我国参与国有企业条款谈判的法律建议"。随着国有企业条款逐渐成型与成熟，显然其将成为新兴经济体发挥后发优势的障碍以及国有企业参与国际竞争的新规则壁垒。基于竞争中立的国有企业条款已经在国际社会取得一定的共识，不论中国是否加入 TPP 协定，其中的高标准条款都将对中国的国有企业参与国际竞争活动产生巨大的影响。诚然，国有企业条款内含欧美等经济体平衡新兴经济体，重塑国际规则等深层动机。但是从根本上说，竞争中立与我国经济体制改革的方向是一致的，均旨在实现公平竞争的市场环境。国有企业条款也具有倒逼中国进行国有企业改革的功能。结合《入世议定书》以及中国在中欧《全面投资协定》中就国有企业的承诺，本书提出中国应秉承多边协商、大小国家平等、规则导向等基本原则，主动参与国有企业条款谈判文本：提出符合国情的国有企业定义；善用例外排除特定国有企业；总体上接受国有企业非歧视待遇与商业考虑条款；推动行为区分型"公共机构"认定标准、反对国有企业补贴专向性测试、严格限制补贴利益外部基准的适用等与国有企业相关补贴条款。

综上所述，国有企业条款在 FTAs 中的地位愈发重要，内容和体系愈发完善。

新一代区域自由贸易协定中的国有企业条款对 WTO 涵盖协定和 TPP 前的 FTAs 中对国有企业的规制不足和争议作出了一定的回应，但在国有企业的定义和范围、国有企业补贴规则等方面尚存在进一步发展和调整的空间，以使国有企业条款更具科学性、更加合理化。企业的国际竞争某种程度上就是国家之间经济力量的竞争。中国作为一个拥有众多大型国有企业的贸易大国，应当承担与之相适应的国际责任，主动维护自由贸易和公平竞争环境，参与并引领国有企业条款的制定。

目 录 /CONTENTS

导 论

一、问题的提出

企业的模式本来属于国内法范畴，但国际贸易协定似乎比较早就关注到了国有企业的问题。在 1947 年的《关税与贸易总协定》（以下简称 GATT1947）中专门对"国营贸易企业"作出特别规定；《北美自由贸易协定》（以下简称 NAFTA）将国有企业相关规则包含在了第十五章"竞争政策、国家垄断和国有企业"中。WTO 成立以来，在 DS379 和 DS437 等案中，上诉机构对国有企业是否属于《补贴与反补贴措施协定》（以下简称 SCM 协定）中"公共机构"进行了分析和澄清，试图对 WTO 中纳入规范的国有企业作出界定。

《跨太平洋伙伴关系协定》（以下简称 TPP 或 TPP 协定）、《美墨加贸易协定》（以下简称 USMCA）、《欧盟与加拿大全面经济与贸易协定》（以下简称 CETA）、《欧盟—日本经济伙伴关系协定》（以下简称欧日 EPA）将国有企业条款从"竞争政策"章节中分离出来，独立成章。这使得国有企业议题成为国际贸易协定中一个越来越绕不开的议题，并已成为未来国际贸易竞争规则发展的重要趋势之一，然而各贸易协定国有企业条款的具体内容在体现共性的同时又有所差异。因此，本书将研究 WTO 涵盖协定中与国有企业相关规定、TPP、USMCA、CETA、欧日 EPA 等 FTAs 中的国有企业条款内涵与外延到底有哪些不同？在国际贸易协定法律框架下，国有企业将受到哪些约束？这些约束对中国而言，无论是参与 WTO 的现代化改革，还是参与乃至引领 FTAs 的谈判，存在哪些机遇与挑战？最终试图构建出一个既能维护中国国家利益与安全，又能被国际社会普遍接受的国有企业国际规制体系，为中国参与国有企业条款的谈判提出中国方案。

二、研究的目的和意义

(一) 国际发展需求

全球价值链的深入发展对传统的贸易模式产生了巨大影响，也对贸易便利化提出了更高要求。当前，贸易投资规则竞争重心逐渐从"边境规则"向"边境后规则"转移。国有企业因政府所有权或控制权而享受的竞争优势对欧美经济体私营企业的全球生产和全球销售造成了威胁，由此应运而生的国有企业议题便是其运用"竞争中立"政策建立的下一代贸易规则。竞争法域外适用将可能导致国有企业规则碎片化，缺乏规则一致性和可预期性。况且竞争法所规制的对象是企业的垄断行为，对不同所有制的企业采取中立态度，甚至还会豁免某些特殊行业国有企业。而欧美主导的、以"竞争中立"为基础构建的国有企业条款，看似规范国有企业扭曲公平竞争市场的行为，实质上可能包含了政治经济方面的考量，如进一步开放他国市场，影响国家对国有企业的政策，削弱国有企业相对于发达经济体跨国私营企业的竞争优势。因而，如何从国际贸易规则角度更好地实现国有企业和私营企业之间的公平竞争成为国际发展的必然要求。

(二) 国内发展需求

在中美贸易战和 WTO 改革议题不断升温的新形势下，对国有企业改革问题的讨论已经不能停留在企业内部机制改革层面，而是要深入到不同所有制企业在竞争环境方面的不平等待遇层面。随着 2018 年李克强总理在政府工作报告中提出营造国企、民企、外企公平竞争、一视同仁的营商环境，激发市场主体活力和社会创造力后，国家决策层越来越重视竞争中立并以此指导国有企业改革已是不争的事实。习近平总书记指出，面对新形势新任务新要求，全面深化改革的关键在于进一步形成公平竞争的发展环境。政府的职责与作用是确保公平竞争，加强市场监管，维护市场秩序。因此，利用竞争中立理论实现国有企业和民营企业的公平竞争符合我国国内的发展趋势。为此，从国际贸易规则的角度创造一个公平竞争的市场环境与我国经济体制改革和国有企业改革的目标与要求是相契合的。

三、文献综述

（一）国外文献研究综述

竞争中立并非一个新概念，国外也较早对其开展研究。国外的主题文献主要有：学者著述，主题论文，包括经济合作与发展组织（OECD）、世界银行（WB）、世界贸易组织（WTO）、联合国贸易和发展会议等（UNCTAD）主要国际投资与贸易组织发布的研究报告，国家政府机构以及高层就相关领域发布的官方文件与讲话等。

1. 学者著述

Matthew Rennie 和 Fiona Lindsay 在《澳大利亚的竞争中立与国有企业：实践及其对其他国家的影响》（Competitive Neutrality and State-Owned Enterprises in Australia：Review of Practices and their Relevance for Other Countries）（2011年）中对澳大利亚的竞争中立法律框架作了综合性研究，通过历史回顾和案例分析的方式，对该法律框架在其他管辖区的可适用性作出评价。Wu Yingying 在《改革 WTO 中国有企业相关规则》（Reforming WTO Rules on State-Owned Enterprises）（2019年）中分析了 WTO 相关纪律对国有企业的政府优势与反竞争行为约束的不足，提出了在 WTO 框架下更新国有企业相关规则的若干建议。Julien Chaisse，Henry Gao and Chang-fa Lo 主编的《国际经济法规则制定的范式转变：TPP 协定是贸易协定的新模式？》（Paradigm Shift in International Economic Law Rule-Making：TPP as a New Model for Trade Agreements？）（2017年）对 TPP 协定国有企业条款作了客观评价：总体上，国有企业条款确立了规范国有企业行为的原则。但随着协定的实施，缺陷与不足之处也可能随之暴露出来，尤其是在国有企业定义和范围方面。

2. 主题论文

主题论文中对国有企业条款法律问题的研究主要集中在国有企业国际规制的必要性、WTO 对国有企业的规制缺陷、国有企业条款的规制对象、范围以及核心义务等。

（1）国有企业国际规制的必要性

Kawase Tsuyoshi 在其《TPP 协定对规范国有企业的谈判和规则制定》（Trans-Pacific Partnership Negotiations and Rulemaking to Regulate State-Owned

Enterprises)（2014 年）中提出，由于政府补贴、低息贷款、规则优待以及宽松的公司治理，国有企业很有可能会从事倾销、反竞争经营行为，从而损害公平的国际竞争。Ines Willemyns 在其文《TPP 协定对国有企业的规制纪律：是否达到预期？》（Disciplines on State-Owned Enterprises in TPP：Have Expectations been Met?）（2016 年）中明确提出，国有企业对国际竞争有潜在的负面影响，有必要通过专门的立法来确保公平的竞争环境。Derek Scissors 所撰写的《为何 TPP 协定必须加强竞争中立》（Why the Trans-Pacific Partnership Must Enhance Competitive Neutrality）（2013 年）中认为，国有企业的目的就是规避竞争，这对国际贸易和投资自由化造成了严重威胁。促进贸易、投资和全球经济发展的理想结果就是尽可能在所有部门规制国有企业。

（2）WTO 对国有企业的规制不足

对于多边贸易体制是否能有效规制国有企业，学界存在诸多质疑。Weihuan Zhou，Henry Gao 和 Xue Bai 的《中国国有企业改革：利用 WTO 规则塑造市场经济》（China's SOE Reform：Using WTO Rules to Build a Market Economy）（2018 年）认为，政府与国有企业的关系、国有企业与私有企业间的关系及竞争问题，在当今调整国际经贸关系的主要多边规则，即世界贸易组织规则中已经得到基本规范。但是，Gary Clyde Hufbauer 和 Jeffrey J. Schott 在其共同撰写的《WTO 是否拥有光明未来》（Will the World Trade Organization Enjoy a Bright Future?）（2012 年）中则指出，目前 WTO 只在 GATT1994 第 17 条对国有企业有所规定，已经无法适应新时期的国际经济环境，应当进行改革。Andrea Mastromatteo 在其文《WTO 与国有企业：GATT1994 第 17 条和相关条款》（WTO and SOEs：Article XVII and Related Provisions of GATT1994）（2017 年）中提出，WTO 现行规则并无法有效解决当前国有企业提出的挑战。GATT/WTO 确立了一套以非歧视原则为基础的、相对有限的纪律，但尚不足以解决"国营贸易"引发的各类与公平竞争相关的问题。Petros C. Mavroidis 和 Merit E. Janow 在其共同撰写的《自由市场、国家干预和世贸组织：竞技场上的中国国有企业》（Free Markets，State Involvement，and the WTO：Chinese State-Owned Enterprises（SOEs）in the Ring）（2017 年）中指出，GATT/WTO 整个架构没有仔细考虑并解决与非市场经济相关的问题。Mark Wu 更是在其文章《"中国集团"对全球贸易治理的挑战》（"The China"，Inc. Challenge to Global Trade Governance）（2016 年）中直接提出，当前 WTO 所面临的挑战在于能否制定一套具有可预期且公平的法律规则来解决源于"中国集团"的国有企业的贸易扭曲行为。而这直接决定其在未来全球贸易治理中的重要性。

（3）国有企业条款的规制对象

Ines Willemyns 所撰写的《国际经济法中对国有企业的纪律—我们是否朝着正确的方向发展》（Disciplines on State-Owned Enterprises in International Economic Law：Are We Moving in the Right Direction）（2016 年）指出，WTO 法律体系对于国有企业的界定主要见于 GATT1994 第 17 条（国营贸易企业）和 GATS 第 28 条（定义）中的 h 项（垄断性服务提供者），而 SCM 协定是否直接适用于国有企业并不明确，只能通过个案判断国有企业是否构成"公共机构"；文章进一步提出，对国有企业的界定不应该太过宽泛。而 TPP 协定通过定义、范围和例外相结合的方式，基本实现了国有企业条款的目的。而 Minwoo Kim 在其文《规范看得见的手：贸易协定中国有企业规则的发展》（Regulating the Visible Hands：Development of Rules on State-Owned Enterprises in Trade Agreements）（2017 年）中指出，TPP 协定中的国有企业条款的例外，在很大程度上，是政治妥协的一种结果。而且，这并不一定能实现国有企业条款的目的，反而会加剧国家干预。针对 TPP 协定国有企业条款中的国有企业定义，Jaemin Lee 在《贸易协定前沿——国有企业的规制与突出性制度挑战》（Trade Agreements' New Frontier-Regulation of State-Owned Enterprises and Outstanding System Challenges）（2019 年）中进一步质疑，"主要参与商业活动"或"被国家所有或控制"两个标准缺乏明确指引和可操作性。

（4）国有企业条款的核心义务

学者们主要围绕国有企业非歧视待遇和商业考虑条款、非商业援助条款等国有企业参与国际贸易活动时所需要遵守的核心义务进行讨论。在非歧视待遇与商业考虑条款方面，Mikyung Yun 在其文《对 TPP 协定国有企业新贸易制度的分析》（An Analysis of the New Trade Regime for State-Owned Enterprises under the Trans-Pacific Partnership Agreement）（2016 年）中指出，国有企业条款中对非歧视待遇与商业考虑的处理与 GATT1994 第 17 条（国营贸易企业）存在根本不同，具有推翻 WTO 上诉机构裁决的效果。相类似地，R. S. Neeraj 在其撰写的《一部决定性的法案：TPP 规则是如何减损 WTO 法律》（A Defining Act：How TPP Rules Are Undermining WTO Jurisprudence）（2019 年）中认为 TPP 协定对商业考虑的界定严重偏离了 WTO 中国营贸易企业的商业考虑含义与上诉机构作出的解释。

在非商业援助条款方面，Raj Bhala 在其撰写的《公开被遗忘的 TPP 协定章节：第 17 章作为规制国有企业的国际贸易纪律未来模板》（Exposing the Forgotten TPP Chapter：Chapter 17 as a Model for Future International Trade Disciplines on SOEs）（2017 年）中提出 TPP 协定中非商业援助的规定是对 SCM 协定第 1 条第 1 款 a 项"财政资助"规定的模仿，旨在确保一个公平竞争的市场环境。Sylvestre Fleury Julien 和 Marcoux Jean-Michel 在其共同撰写的《美国对 TPP 协定中国有企业纪律的塑造》（The US Shaping of State-Owned Enterprise Disciplines in the Trans-Pacific Partnership）（2016 年）中提出，非商业援助条款将补贴规则延伸到服务贸易领域，是对 WTO 法律体系的突破和创新。

3. 国际组织的研究报告

（1）OECD 在 1999 年出台了《OECD 公司治理准则》（OECD Principles of Corporate Governance），之后又于 2004 年对其作出修订。由于很多国家都拥有较大规模的国有企业，并且国有企业公司治理对提升各国竞争力和经济效率具有重要意义，因此 OECD 在 2005 年出台了《国有企业公司治理指引》（OECD Guidelines on Corporate Governance of State-Owned Enterprises），首次提出国有企业定义。该指引代表了 OECD 国家国有企业公司治理的重要趋势，为世界上其他国家的国有企业治理提供了重要参考。

作为最早推动竞争中立的国际组织，OECD 在《国有企业与竞争中立原则报告》（State-Owned Enterprises and the Principle of Competitive Neutrality）（2009 年）中讨论了如何将竞争规则适用于国有企业竞争中立的问题。该报告提出，仅依靠竞争法并无法确保国有企业和私营企业之间的公平竞争。在那些刚刚开放的公共领域，确保作为在位者的国有垄断企业与新进入的私营企业之间的公平竞争至关重要，因此引入竞争中立很有必要。

紧接着，OECD 在 2011 年发布了研究报告《竞争中立和国有企业：挑战和政策选择》（Competitive Neutrality and State-Owned Enterprises：Challenges and Policy Options）和《竞争中立：确保国营企业和私营企业间的公平竞争》（Competitive Neutrality：Maintaining a Level Playing Field Between Public and Private Business），在总结了各国经验基础上，提出了维持竞争中立的主要途径。2012 年发布的《竞争中立：各国实践》（Competitive Neutrality：National Practices）、《竞争中立：经合组织建议、指南和最佳实践汇编》（Competitive Neutrality：A Compendium of OECD Recommendations，Guidelines and Best Practices）等研究报告总结了国有企业在世界范围内存在的"竞争优势"种类以及各国对于竞争中立的态度和实践，并推出了竞争中立的最佳实践。《国有企业的贸易影响与相关政策问题》（State-Owned Enterprises：Trade Effects and Policy Implications）（2013 年）讨论了国有企业的潜在优势以及其跨境影响，并结合相关案例提出现有监管框架对国有企业约束不足的可能原因。《作为全球竞争者的国有企业：挑战或机遇》（State-Owned Enterprises as Global Competitors：A Challenge or an Opportunity?）（2016 年）从竞争、投资、公司治理以及贸易政策等多个角度对国有企业相关问题进行分析，旨在解决对国有企业国际化日益增长的政策关切，以保持全球经济中贸易和投资的开放性。

（2）WB 在 2006 年发布的《被有形的手控制——新兴市场国有企业公司治理的挑战》（Held by the Visible Hand-The Challenge of State-Owned Enterprise Corporate Governance for Emerging Markets）对新兴市场的国有企业公司治理作出了初步评估，讨论了国有企业公司治理框架的要素，包括国有企业的法律地位、国有企业旨在实现的目标、国有企业内组织结构、披露与透明度等，并且提出了完善公司治理的建议。

（3）WTO 早在 1996 年的新加坡部长级会议就成立了贸易与竞争关系工作组，研究贸易与竞争政策之间的关系。在 2001 年发布的《贸易政策与竞争政策相互关系的报告》（Report of the Working Group on the Interaction between Trade and Competition Policy to the General Council）中，工作组总结了贸易政策与竞争政策的目标、原则、概念和手段，两者之间的关系对发展和贸易的影响等。

（4）UNCTAD 为发展中国家提供了平台，以提出符合自身利益诉求的竞争中立理念和制度。在《竞争中立及其在特定发展中国家的适用》（Competitive Neutrality and Its Application in Selected Developing Countries）（2014 年）中，UNCTAD 介绍了中国、印度、马来西亚以及越南等国的竞争中立问题，包括国有企业的性质、监管以及正在进行的、旨在提高效率和竞争力的国内国有企业改革。该报告认为，即使尚未实施全面的竞争中立政策，各国政府如果希望在其管辖范围内促进竞争，也应定期考虑政策决定、监管、国有企业行为和优势对市场的影响。

4. 国家政府机构研究报告与高层讲话

（1）澳大利亚国家竞争政策调查组的《希尔默报告》（The Hilmer Review）

（1993 年），提出澳大利亚竞争法无法有效监管政府的商业行为，不能解决国有企业的成本优势和定价优势等问题。而且国有企业凭借财政补贴与税收豁免，低价经营，破坏市场竞争秩序，打击竞争对手。该报告首次提出以竞争中立解决国有企业与私营企业竞争时导致的扭曲。之后，澳大利亚政府邀请哈珀教授对竞争政策的"根源与分支"做独立报告，哈珀教授提交的最终报告《哈珀报告》（The Harper Review）（2015 年）针对竞争政策、法律和机制提出了 56 项改革建议。同年 11 月，政府发布了《澳大利亚政府对竞争政策审查的回应》（Australian Government Response to the Competition Policy Review）（2015 年），对其中 39 项改革建议表示完全支持，对 5 项改革建议表示部分支持，对 12 项改革建议表示保留。

（2）欧洲议会发布的研究报告《欧盟的国有企业：后危机时代教训和改进方向》（State-Owned Enterprises in the EU: Lessons Learnt and Ways Forward in a Post-Crisis Context）（2016 年）中提出，国有企业改革主要目标是提高实现非商业目标时的效率、经济效益与价值。欧盟成员国国有企业改革主要旨在解决下列问题：国家作为国有企业所有人、所有权和其他国家职能相分离、改变国有企业治理和报告方式以及法律法规的可适用性。

（3）虽然缺乏推行竞争中立政策土壤，但美国在国际上力推竞争中立政策。《美国国家安全战略报告》（National Security Strategy of the United States of America）（2017 年）认为，国有企业通过不公平贸易获得了经济优势。美国高层在对外发言中提出，竞争中立指的是"使竞争不受外来因素的干扰"。其核心是对现行国际经贸规则作出调整，以弥补其在确保国有企业与私营企业公平竞争方面的不足。并且在 USTR 网站公布的多个报告中，美国提出要建立规制国有企业的全球性纪律。

（二）国内文献研究综述

国内文献对竞争中立的研究起步较晚。在美国政府宣布加入 TPP 后，竞争中立才开始逐渐被国内学界所关注。近年来，随着国内研究的不断深入，对竞争中立制度已有一个较为全面的认识。但是以竞争中立分析国有企业条款的研究尚处于起步阶段，对国有企业条款所涉法律问题的分析也并不多。

1. 学者的个人著述

学者的个人著作主要围绕竞争中立，对国有企业条款进行研究。丁茂中在其《竞争中立政策研究》（2018 年）一书中对竞争中立政策的基本定位、行为准则、适用除外、贯彻路径、风险防控、决策体制等，结合理论与实践，展开了系统性研究。冯辉、石伟的《贸易与投资新规则视野下的竞争中立问题研究》（2018 年）在对比分析澳大利亚模式、欧盟模式与美国模式的竞争中立后提出，围绕竞争中立的国家制度竞争背后，实质上是"政府和市场关系"的竞争，或各国在塑造政府与市场关系过程中"制度能力"的竞争。应品广在其《竞争中立规则研究：国际比较与中国选择》（2020 年）一书中提出了国内与国际两个层面的应对手段：在国内层面，借助于国内自贸区的试验探索国有企业的竞争中立；在国际层面，论证竞争中立作为国内改革措施和国际约束规则的不同。依据全球价值链理论，寻求全球竞争的实质公平，坚持竞争中立应与一个国家的发展阶段和法治背景相符合，主张符合自身发展阶段需求的豁免。

2. 主题论文

主题论文中对国有企业条款的法律问题的论述主要有国有企业条款的出现原因与演变、国有企业条款的适用范围与例外、国有企业条款的核心义务、国有企业条款对中国的影响与中国对策。

（1）国有企业条款出现的原因

徐程锦和顾宾在其文章《WTO 法视野下的国有企业法律定性问题——兼评美国政府相关立场》（2016 年）中提出，国有企业法律定性问题之所以受到广泛关注，是源于西方国家对国有企业造成不公平竞争的偏见。黄志瑾在其文《国际造法过程中的竞争中立规则——兼论中国的对策》（2013 年）中通过梳理竞争中立概念的起源、规则内涵、在 TPP 协定谈判中的地位以及在 OECD 语境下的涵义等，指出发达国家旨在通过双边和多边国际法手段，将对国有企业的规范纳入到国际经济法律体系中。

（2）国有企业条款的演变

对国有企业条款的演变研究需要对比不同时期的自由贸易协定。唐宜红和姚曦在其文《竞争中立：国际市场新规则》（2013 年）中提出，最初的国有企业规则只适用于一国国内，并不涉及他国。其关注点在于政府的商业活动不得因其公共部门所有权而享有私营部门竞争者所不能享受的竞争优势。21 世纪以后，随着全球竞争的日益激烈，国有企业与私营企业的公平竞争问题逐渐进入国际视野。

沈铭辉的《"竞争中立"视角下的 TPP 国有企业条款分析》（2015 年）指出，TPP 或其他贸易协定的国有企业条款与竞争中立原则是不同的。理论上说，竞争中立状态是国家通过各种规制措施以获得理想的市场环境，但是通过何种手段以及达到的政策效果如何，存在较大差异。相较之下，国有企业条款是追求竞争中立的一种国际经济政策手段，其政策效果取决于具体的条款内容。正如冯辉在其文《竞争中立：国企改革、贸易投资新规则与国家间制度竞争》（2016 年）中所指出的，竞争中立转向国际贸易投资规则的美国、欧盟与澳大利亚三种模式和路径，由于实践中的并存而产生多极化的规则图景。杨秋波的《国企条款透视：特征、挑战与中国应对》（2018 年）一文提出，从国内法的条款到区域贸易协定的重要规则，国有企业条款正在逐步走向世界贸易规则的中心舞台，成为发达国家进行贸易与投资竞争的重要政策工具。然而，以竞争中立理论规制国有企业的规则尚未达成一致。

（3）国有企业条款的适用对象与范围

廖凡在其文《政府补贴的法律规制：国际规则与中国应对》（2017 年）中提出，美国在 TPP 协定中创造了"国家企业"（State Enterprise）这一新术语，并将之宽泛地界定为"缔约方所有或通过所有者权益控制的企业"。这既不同于我国传统意义上的国营企业，也与 GATT1994 第 17 条中的"国营贸易企业"有所区别。马其家和樊富强的《TPP 对中国国有企业监管制度的挑战及中国法律调整——以国际竞争中立立法借鉴为视角》（2016 年）提出，竞争中立规则适用主体的范围突破了国有企业，延伸到部分私营企业的商业行为。李思奇和金铭共同撰写的《美式国有企业规则分析及启示——以 NAFTA、TPP、USMCA 为例》（2019 年）指出，相较于 TPP 协定对股权、投票权和任命权的要求，USMCA 增加了对决策权的约束，即政府拥有投票权外的任何其他所有者权益控制企业的权力，这使规制的国有企业范围进一步扩大。

（4）国有企业条款的核心义务

在非歧视待遇与商业考虑条款方面，国内学者关注的并不多。赵海乐在其文《是国际造法还是国家间契约——"竞争中立"国际规则形成之惑》（2015 年）中提出，国有企业非歧视待遇条款解决的是国有企业作为"市场管理者"、"公共产品提供者"而非"市场参与者"的行为准则问题，其中并不包含真正的竞争中立条约文本。结合 WTO 中加拿大小麦出口措施案（DS276），王秋雯在其文《国有企业规则在区域贸易谈判平台中的新发展与中国对策》

（2018 年）中指出，商业考虑在 GATT1994 中仅仅被作为判定国有企业是否遵守非歧视待遇的标准，随着区域主义国际造法中国有企业非歧视待遇条款的扩张，商业考虑逐渐演进成为与非歧视待遇并列的单独义务。张斌在其文章《国有企业商业考虑原则：规则演变与实践》（2020 年）中，通过考察商业考虑原则在多边、区域和主要国家国内规则中演变与实践，提出竞争中立和商业考虑两原则内核一致，前者纠正本国国有企业因所有权所致不公平竞争的原理和方法与基于商业考虑原则的反补贴规则是一致的。

国内学者对于非商业援助条款较为关注，主要从 SCM 协定的角度，结合 WTO 有关"公共机构"认定的案例，如中美双反措施案（DS379）、印度诉美国特定热轧碳钢扁平轧材产品反补贴措施案（DS436）、中国诉美国对中国部分产品反补贴措施案（DS437）等进行分析。韩立余的《TPP 国有企业规则及其影响》（2016 年）提出，以非商业援助替代补贴这一概念，为国有企业量身定做了一套制度。蒋奋在《反补贴语境下的国有企业定性问题研究》（2017 年）中认为，美国提出的将国有企业视为"公共机构"的主张，由于与"公共机构"条约解释不相符合，而未能获得 WTO 争端解决机构的支持。因此，美国试图重构多边经贸规则，使国有企业作为补贴提供者的观点获得多边共识。毛真真的《国有企业补贴国际规则对比研究——从传统补贴规则到非商业支持规则》（2017 年）通过将非商业援助条款与 SCM 协定相关条款进行对比，指出尽管两者存在重合之处，但非商业援助条款简化了认定补贴构成的步骤，放宽了不利影响及损害的认定，事实上扩大了 SCM 协定的适用范围。

不少学者还关注到了非商业援助条款将补贴规则延伸至服务贸易和投资领域，拓展了对国有企业的约束范围，如田丰的《国有企业相关国际规则：调整、影响与应对》（2016 年）、陈汉和彭岳的《TPP 关于国有企业的规则研究》（2018 年）以及余莹的《新一代 FTA 中的国有企业条款：越南的经验与教训》（2019 年）。在此基础上，学者还将 USMCA 与 TPP 中的非商业援助条款进行了对比研究。刘雪红在其文《国有企业的商业化塑造——由欧美新区域贸易协定竞争中立规则引发的思考》（2019 年）中指出，USMCA 在 TPP 国有企业条款基础上增加了 3 项严格禁止的非商业援助内容，推出了更为严苛的国有企业条款。白洁和苏庆义在其共同撰写的《〈美墨加协定〉：特征、影响及中国应对》（2020 年）中指出，USMCA 中的国有企业条款通过修改国有企业界定和非商业援助条款，加强了对国有企业行为的规制，其力度明显高于 TPP 的国有企业条款。

（5）国有企业条款对中国的影响及中国对策

如何处理国有企业、国内经济结构与外部规制压力之间的关系，将成为正处于转型中的发展中国家参与国际竞争的重要挑战。很多学者都认为需要警惕基于竞争中立的国有企业条款。蔡鹏鸿在其文《TPP 横向议题与下一代贸易规则及其对中国的影响》（2013 年）中指出，美国在 TPP 中引入的国有企业横向议题，同传统贸易议题毫无关系，是对我国现行政治经济体制的潜在威胁。李晓玉的《"竞争中立"规则的新发展及对中国的影响》（2014 年）提出，美欧重提竞争中立规则虽并未明确提及遏制中国国有企业的发展，但从这一规则提出的背景和内容不难看出其背后的战略意图。应品广在其文《竞争中立：多元形式与中国应对》（2015 年）中对比了竞争中立在国内层面实施与国际层面实施的目的与效果，指出国际层面的竞争中立很有可能演变为新型贸易保护主义。东艳和张琳在其共同撰写的《美国区域贸易投资协定框架下的竞争中立原则分析》（2014 年）中指出，竞争中立原则给发展中国家尤其是给我国国有企业发展带来极大的挑战，一方面将增加我国与发达国家 FTAs中国有企业议题的谈判压力，另一方面将阻碍我国国有企业参与国际市场。

当然，也有学者认为，国有企业条款的发展和不断更新已经呈现出不可逆的趋势。从长远发展角度看，竞争中立的概念和中国提出的平等竞争的概念是一致的，但应当辩证吸收和借鉴。赵学清与温寒在其共同撰写的《欧美竞争中立政策对我国国有企业影响研究》（2012 年）中提出，竞争中立政策与我国一直实施的国企改革并不是完全冲突的。如果掌控得当，竞争中立政策能够产生一种良性的"倒逼"作用，进一步推动我国的国有企业改革。汤婧在《"竞争中立"规则：国有企业的新挑战》（2014 年）中指出，竞争中立政策尊重市场运行规律，让国有企业不再凭借优惠政策处于优势地位，而是作为一个独立主体，与其他市场主体一起平等参与竞争。

新加坡、美国等在 TPP 协定中对国有企业的界定中已经排除了对其产生重大影响的特定国有企业。这体现了参与制定规则的必要性。尽管短期内，国有企业条款无法获得快速复制，但正如屠新泉、徐林鹏和杨幸幸在其共同撰写的《国有企业相关国际规则的新发展及中国对策》（2015 年）中所指出的，中国必须接受中国国有企业国际化发展和中国经济不能逃避国际规则和义务的现实。徐昕的《国有企业国际规则的新发展——内容评述、影响预判、对策研究》（2017 年）认为，中国应积极面对国企条款的新发展，在双边和区域层面试水国企条款谈判，探索国际层面规范国有企业的恰当边界。

因此，为应对国有企业条款的谈判，学者主要提出了以下几个层面的对策：第一，主张国有企业条款不具有强制约束力。潘晓明在《TPP 高标准国际贸易规则对中国的挑战及应对策略》（2015 年）中提出，努力将国有企业条款作为自愿义务，避免对自身形成过于严格的束缚。在国有企业不履行有关义务时，不构成对条约的违反。第二，区分不同的国有企业竞争中立条款，反对所有制歧视。王燕在《自由贸易协定下的话语权与法律输出研究》（2017 年）中提出，中国应极力反对并警惕美国输出的"所有制区分型"的国有企业竞争中立条款，主张"行为区分型"规则。韩立余在《国际法视野下的中国国有企业改革》（2019 年）中提出，国际法在国有企业问题上遵循主体和行为相统一的标准，是否行使政府职能是分析国有企业身份和行为性质等问题的基本出发点。第三，在具体条款设计方面，王晨曦的《美国主导的国有企业国际造法：历史进程、核心内容及应对策略》（2021 年）提出，国有企业条款应反映中国利益，接受商业考虑等较为中性的义务，摒弃宽泛的国有企业定义等美式国有企业条款中明显针对中国的内容。第四，善用例外。刘瑛在其文《〈跨太平洋伙伴关系协定〉国有企业章节的中国应对》（2016 年）中指出，中国应当借鉴 TPP 缔约国的国有企业减让表，善用例外，包括将例外的产业、企业和不符活动范围对应有关义务，特定商业活动所涉及的所有国有企业、特定地区和人群的商业活动的例外纳入减让表中。

通过对国内外文献的比较，当前对国有企业相关规则的研究既有宏观层面的影响分析研究，也有微观层面的对策性研究。研究内容基本涵盖了对竞争中立原则的概念、内涵、政策目标以及缘起与发展趋势的研究，为本书研究奠定了理论基础。但仍存在值得进一步研究的空间，主要表现：第一，国有企业条款与竞争中立规则并不等同。国有企业条款的内涵与外延更加丰富，规则更为具体，而且应用性更强。仅研究竞争中立规则，不能揭示国有企业条款的全部；第二，从研究的广度上看，部分国有企业条款的内容并未受到充分关注，如国有企业定义，很少有学者从微观层面和法律层面对国有企业条款的具体内容进行分析；第三，从研究的深度看，有些成果仅关注到国有企业条款最新表现形式，但尚未涉及国有企业条款的历史、演进脉络以及发展趋势等。

四、研究方法

本书的写作主要运用了历史分析法、案例分析法、比较分析法和价值分析法。一方面，本书基于历史发展的角度，梳理了国有企业相关规则、竞争中立制度以及全球价值链背景下新一代区域自由贸易协定中的国有企业条款，对比分析提炼出国有企业条款的主要特点、演变趋势，国有企业条款对当前WTO规制不足的回应以及实践过程中可能出现的问题。另一方面，从价值分析的角度出发，本书基于竞争中立理论，对国有企业条款进行评价，着重应然范畴的研究。

（一）历史分析法

对于竞争中立的制度变迁以及WTO中与国有企业相关法律文本内容的演变，本书主要采用的是历史分析法。只有从历史的角度，将竞争中立放在一国经济、法律和政治的大背景之下加以考察，才能更加准确、全面且系统地把握该制度。WTO也并非一蹴而就，是在《关税与贸易总协定》下经历了提案、谈判、修改等，对各方利益作出妥协和让步后才最终出现的。只有结合条约谈判的历史和记录，才能去探究各成员的特殊考量以及规则背后所蕴含的深刻意义。

（二）案例分析法

针对GATT/WTO中涉及竞争、与国有企业和补贴相关案例，本书利用案例分析法，注重对实然范畴的考察。本书涉及的案例，包括但不限于美日柯达—富士案、墨西哥电信案、加拿大小麦进出口案、韩国商用船舶案、美国对来自中国的产品反倾销反补贴措施案、加拿大软木案、美国对印度特定热轧碳钢板产品的反补贴措施案、欧共体及某些成员影响大型民用飞机贸易措施案等。

（三）比较分析法

在研究国际贸易协定中国有企业条款的内容时，本书主要采取的是比较分析的方法。通过对WTO涵盖协定与包括美式FTAs、欧式FTAs以及澳式FTAs在内的FTAs中国有企业条款的比较，尤其是新一代区域自由贸易协定中 CETA、欧日 EPA、TPP 以及 USMCA 等中的国有企业条款中对国有企业的界定、主要约束、例外等进行比较，得出演变趋势，为提出国有企业条款中国方案提供扎实的研究基础。

（四）价值分析法

价值分析是与实证分析相对的研究方法，旨在分析某一法律原则或规则的正当性与合理性，或衡量某一法律现象或制度的正义标准，主张对应然范畴的考察。对国有企业条款与竞争中立理念、国家经济制度的问题，本书将结合价值分析方法进行探讨。

五、结构安排

本书以 WTO 涵盖协定中与国有企业相关规则以及争议案例、FTAs 中的国有企业条款作为研究主体。总体依下述逻辑顺序论述：国有企业条款的理论基础及其来源→纳入规制的国有企业的范围→非歧视待遇和商业考虑条款的适用→非商业援助条款对 SCM 协定的重构→我国参与国有企业条款谈判的法律建议。

本书采用"总—分—总"的结构，除导论与结语外共设五章，结构如图 0-1：

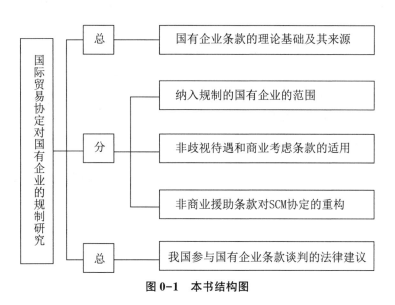

图 0-1 本书结构图

六、创新点

在借鉴国内外研究成果的基础上，本书可能在以下几个方面有所创新：

第一，研究视角的创新性。国内外对国有企业条款的关注主要集中于竞争中立，集中于对澳大利亚与欧盟等对竞争中立规则的实施以及 OECD 就竞争中立发布的相关报告的梳理与研究，很少利用竞争中立理论来分析国有企业条款的具体内容。本书通过对国有企业条款的规制对象、范围、核心义务等内容进行具体分析，对国有企业条款与竞争中立的相符性作出了分析。

第二，研究对象的创新性。本书以 WTO 中 GATT1994、GATS、SCM 协定以及 GPA 中与国有企业相关规则，FTAs 中的国有企业条款，尤其是 NAFTA、美韩 FTA、美新 FTA、TPP、USMCA、CETA、欧日 EPA 以及 TiSA 等具有超大规模影响力的谈判中的国有企业条款为研究对象，从理论和实践层面对国有企业条款的起源、发展与演变进行了梳理。

第三，研究系统性上的创新。总的来说，当前该领域的法律研究仍处于碎片化阶段。国内学者大多就某一具体协定下的国有企业条款进行研究或者不同 FTAs 之间的国有企业条款中的某一项义务进行针对性研究。本书对国际贸易协定中的国有企业条款做了较为系统和全面的研究，尤其是对新一代区域自由贸易协定中的国有企业条款进行了梳理、归纳和整合，增强了该领域研究的系统性。

第四，研究实践价值的创新。中国目前加入的 FTAs 中并不包含真正的国有企业条款。2020 年 11 月习近平总书记在 APEC 会议上的讲话中明确"中方将考虑加入 CPTPP"。对此，2021 年 1 月 3 日，日本首相菅义伟在接受采访时首次表态，指出"以中国现有的国有企业体制想要加入 CPTPP 难度较大"。由此可见，国有企业议题是中国加入 CPTPP 所必须面对的难题。有鉴于此，本书通过研究国有企业条款的适用对象和范围、对国有企业约束等内容，对比中国已经作出的对外承诺，找出差距，并结合中国的经济体制改革和国内国有企业改革，对国有企业条款的具体内容作出取舍，为中国参与制定国有企业条款提供有益参考。

国有企业条款的理论基础及其来源

　　尽管竞争者并未过多关注国际贸易和竞争政策之间的相互关系，但是政策制定者们早就已经认识到了这一问题。WTO 早已认识到日益重要的竞争政策和法律与国际贸易政策之间的内在联系，并且在 WTO 涵盖协定内纳入了与竞争有关的条款。事实上，国际贸易政策不可能完全与竞争政策相分离。现实中许多贸易政策议题都涉及竞争政策或与竞争政策有所重叠。其中，国有企业的问题便是一个贸易与竞争有所重叠的领域。

第一节　国有企业条款产生的基本理论

一、接合理论下的特殊贸易救济规则

　　一般认为，GATT/WTO 建立在市场经济的基础之上。由于各种历史原因，在 GATT 缔约方中非市场经济的国家或地区屈指可数。这些国家或地区的贸易总量并不多，并未对 GATT/WTO 的运行造成很大影响。很明确的是，鉴于中国和俄罗斯对世界贸易具有日益巨大的影响，这两个国家都不应该被长期排斥在 WTO 之外。作为一个国际组织，WTO 需要通过扩大成员基础来增强自身的影响力，而中国、俄罗斯等国家也需要加入 WTO 以融入世界经济，获得可观的经济利益。在入世过程中，尽管中国、俄罗斯等国家认为自己的经济中已有相当部分是根据市场和价格导向的体制运行，并且有进一步朝市场化发展的趋势，不应该再被贴上"非市场"的标签，但当时 WTO 的成员对此表示怀疑。

就如何将非市场经济融入 WTO 体系的问题，约翰·H·杰克逊教授提出了著名的接合理论。他认为，中国与俄罗斯申请入世对 WTO 提出了一个重要的政策选择问题：WTO 是否应保持较为纯粹的"市场导向"体制？或者在缺乏一个可替代的、普遍性贸易体制的情况下，WTO 是否应该包容那些不那么"市场导向"的经济体制？若 WTO 选择后者，那么应如何创设一个能够"兼容"各种经济体制，并属于 WTO 一般组织结构的世界[1]。

对此，约翰·H·杰克逊教授提出了在 WTO 中形成一个非市场经济"兼容机制"的可能途径：在形成该机制的同时，使这部分经济朝着市场导向发展，从而形成"双轨制"的缓冲机制。其中第 2 条轨道可以视为解决某些涉及非市场经济或国家贸易体制与 GATT/WTO 的兼容困难而引起的例外情况。尽管这些措施可能不符合自由贸易的经济理论，但对于 GATT/WTO 而言是很有效用的，因为它为国家贸易型国家的融入提供了一种路径：一方面为这些国家提供演变的机会，另一方面当其演变成为市场经济国家时，可以直接弃用上述例外情况[2]。约翰·H·杰克逊教授将这种状态比喻成拥有不同操作系统的电脑需要利用同一个"界面"协调工作，而反倾销和反补贴规范的作用就类似于协调不同经济体运转的"界面"。[3]

在接合理论的指导下，WTO 体系开始对转型经济国家制定特别规则，如改进 WTO 中反倾销、反补贴等贸易救济规则，促使其转型为市场经济国家。经改进的贸易救济规则赋予进口成员政府更大的权力，却对出口方提出更为严格的要求。正如约翰·H·杰克逊教授所预测的，《中华人民共和国加入世界贸易组织议定书》（以下简称《入世议定书》）确实写入了一些与 GATT 政策制定者传统习惯不完全符合，甚至偏离 GATT 适用于市场与价格导向经济的规则。以非市场经济为由，中国《入世议定书》中同时包含了超 WTO 和负 WTO 规则。超 WTO 规则指的是超出 WTO 涵盖协定中为成员设定的义务，包括在国内经济改革、外国直接投资、税收政策、健康和环境法规、知识产权

---

〔1〕 参见［美］约翰·H·杰克逊：《世界贸易体制——国际经济关系的法律与政策》，张乃根译，复旦大学出版社 2001 年版，第 361~362 页。

〔2〕 参见［美］约翰·H·杰克逊：《世界贸易体制——国际经济关系的法律与政策》，张乃根译．复旦大学出版社 2001 年版，第 362 页。

〔3〕 参见［美］约翰·H·杰克逊：《世界贸易体制——国际经济关系的法律与政策》，张乃根译，复旦大学出版社 2001 年版，第 276 页。

保护、透明度和正当程序、外交政策方面更多、更严格的承诺；[1]负 WTO 规则需要加入国家放弃其基于 WTO 涵盖协定的部分权利，其中最为突出的例子是特殊的反倾销、反补贴、保障措施条款。例如，中国取消所有出口补贴的承诺放弃了为发展中成员提供的过渡期。[2]通过运用这些超 WTO 和负 WTO 规则以达致减损 WTO 涵盖协定的基准，从而实现对加入国产品不利之目的。[3]

考虑到中国国有和国家投资企业在中国经济中所发挥的作用，在中国《入世议定书》中，加入了与国有企业相关的承诺，如要求中国政府确保所有的国有企业按照市场经济原则运作；开放对外贸易权的限制；创设向国有企业提供的补贴的专向性测试。当然，在双轨制下，中国《入世议定书》第 15 条中的特殊反倾销条款，第 16 条的特定产品保障措施以及特殊纺织品保障措施条款，其有效期分别为自加入 WTO 之日起 15 年、12 年和 7 年。有效期满后，这些特殊条款将自动失效。

二、国有企业条款对竞争中立理论的借鉴

国有企业在国际市场的迅速扩张，在欧美传统优势产业领域崭露头角，成为发达经济体重提"竞争中立"的主要原因。发达经济体的私营企业在与跨国国有企业竞争中逐渐处于弱势地位。但 WTO 是一个贸易组织，并非竞争组织。WTO 涵盖协定对国有企业享有优势及其行为的规制存在有限性。例如，GATS 仅适用于成员承诺开放的领域。GPA 作为诸边协定仅对参加方有约束力。SCM 协定对国有企业作为补贴提供者的认定存在困难。因此，质疑与指责现有规则的不足以及国有企业竞争规则缺失的观点开始流行。以欧美为代表的发达经济体需要寻找更为有力的贸易规则，来维系其在国际贸易与规则制定中的主导地位与霸权地位。[4]对其而言，这种新的贸易规则需要具有像知识产权、环境标准等传统保护措施那样的普世性价值，从而获得国际范

---

〔1〕 参见梁意：《论新一代中外自贸协定中的"超 WTO"条款及其强制执行力》，载《上海对外经贸大学学报》2017 年第 6 期。

〔2〕 参见《中华人民共和国加入世界贸易组织议定书》第 10.3 条。

〔3〕 参见余敏友、刘雪红：《从外部基准看中国补贴领域的超 WTO 义务》，载《国际贸易》2015 年第 3 期。

〔4〕 参见冯辉、石伟：《贸易与投资新规则视野下的竞争中立问题研究：国企改革、贸易投资新规则与国家间制度竞争》，格致出版社、上海人民出版社 2018 年版，第 131 页。

围内的广泛认同，又要能与反补贴、反倾销等传统但又最具实效的贸易保护
措施相融合。

基于上述考虑，澳大利亚国有企业改革[1]中所推出的"竞争中立"制
度进入了发达经济体的视野，为其要求在现有规则框架基础上为国有企业参
与贸易与投资活动增加额外约束提供了一个有力的工具。20世纪80年代，英
国发起了国有企业股份化与市场化运动，在保持政府必要监管的条件下，通
过整体出售企业或出售国有企业股份的方式减轻财政负担，提高国有企业经
营效率。作为英联邦成员的澳大利亚也掀起了此项运动，以开放市场、发展
混合所有制为主对国有企业开展改革。[2]下海后的国有企业为获取更多利润、
占据更大市场份额，抛弃了其原本承担的公共政策与福利目标。[3]然而国有
企业却利用税收减免与政府补贴低价竞争，排挤竞争对手，最终导致市场竞
争不足，反而导致价格回升。[4]因此，国有企业私有化改革并未造就出完美
的、充分竞争的市场，反而损害了公共利益。在这一背景下，澳大利亚在
1991年7月底召开的特别州长会议中各州长决定实施国家竞争政策，并委托
新南威尔士大学希尔默教授，组成国家竞争政策调查组。1993年调查组正式
提交了《希尔默报告》，指出澳大利亚竞争法不能有效监管政府的商业行为，
不能应对政府企业在成本和定价方面的优势等。各州政府企业利用税收豁免、
财政补贴等优势，低价经营，打击竞争对手，损害市场竞争。[5]对此，该报
告提出了一种以系统性、各州一致的方式来处理上述问题。并在建议部分提
出，各州政府应商定一套原则，处理政府企业与私营企业竞争时导致的扭曲。
如果要实现竞争中立保障的公平竞争的结果，有必要进行立法规制，区分传

---

〔1〕 澳大利亚国有企业改革的主要对象是国有企业，尤其是各州政府占所有权的政府企业。

〔2〕 参见史际春、罗伟恒：《论"竞争中立"》，载《经贸法律评论》2019年第3期。

〔3〕 如澳大利亚电信运营商Telstra在改革前接受政府对其开展乡村服务的补贴，承担普遍服务
义务，在乡村以同等价格提供与城市相同的电信服务，而不至于亏损。私有化后的Telstra则因服务偏
远乡村的成本过高，减少了对乡村的电信服务。参见Russell Smyth、翟庆国：《澳大利亚国企改革实践
及对中国国企改革的启示》，载《财经问题研究》2001年第7期。

〔4〕 如澳大利亚国内民航市场引入竞争初期，Compass通过低价策略扩张市场份额。而原有的两
家航空公司则通过低于成本的价格予以回应，导致Compass破产。挤出竞争对手后，两家航空公司旋
即提价至引入竞争前的水平。参见Russell Smyth、翟庆国：《澳大利亚国企改革实践及对中国国企改革
的启示》，载《财经问题研究》2001年第7期。

〔5〕 参见樊富强：《澳大利亚关于国有企业竞争中立政策的实施与评析》，载《对外经贸实务》
2016年第10期。

统市场与新兴市场，提出若干原则性建议。[1]"竞争中立"的概念首次出现。在 1974 年《贸易法》的基础上，联邦政府在 1995 年颁布了全国性的竞争政策，与地方政府签署了《竞争规则协议》、《行为准则协议》以及《实施全国竞争政策和处理与竞争支付及相关改革协议》。[2]其中《竞争规则协议》附件 A 专门对"竞争中立"作出规定。"竞争中立"政策的目标是消除从事重大商业活动的实体因公有制而引发的资源分配扭曲：政府企业不应仅仅因为其公有制而享有任何净竞争优势。这些原则只适用于政府企业的商业活动，而不适用于其非商业、非营利性活动。[3]在此基础上，1996 年 6 月澳大利亚发布的《联邦竞争中立政策声明》进一步明确了"竞争中立"的概念："竞争中立"要求政府商业活动不应仅凭借国家所有权而对私营部门竞争对手享有净竞争优势。实施竞争中立政策安排旨在消除在重大商业活动中由于公有制性质导致的资源分配扭曲。[4]《联邦竞争中立政策声明》被学界视为"竞争中立"规则最早在国内法中得以确定的标志。概言之，"竞争中立"要求政府企业的商业

---

　　[1]　传统市场指的是国有企业享有垄断权或特权的市场，主要指自然垄断和由公共性导致垄断的市场，如铁路、电信、电力等。而新兴市场指的则是国有企业在其被授予垄断或特权之外的市场，即由私营企业提供商品和服务的市场。报告提出的原则主要有：第一，政府企业在与其他企业竞争时不因所有权而获得任何净竞争优势。这一原则回应了对竞争政策的担忧，即企业应当基于其相对优势参与竞争，而非基于因政府所有权获得的净竞争优势。这类净竞争优势降低经济效率和社会福利，有可能损害国家市场的高效发展，引发对公平竞争的担忧。因此，当政府企业与私营企业或者与来自其他管辖区的政府企业竞争时，应当适用这一原则。第二，在传统市场上，政府企业与其他企业竞争时应采取有效抵消其所有权带来的任何净竞争优势的措施；在特殊情况下，这些竞争优势可以在引入竞争后的一年过渡期内消除。若一政府企业仍受之前市场竞争的影响，并且尚未将其业务拓展到其他市场上，则在过渡到完全竞争中立的过程中可给予一定的宽限期。公司化是解决竞争中立问题最有效的手段。当一政府企业在传统市场上直接向公众提供商业服务（如公共服务）时，就应对其进行公司化改革。当一政府企业主要是为政府内部的其他实体服务，公司化则不一定总是可行或适当的，更为可行的方法是通过有效定价指导。据此，政府企业必须考虑到企业本身的成本（如工资）、其他相关成本（如住房）和隐性成本（如商业回报率和所得税等价物）。这种方法可以抵消政府企业拥有的净竞争优势，防止其定价低于同等效率的私营企业。第三，在新兴市场上，在未抵消因所有权而获得竞争优势前，政府企业不得与其他企业展开竞争。对此，不存在过渡期。

　　[2]　参见樊富强：《澳大利亚关于国有企业竞争中立政策的实施与评析》，载《对外经贸实务》2016 年第 10 期。

　　[3]　See Competition Principles Agreement - 11 April 1995, at http://ncp. ncc. gov. au/docs/Competition%20Principles%20Agreement%2C%2011%20April%201995%20as%20a mended%202007. pdf, last visited on Dec. 20, 2019.

　　[4]　See Commonwealth Competitive Neutrality Policy Statement, at https://treasury. gov. au/sites/default/files/2019-03/cnps. pdf, last visited on June 11, 2020.

活动不应当仅因其公有制而获得私营竞争者无法获得的竞争优势。实施竞争中立政策的目的在于消除因公有制性质所造成的资源配置扭曲，提高竞争效益。

在美国奥巴马政府的大力推动下，一方面，OECD 开始推广"竞争中立"的政策框架。OECD 指出单独的竞争法已经不足以保障国有企业与私营企业之间的公平竞争，必须引入"竞争中立"。[1]OECD 发布了一系列与竞争中立相关的政策报告、声明和指南，为大规模推广竞争中立规则提供了重要的理论支持。以 2012 年为分水岭，之前 OECD 的研究成果着重于讨论基于竞争中立原则如何在一国或区域内部构建公平的竞争环境。这延续了公司治理运动的研究成果，将公司治理作为构建竞争中立规则的中心，回避了国别等外部差异因素，寻找到了一个合适的切入点，确立了竞争中立的八大支柱[2]，突出了竞争中立的公平价值。而 2012 年之后的研究则着重从贸易和投资融合的角度，基于竞争中立原则讨论国有企业在全球经济中扮演的角色、产生的影响以及防范机制。[3]OECD 在报告中指出，政府从事商业行为的同时往往忽略了其作为市场"管理员"的身份，造成了对"竞争中立"的背离。而国家对企业的所有权或控制权是国有企业可以获得这些不正当竞争优势的根本原因。在实践中，为了维持公共服务义务，政府总是倾向于向国有企业提供优惠以期得到更好的公共服务；政府往往将国有企业视作产业政策的工具，通过扶

---

〔1〕 See Antonio Capobianco, Hans Christiansen, "Competitive Neutrality and State-Owned Enterprises, Challenges and Policy Options", *OECD Corporate Governance Working Paper*, No. 1., 2011, p. 11.

〔2〕 一是所有国有企业的运行机制要市场化，在结构上严格区分商业活动和非商业活动，以精简国有企业运作形式，使国有企业与私营企业面临相同的法律约束；二是核算特定职能的成本并建立成本分摊机制以提高透明度，其主要目的在于防止国有企业将政府支付给其履行公共职责的补贴用于商业竞争，即防止交叉补贴，同时也能确保国有企业在市场上提供的产品和服务能够反映其真实的成本；三是商业回报要合理，要求竞争领域的商业化国有公司必须获得与业内企业相当的回报率，这也是防止国有公司进行交叉补贴损害私营领域竞争者的有效方法；四是公共服务补偿要公平，对于政府必须承担的公共政策职责必须给与足够透明的补偿，并确保补偿机制的问责性；五是税收要中立，使国有企业与私有企业面对相同的税收待遇；六是监管要中立，监管环境及监管执行不应对不同所有制企业有任何歧视；七是债务要中立，避免国有企业获得优于私有企业的信贷条件或来自政府的直接补贴；八是政府采购要中立，确保采购政策与程序具有竞争性、非歧视性和透明度。

〔3〕 主要有《OECD 国有企业公司治理指引》(2005)、《公司治理问责与透明度：国家所有权指南》(2011)、《竞争中立与国有企业：挑战和政策选择》(2011)、《竞争中立：维持国有企业与私有企业公平竞争的环境》(2015)、《竞争中立：经合组织建议、指引与最佳实践纲要》(2015)；《国有企业：贸易影响和政策歧视》(2013)、《全球市场中的国有投资企业：对公平竞争环境的影响》(2014)、《作为全球竞争者的国有企业：挑战 还是机遇》(2016)。

持特定产业的国有企业向市场传递产业政策的导向信号；国有企业的税收收入是政府重要的财政收入来源，国有企业经营收益的高低直接影响财政收入的水平；以国有企业为代表的经济利益集团往往也在政府中存在政治利益的诉求，国有企业的优惠政策背后也往往隐含着政治经济利益。[1]

另一方面，美国在双边与区域层面寻找盟友共同宣传"竞争中立"。如在2012年与欧盟联合发布了《关于国际投资共同原则的联合声明》，重申这一共同原则包括以下共同核心价值：开放和非歧视的投资政策、公平竞争的环境、强化投资者与投资环境的保护、中立且有约束力的争议解决、强有力的透明度和公众参与规则、负责任的商业行为、严格审查国家安全条款的适用。[2]而且在美国《双边投资协定2012年范本》中也对国有企业予以特别关注，其中第2.2条规定国有企业或个人在行使该缔约方授予的法律、行政或其他政府权力时需要受到该范本的规制。[3]

在美国等发达经济体的推动下，TPP谈判中纳入了"竞争中立"原则，声称将以"竞争中立"原则对在TPP缔约方境内国有企业的竞争行为进行规范。在这一背景下，学界开始了对"竞争中立"理论的广泛研究。其中，以"竞争中立"规范国有企业国际竞争活动的支持者尤为关注国有企业所获得的利益和优惠待遇，包括直接补贴、政府和政府金融机构的优惠融资和担保、法律法规适用时的优惠待遇、垄断和在位优势、自营股权、破产规则豁免和信息优势，以及最终导致私营竞争者面临不公平竞争环境。[4]当然，对此也不乏反对的声音。他们认为，国有企业经常需要承担很多社会角色，而这些社会角色并不会强加给私营企业。甚至认为，要求国有企业在竞争活动中承担更多的义务本质上是对国有企业的身份歧视，[5]是对"竞争中立"的

---

〔1〕　参见李晓玉：《"竞争中立"规则的新发展及对中国的影响》，载《国际问题研究》2014年第2期。

〔2〕　See United States, European Union Reaffirm Commitment to Open, Transparent, and Non-Discriminatory Investment Policies, at https://2009-2017. state. gov/r/pa/prs/ps/2012/04/187645. htm, last visited on Apr. 12, 2020.

〔3〕　See 2012 U. S. Model Bilateral Investment Treaty, at https://ustr. gov/trade-agreements/bilateral-investment-treaties, last visited on Jan. 13, 2021.

〔4〕　See Antonio Capobianco, Hans Christiansen, "Competitive Neutrality and State-Owned Enterprises: Challenges and Policy Options", *OECD Corporate Governance Working Paper*, No. 1. , 2011, pp. 5-7.

〔5〕　参见沈铭辉：《"竞争中立"视角下的TPP国有企业条款分析》，载《国际经济合作》2015年第7期。

偏离。

那么,何为"竞争中立"?"竞争中立"的主要经济学原理:"竞争中立"能够提高整个经济的分配效率。如果某些经济主体,无论国有或私有,被置于不适当的不利地位,那么商品和服务就不再由那些能够最有效进行生产的人来生产。[1]"竞争中立"规制前提是国有企业的不正当优势有损私营企业的竞争利益,排挤了其获得生产资源与市场发展的空间。因此,"竞争中立"旨在保护市场竞争者之间的合法竞争权益,遏制不正当竞争的行为,维持市场竞争的中立性。换言之,"竞争中立"所调整的行为实际上属于公平竞争权[2]所调整的反不正当竞争行为中的一类。"竞争中立"建立在公平竞争权法理基础之上,旨在使市场所有参与者获得公平竞争的机会。

从应然的角度看,基于竞争中立的国有企业条款,应要求政府不得因其对企业的所有权或控制权而授予特殊优势。从实然的角度看,尽管美式与欧式国有企业条款中都没有直接出现"竞争中立"的字眼,但是在序言以及具体的条款中体现出了"竞争中立"的理念。在序言中,政府应在国有企业与私营企业的竞争中保持中立,为所有市场主体创造一个公平的可竞争环境。缔约方承认,国有企业在缔约方多样性的经济中可以起到合法性的作用。若政府向国有企业提供不公平优势条件,就会有损公平开放的贸易与投资。缔约方认为,要为国有企业制定规则,以促进形成国有企业与私营企业公平竞争的环境,提高透明度,并形成良好的商业惯例。在具体条款中,国有企业商业考虑条款与澳大利亚竞争中立的"商业回报率要求"相类似,要求国有企业在运营过程中需符合商业习惯。[3]美式国有企业条款中创设的非商业援助是指"政府因其对国有企业享有的所有权或控制权而向其提供援助"。[4]这一定义借鉴了澳大利亚对"竞争中立"的定义,即从事商业活动的政府企业不得仅因其公共部门所有权背景而获得任何净竞争优势。

---

〔1〕 See OECD, *Competition Neutrality*: *Maintaining a Level Playing Field between Public and Private Business*, OECD Publishing, 2012, p. 19.

〔2〕 公平竞争权指的是,经营者在市场竞争过程中依据竞争法所享有的要求其他经营者及相关主体进行公平竞争,以保障和实现经营者合法竞争利益的权利……凡是从事法律所禁止的垄断与不正当竞争等反竞争行为的,就是侵害经营者的公平竞争权。参见王显勇:《公平竞争权论》,人民法院出版社 2007 年版,第 102~103 页。

〔3〕 TPP, preamble and Art. 17.4.

〔4〕 TPP, Art. 17.6.

第二节　国有企业国际规制的必要性

为什么需要创设新的国有企业条款？这是研究国有企业条款首先需要回答的问题。WTO 涵盖协定和 TPP 前 FTAs 中已经对国有企业参与国际竞争活动作出了规范，这些是否也能够体现竞争中立的理念？如果是，那么我们为什么需要创设新的国有企业条款？或者国有企业作为参与国际竞争活动的主体，到底有何特殊性，以至于需要对其作出额外规制？

一、国有企业广泛参与国际竞争活动

尽管对于何为国有企业这一问题的回答尚未达成共识，但这并不妨碍各国为实现政府目标而设立和维持国有企业。[1]综观世界范围内各国的国有企业，其主要分布在采矿业、土木工程、运输、石油和天然气等行业。[2]国有企业数量较多的经济体主要有中国、阿联伯联合酋长国、俄罗斯、印度尼西亚、马来西亚、越南。随着私有化改革进程的推进，在 OECD 经济体中，国有企业的数量不断减少，而在俄罗斯、中国、巴西等国家中国有企业仍在具有战略意义的行业占据主导地位。以石油能源行业为例，世界十大石油公司中主要有来自中东（迪拜）、俄罗斯、中国、巴西等多家国有石油公司，其中政府仍为大股东。[3]在世界经济中，国家投资通常以国家完全所有企业、国家控制企业、国家占少数股权企业、主权财富基金、公共养老金、储备金以及养老保险基金等形式出现。[4]本书主要关注的是国家完全所有企业、国家控制企业、国家占少数股权的企业，并不涉及国际金融系统中的主权财富基金与其他基金。

---

〔1〕　参见杨卫东：《国企工具论》，武汉大学出版社 2012 年版，第 57 页。

〔2〕　See Kowalski, P. , et al. , *State-Owned Enterprises*：*Trade Effects and Policy Implications*，OECD Trade Policy Papers, No. 147. , OECD Publishing, 2013, p. 33.

〔3〕　世界十大石油公司中七家为国有企业，分别为沙特阿美公司、俄罗斯天然气工业股份公司、伊朗国家石油公司、俄罗斯石油公司、中国石油、墨西哥 Pemex 公司、科威特石油公司。See The World's Biggest Oil Companies, at http：//www. forbes. com/pictures/mef45miid/1-saudi-aramco/, last visited on Dec. 10, 2020.

〔4〕　See Aldo Musacchio, Sergio G. Lazzarini, *Reinventing State Capitalism*：*Leviathan in Business*，Harvard University Press, 2014, p. 9.

(一) 各国设立和维持国有企业的目的

国有企业的问题，本质上是政府与市场的关系问题。政府以弥补市场失灵为目的对市场进行干预已成为经济学和经济法学领域的一种共识。凯恩斯主义经济学的兴起基本结束了政府是否应当干预市场的争论，开启了政府应如何干预市场的研究与探索。[1]而国有企业，作为政府直接参与市场的主要媒介，是一种对市场机制的补充性制度安排，是政府为校正市场失灵而采取的参与和干预经济的工具与手段。[2]政府可能出于以下各种原因设立并维持国有企业：第一，政府利用国有企业来实现国内经济和社会目标。例如，在拉丁美洲和非洲的发展中经济体中，设立国营贸易企业和国有企业，并授予其竞争优势，由国家运营自然垄断、建立国家安全产业，解决诸如失业等社会问题，提高政府收入；[3]第二，政府的政治哲学。尤其在以马克思主义为理论指导的国家中，政府应当在社会或某些行业中起到主导或排他地位。[4]在这些国家中，所有的资产都属于国家，因此所谓的"政府授予企业优势"根本就不存在；第三，提高全球市场中的竞争力。一方面，国有企业可以在国内市场中保护国内产业免遭国外竞争者的激烈竞争；另一方面，国有企业可以扩大区域与全球市场。[5]例如，为了扩张海外市场，发达经济体以国有企业为主的国营贸易企业曾经在农产品进出口贸易中扮演重要角色。

然而，随着国际贸易不断深入发展，一方面，国际市场上发达经济体的私营企业遭受获政府授予竞争优势的国有企业的不公平竞争。例如，部分国有企业为了扩大规模占据市场而在其他国家低价倾销。另一方面，国有企业的效率低下成为各国政府的负担。[6]大约在 20 世纪 70 年代到 80 年代，关于政府与市场之间关系的观念再次转变。主流观点认为，私有部门应当在经济

---

[1] 参见 [美] 曼昆：《经济学原理》，梁小民译，机械工业出版社 2003 年版，第 10 页。

[2] 参见黄速建：《国有企业改革三十年：成就、问题与趋势》，载《首都经济贸易大学学报》2008 年第 6 期。

[3] See History of Nationalization, at http://lawin. org/, last visited on Mar. 20, 2020.

[4] See Nationalization, International Encyclopedia of the Social Sciences 1968, at http://www. encyclopedia. com/doc/1G2-3045000860. html, last visited on Mar. 20, 2020.

[5] See Wu Yingying, *Reforming WTO Rules on State-Owned Enterprises*, Springer, 2019, p. 15.

[6] See Pier Angelo Toninelli, *The Rise and Fall of State-Owned Enterprise in the Western World*, Cambridge University Press, 2008, p. 22.

中扮演主要角色，而国有企业的作用应受限制。政府授予企业优势被视为政府对市场的不当干预。随着 20 世纪晚期在欧洲、北美、澳大利亚等地掀起私有化浪潮，国营贸易企业的数量不断减少，政府因所有权而授予国有企业的优势，尤其是补贴，也随之削减。然而，不管是在哪个时期，国有企业都没有被完全取缔。在经济危机时期，国有化可增加总需求、降低失业率、挽救破产企业等。而在经济平稳时期，国有化是政府提供公共产品和公共服务的载体，引导社会经济产业结构不断升级。这些都是市场这只看不见的手无法企及的。国有化或私有化本都是国家用以调整社会经济、弥补市场缺陷的一种工具。

（二）　国有企业享有的特殊优势以及原因

在一国境内，作为政府调控市场与经济的一种政策工具，国有企业接受政府授予的补贴无可厚非。然而，当国有企业走出国门，走向世界舞台时，其参与国际贸易与投资的行为则备受质疑。例如，获得政府补贴的国有企业直接参与国际贸易与投资的行为；获得政府补贴的上游国有企业将补贴传递给参与国际贸易和投资下游企业；国有企业受政府指示直接向参与国际竞争的下游企业提供补贴。当然，除政府补贴外，国有企业可能还享有政府给予的，私营企业无法获得的其他优势，包括垄断权和排他性权利以及监管方面的优势。

首先，在财政优势方面，国有企业更加容易获得政府背书，获得更廉价的融资，以低于市场价格获得货物或服务等竞争便利。[1]而由此产生的溢出效应将限制私营企业对资源的获取。通过"委托贷款"安排，国有企业将从银行所获低成本贷款借给其子公司或私营企业，从利息差中创收，而私营企业则常常由于资金短缺和成本过高被迫退出市场。以中国为例，尽管近年来中国政府已经大幅减少了对国有企业的补贴，但正如 2019 年 OECD《中国经济调查》所指出的，国有企业享有隐性担保和其他形式优惠待遇的情形依然存在。[2]其次，在垄断权和排他性权利方面，政府通常以法律或其他方式将生产与开发许可、生产配额、进口权与出口权等授予特定的国有企业，并限

---

[1]　See OECD, *Competition*, *State Aids and Subsidies*, Policy Roundtables, DAF/COMP/GF（2010）5, 2011, p. 17.

[2]　See OECD, Economic Surveys：China 2019, at https://www. oecd-ilibrary. org/economics/oecd-economic-surveys- china-2019_ eco_ surveys-chn-2019-en, last visited on Jan. 4, 2020.

制其他企业的市场准入，减少竞争压力。[1]最后，国有企业可能享有法律上或事实上监管优势。法律上的监管优势指的是国有企业被直接豁免于反垄断法、破产法以及竞争法。例如，美国联邦法律赋予了美国邮政署在邮政及使用邮箱上享有排他权，同时该公司根据国会要求采取的行动享有反垄断豁免权。[2]而事实上的监管优势则是指，虽然法律在适用对象上并不关注企业的所有权结构，但行政机关通常会选择性执法以优待国有企业。

这些政府授予的优势并非基于国有企业的运营效率，而是仅因政府对其享有的所有权或控制权。[3]当然，也必须承认的是，政府因其对国有企业的所有权或控制权而授予的也并非仅有优势，也有劣势。部分国有企业需要承担社会职能。这种非商业的活动客观上增加了国有企业的运营成本。[4]尽管政府也可以选择向私营企业提供补贴的方式，让私营企业来提供公共服务，但决策者倾向认为，只有保持对受托提供公共服务实体的控制权，才能更好地履行提供公共服务的义务或纠正市场失灵的职责。[5]例如，国有企业需要向边远地区以当地负担得起的价格提供邮政、电信等基本的公共服务或增加当地就业。[6]在这一公共服务政策目标的指引下，经营创造利润的重要性下降，收入的重要性上升。国有企业经理人是否成功，是否获得晋升，更多地取决于国有企业的经营规模和范围，而不在于国有企业实际取得的利润。所以，在追求规模与范围的过程中，国有企业很有可能从事反竞争行为，尤其是低价销售、交叉补贴、提高竞争者成本和准入门槛。[7]以低于成本定价为例，对追求利润最大化的私营企业而言，只有在有望增加长期利润的情况下才会进行掠夺性定价。因此，当其他竞争者退出市场后，私营企业需要提高

---

〔1〕　See OECD, *State Owned Enterprises and the Principle of Competitive Neutrality*, Policy Roundtables, DAF/COMP（2009）37, pp. 7-12.

〔2〕　See Postal Reorganization Act of 1970.

〔3〕　See Antonio Capobianco and Hans Christiansen, "Competitive Neutrality and State-Owned Enterprises: Challenges and Policy Options", *OECD Corporate Governance Working Paper*, No. 1, 2011, p. 3.

〔4〕　参见张晨颖：《竞争中性的内涵认知与价值实现》，载《比较法研究》2020年第2期。

〔5〕　See OECD, *Competition Neutrality: Maintaining a Level Playing Field between Public and Private Business*, OECD Publishing, 2012, p. 20.

〔6〕　See William A. Niskanen, "Bureaucrats and Politicians", *Journal of Law and Economics*, Vol. 18, 1975, p. 639.

〔7〕　See David E. M. Sappington, J. Gregory Sidak, "Incentives for Anticompetitive Behavior by Public Enterprises", *Review of Industrial Organization*, Vol. 22, 2003, p. 184.

价格来回收利润损失。而一旦提高价格，又会出现新的竞争者，使价格又回落到均衡水平。而相较之下，国有企业更有能力承担长期的利润损失，只需通过在其享有法定特权的市场提高价格或直接从政府财政中获得补偿来挽回利润损失。在这一机制下，国有企业的定价就无法反映资源成本，从而扭曲了生产与消费的决策，降低了整个社会的生产效率。

（三）21世纪的国有企业对现有规则的挑战

在过去的几十年里，国有企业经历了一系列量变与质变。越来越多的发展中成员对现行国际分工体系提出不满，并开始反思经济学中的比较优势理论[1]，纷纷采取利用产业政策，设立、扶持大型国有企业，集中社会资源来重点发展基础工业、高新技术产业、金融行业等。对此，美国《国家情报评估》（NationalIntelligenceEstimate，NIE）[2]在2008年的报告中指出，财富不仅从西方转移到东方，而且更加集中在国家控制之下。这种政府干预市场的模式，也被称为"国家资本主义"，已经在多个国家取得了巨大成就。这些国家凭借其大量的财政资源向高新技术和先进服务部门的增值阶梯攀升。[3]21世纪以来，国有企业在全球化背景下大规模地参与国际竞争，破坏公平竞争的行为，引发了政治、经济安全隐患以及东道国管制困难，[4]获得了发达经济体的集体关注：2016年国际商会发布的《关于投资的指引》指出"针对削弱市场为基础的经济体系的活动，目前国际规则缺乏适当和有效的纪律"；2017年世界经济论坛指出"受补贴的竞争损害创新与投资"；2017年七国集团达成的"陶尔米纳宣言"强烈同意"全盘抵制政府支持贸易扭曲的行为"；2017年二十国集团讨论了非商业援助的类型；2018年二十国集团工商峰会中阿根廷提出议

---

〔1〕　通过追求比较优势，自由贸易政策可以使高品质的货物和服务以最低的价格不受限制地跨境流动，进而增加整个世界的财富。在"比较优势理论"下，资源可以在产业之间以及之内得到有效地配置，以应对来自进口的竞争压力。参见白树强：《全球竞争政策——WTO框架下竞争政策议题研究》，北京大学出版社2011年版，第188~189页。

〔2〕　《国家情报评估》是美国情报协定发布的关于国家安全事务方面的最为权威的公共政策报告之一。其就国家安全事务的发展趋势进行中长期的战略思考，做出前瞻性分析和预测。

〔3〕　See Robert D. Hormats, Ensuring a Sound Basis for Global Competition: Competitive Neutrality, at https://2009-2017. state. gov/e/rls/rmk/20092013/2011/163472. htm, last visited on May 16, 2020.

〔4〕　See Sara Sultan Balbuena, *Concerns Related to the Internationalization of State-owned Enterprises: Perspectives from Regulators, Government Owners and the Broader Business Community*, OECD Publishing, 2016, p. 10.

案草案，将"国家干预经济"作为三大议题之一。另外，2014 年以来，美国反补贴调查的主要目标是中国、印度、韩国、马来西亚和越南；2017 年欧盟针对中国发布的《市场扭曲报告》中设立专章对国有企业进行讨论。[1]

当前对国有企业的主要质疑有：当国家利用国有企业参与市场时，在商业活动中同时扮演着企业所有者与市场调节者的双重角色，既是"运动员"又是"裁判员"。国有企业享有政府授予的额外竞争优势，使其处于竞争优势地位。这些竞争优势并非源于其更好的业绩、效率、技术或者管理技能，而是仅因政府对企业的所有权或控制权。[2]这种"不劳而获"的优势，将严重威胁公平竞争，使国内非国有企业以及全球市场上其他不具有这种优势的企业处于竞争劣势。[3]

当然，当国有企业的反竞争行为达到足够规模，对市场有足够影响，且不在任何具体的豁免范围内时，各国国内竞争法可对其进行一定的事后规制。[4]但这种规制十分有限。仅依国内竞争法，在大多数情况下并不足以应对广泛的国家支持的反竞争行为。[5]此外，就补贴而言，在判断一项交易是否有国家参与，进而判断补贴是否存在时，调查机关承担了较重的举证责任，并需要为此付出高昂的成本进行大量调查。[6]而对于其他大多数政府授予的竞争优势以及国有企业可能从事的反竞争行为，现有规则甚至并未予以规范。对此，将在下一部分进行详细分析与解释。

---

〔1〕 See European Commission, Executive Summary Commission Staff Working Document On significant distortions in the economy of the People's Republic of China (PRC) for the purposes of trade defense investigations, at https://ebma-brussels. eu/wp-content/uploads/2018/03/Executive-Summary-Report-Chinas-Significant-Distortions. pdf, last visited on Jan. 13, 2020.

〔2〕 See Antonio Capobianco, Hans Christiansen, "Competitive Neutrality and State-Owned Enterprises: Challenges and Policy Options", *OECD Corporate Governance Working Paper*, No. 1, 2011, p. 11.

〔3〕 See Robert D. Hormats, Addressing the Challenges of the China Model, at https://2009-2017. state. gov/e/rls/rmk/20092013/2011/157205. htm, last visited on May 5, 2019.

〔4〕 See Antonio Capobianco, Hans Christiansen, "Competitive Neutrality and State-Owned Enterprises: Challenges and Policy Options", *OECD Corporate Governance Working Paper*, No. 1, 2011, p. 22.

〔5〕 See Robert D. Hormats, Ensuring a Sound Basis for Global Competition: Competitive Neutrality, at https://2009-2017. state. gov/e/rls/rmk/20092013/2011/163472. htm, last visited on May 16, 2020.

〔6〕 例如，为了确定韩国政府向韩国各企业集团（如大宇国际、浦项制铁和 GS Global）转移资金是否构成的非法补贴，为确定进行转移资金的各金融机构，如韩国开发银行、韩国资产管理公司、韩国出口保险公司、韩国进出口银行、韩国资源公司和韩国国家石油公司是否构成"公共机构"。

二、WTO 涵盖协定对规制国有企业优势的有限规则供给

在现行 WTO 框架下，政府通过市场化的方式设立、维持国有企业参与国内、国际市场的商业活动是合法的，对政府参与商业活动的主要限制在于原则上禁止各种补贴。因此，除非一国政府通过各种形式的补贴来帮助特定企业获取额外的竞争优势，否则不存在任何的依据或理由对国家的行为横加指责。面对国有企业对国际竞争秩序提出的挑战，WTO 仅在个别领域作出了有限的规制。

（一）WTO 涵盖协定对国有企业优势的零星的、间接的规制

WTO 涵盖协定虽然并未直接提及国有企业，也没有纳入专门的竞争条款，但对国有企业享有的、政府授予的优势作出了一定的规制。早在 GATT 时期，国营贸易和特定补贴因构成贸易壁垒，损害缔约方谈判达成的关税减让承诺等而被视为与自由贸易和市场经济原则不符。

1. 对独占权或特别权益的纪律

在货物贸易领域，GATT 第 17 条是专门规制国营贸易企业行为的条款，要求成员确保其境内的国营贸易企业在进出口贸易中给予非歧视待遇。换言之，一方面，GATT 允许成员赋予企业在进出口方面的独占权或特别权益；另一方面，要求这类企业在商业活动中给予非歧视待遇，防止缔约方通过国营贸易企业，规避其在涵盖协定下所作出的承诺。[1]GATT 很早就认识到，被赋予独占权或特别权益的国营贸易企业，可通过其活动影响外国产品的市场准入。[2]而 GATT 第 17 条实际上就是为确保贸易伙伴的市场准入权不受国家贸易损害而起草的，并进一步鼓励 GATT 缔约方进行谈判以减少国家贸易造成的障碍。[3]当然，实践中，GATT 第 17 条对垄断贸易商的行为影响甚微。而且，GATT 第 17 条仅规制贸易垄断商，对在生产、分配等环节享有独占权

---

〔1〕　See Appellate Body Report, Canada-Wheat Exports and Grain Imports, WT/DS276/AB/R, paras. 85, 145.

〔2〕　如果政府建立食糖进口垄断，并指示该垄断企业以 100% 的加价转售进口食糖，实际上是对食糖征收进口关税；如果指示该垄断企业不得以低于固定价格转售进口食糖，实际上是征收浮动税；如果指示该垄断企业只能进口一定数量的食糖，实际上是建立食糖进口配额。

〔3〕　See Working Group on the Interaction between Trade and Competition Policy, Communication from the European Community and its Member States, WT/WGTCP/W/78, p. 4.

或特别权益的国有企业，除非其行为影响到进出口贸易的方向或水平，否则并不会落入 GATT 第 17 条的规制范围。除此之外，GATT 第 2 条、第 3 条与第 11 条也适用于国营贸易企业。若国营贸易企业的贸易扭曲行为损害了其他成员在 GATT 下的利益或使 GATT 规则无效，成员可据第 23 条诉诸 WTO。[1]

在服务贸易领域，GATS 承认，若垄断和排他性服务提供商从事反竞争的行为，将限制其进行国际服务贸易。GATS 明确纳入了竞争法的概念，例如，规定 WTO 成员应确保垄断或排他性服务提供商在提供垄断服务范围之外的服务时，不得滥用其支配地位，以不符合市场准入的方式行事。此外，GATS 禁止垄断服务提供商将其在垄断市场所获得的优势转移至非垄断市场，明确禁止交叉补贴。[2]显然，在这方面，GATS 要比 GATT 走得更远。

2. 对财政优势的纪律

在货物贸易领域，GATT 第 3 条第 8 款（b）规定，补贴是国民待遇的例外。对补贴的规制主要在 GATT 第 16 条（补贴）、附件九中对第 16 条的注释、GATT 第 6 条（反补贴税）以及 SCM 协定。SCM 协定，作为 GATT 第 6 条和第 16 条的特别法，首次对补贴作出界定，区分了可诉补贴、不可诉补贴与禁止性补贴，并提供了双轨制救济。根据 SCM 协定第 1 条，补贴被界定为"政府或公共机构提供的财政资助或根据 GATT1994 第 16 条意义上任何形式的收入或价格支持"，且"授予一项利益"。根据这一定义，补贴接受者或补贴提供者的所有制与是否构成补贴并不直接相关。

而在服务贸易领域，GATS 第 15 条仅要求，为防止补贴对服务贸易的扭曲作用，成员应在多边层面对此进行谈判。并且要求成员交换所有向其国内服务提供者提供补贴的信息。然而，迄今为止，GATS 仍未形成任何补贴规

---

〔1〕 See Ernst-Ulrich Petersmann, "GATT Law on State Trading Enterprises: Critical Evaluation of Article XVII and Proposals for Reform", in *State Trading in the Twenty-First Century*, Thomas Cottier, Petros C. Mavroidis eds., University of Michigan Press, 1998, p. 75.

〔2〕 GATS 第 8 条要求成员应确保，任何垄断或专营的服务提供者在相关市场上提供垄断或专营服务时遵守第 2 条最惠国待遇，并不得采用与该成员特别承诺不一致的行动，也不得以与该特别承诺不一致的方式在其他非垄断或专营市场上滥用垄断或专营地位。如果其他成员有理由相信任何垄断或专营的服务提供者采用了与该成员上述承诺义务不相符的行动时，可以通过 WTO 服务贸易理事会要求该成员提供这些垄断或专营服务提供者有关运营的具体资料。据此，成员对于在其承诺表中作出开放承诺的部门，应制定和实施反滥用垄断或专营行为的竞争政策。

则。[1]因此，WTO 对作为服务提供商的国有企业所接受的财政支持并未提供相应的规制。

3. 对监管优势的纪律

政府在国内监管中应遵循非歧视原则，不得区别对待国有企业和非国有企业。此外，GATT 第 23 条非违约之诉为涉及国营贸易企业减损 GATT 规则的行为提供了救济程序。

而在与贸易有关投资领域，TRIMS 协定中并不存在类似规则来约束国有企业享有的优势。

（二）WTO 对国有企业参与竞争缺乏有效规制

WTO 对国有企业参与竞争，也即国有企业在接受政府授予优势后的行为，缺乏针对性的竞争规范。研究指出，接受政府授予优势的国有企业更加有可能从事破坏市场秩序的行为：歧视性行为，包括差异定价；不基于商业考虑因素作出决策；反竞争行为，如利用其垄断权和排他性权利滥用市场主导地位、交叉补贴、合谋与排他行为。[2]当然，WTO 对此也并非完全采取放任的态度。

1. 国有企业的歧视性行为

歧视性行为指的是国有企业被授予独占权或特别权益后，在国内与出口市场之间、不同出口市场之间采取歧视性做法。这一行为属于非歧视原则的管辖范围。在货物贸易领域，GATT 第 17 条明确要求享有贸易独占权或特别权益的国有企业遵守最惠国原则，但非歧视原则是否包含国民待遇至今仍未明确。与此同时，这类国有企业在出口时可以偏离最惠国原则，即在不同的出口市场中对同一产品差异定价，只要这种差异定价符合商业考虑因素。然而，被授予独占权或特别权益的国有企业的购买行为却不受任何纪律约束。在服务贸易领域，GATS 要求垄断服务提供商不得违反最惠国待遇，以及成员对市场准入和国民待遇作出的特殊承诺。但成员在 GATS 中对国民待遇的特殊承诺十分有限。

---

〔1〕　See Alan O Sykes, *The Limited Economic Case for Subsidies Regulation*, E15Initiative, Geneva：International Centre for Trade and Sustainable Development（ICTSD）and World Economic Forum, 2015, p. 1.

〔2〕　See David E. M. Sappington, J. Gregory Sidak, "Incentives for Anticompetitive Behavior by Public Enterprises", *Review of Industrial Organization*, Vol. 22, 2003, p. 184.

2. 国有企业的商业决策非基于商业考虑

被授予独占权或特别权益的国有企业倾向遵从政府决定，其商业决策也易受到政府影响。在这方面，WTO 未能提供有效规制。第一，商业考虑的规定仅出现在 GATT 当中，GATS 中并无类似规定。也就是说，在服务贸易领域中，国有企业作为垄断服务提供商，其商业决策是否基于商业考虑，并不受规制。第二，在货物贸易领域中，商业考虑也并非一项独立适用于国有企业的纪律。加拿大小麦案上诉机构裁定，商业考虑因素仅仅是判断享有贸易独占权或特别权益的国有企业是否违反非歧视原则的一项标准。违反商业考虑因素本身并不必然导致违反非歧视原则。[1]第三，国有企业追求销量最大化或以低价销售，可能并不违反商业考虑因素。基于商业考虑因素与不得从事反竞争行为是不同的。在加拿大小麦案中，美国对收入、销售、数量、规模最大化与利润最大化作出区分，并指出加拿大小麦局通过以低于市场中基于商业考虑因素可提供的价格，实现其销售和收入最大化，而非利润最大化。[2]专家组认为，若一个实体不惜一切代价追求销量最大化，那么可以被视为不基于商业考虑因素。[3]然而，商业考虑因素并未要求利润最大化。企业追求销量最大化本身并不必然违反商业考虑因素，除非企业完全不在乎利润。企业以更低的价格出售商品可能是为了提高市场份额或遏制竞争。

3. 国有企业的反竞争行为

国有企业的反竞争行为包括利用独占权或特别权益，在上游或下游部门提高市场份额，滥用市场主导地位，交叉补贴，合谋与排他行为。如前文所述，国有企业的部分反竞争行为受到 WTO 相关纪律的约束。在货物贸易领域，反竞争行为可能落入 GATT 第 11 条（禁止使用数量限制）和第 2 条（关税减让）的管辖范围之内。若国营贸易企业限制进口或出口数量，受影响的成员可以依第 11 条诉诸 WTO。根据附件九对第 11 条的注释，进出口限制可以通过国营贸易的方式实施。若国营贸易企业对受关税减让约束的进口货物定价过高，以至于超过关税上限，此时进口成员可能违反第 2 条第 4 款。若国营贸易企业对进口产品设定最低价格，则可能落入第 11 条第 1 款所规定的

---

〔1〕 See Appellate Body Report, *Canada-Wheat Export and Grain Imports*, WT/DS276/AB/R, paras. 89-91.

〔2〕 See Panel Report, *Canada-Wheat Export and Grain Imports*, WT/DS276/R, para. 6. 112.

〔3〕 See Panel Report, *Canada-Wheat Export and Grain Imports*, WT/DS276/R, para. 6. 127.

进口限制范围之内。例如，在欧盟最低进口价格制度案中，GATT专家小组认为，附加担保实施的最低进口价格制度是第11条第1款意义上的"关税、税款或其他费用以外的"限制。[1]而在服务贸易领域，在多数情况下，国有企业从事的反竞争行为也并未得到有效规制。GATS第8条（垄断和专营服务提供商）要求成员确保其境内的垄断服务提供商在提供垄断服务时，不违背该成员承担的最惠国待遇和其他具体承诺。若一成员的垄断服务商直接或通过其子公司在其垄断权范围之外的服务领域竞争，且该领域又是该成员承诺开放的领域，GATS要求成员应确保这些垄断服务提供商不得滥用垄断地位减损该成员所作具体承诺。此外，认识到有些特定商业惯例可能会限制服务贸易领域的竞争，GATS第9条（限制性商业惯例）要求各成员应根据其他成员的请求，就消除限制性商业惯例进行磋商。

另外，GATS第18条规定，成员应当对影响服务贸易，但不受第16条和第17条规制的措施进行谈判。以1997年达成的《基础电信：参考文件》为例，各成员在基础电信领域承诺开放时，往往会做一个附件承诺，即接受《电信服务：参考文件》。通过这一文件，WTO在电信服务部门形成了与GATS第8条相配套的限制反竞争行为的具体规范。制定有利于竞争的规章制度，以确保新加入者能够与占主导地位的现任企业进行有效竞争。其中，第1.1条明确规定"防止电信业限制竞争做法"，要求接受《电信服务：参考文件》的成员"应维持适当措施以防止单独或联合作为主要服务商的电信服务提供者从事或继续实行限制竞争的做法"。其中，"限制竞争做法"包括从事限制竞争的交叉补贴、使用从竞争者处获得信息导致限制竞争性结果、不能及时使其他服务提供商获得关于基本设施的技术信息和提供服务所必须的相关商业信息、限定价格和市场分配协议的横向限制竞争做法等。[2]WTO相关案例将《电信服务：参考文件》中的反竞争行为解释为包括以影响价格或供应的方式垄断或滥用支配地位；与定价和市场分割协议有关的供应商横向协

---

〔1〕 See "GATT Panel Report", *EEC-Programs of Minimum Import Prices, Licenses and Surety Deposits for Certain Processed Fruits and Vegetables*, L/4687, BISD 25S/68, para. 4. 9.

〔2〕 See "Reference Paper", in *WTO Analytical Index：GATS*, Article XVIII, at https://www.wto.org/english/res_e/booksp_e/analytic_index_e/gats_03_e.htm#article18B, last visited on Jan. 24, 2020.

调；[1]由政府消除价格竞争，并由主要供应商制定统一价格，其影响等同于价格卡特尔；通过政府决定或批准费率或费率结构的交叉补贴；[2]以及由当局强行在供应商之间分配市场份额，如果其影响相当于供应商之间的市场分割安排。若成员国内竞争法与该参考文件不一致，则该成员必须修改或终止导致反竞争行为的措施。然而，这些承诺的拘束力仅限于电信领域，而且仅及于作出承诺的成员。

其他的反竞争行为可能并不受 WTO 约束。基于商业考虑因素而低价销售货物的行为可能限制竞争或造成不公平竞争。在加拿大小麦案中，美国想要对 GATT 第 17 条作扩大解释，为国营贸易企业的反竞争行为创设竞争行为守则，提出国营贸易企业不得利用其独占权或特别权益使市场中的其他主体处于竞争劣势。专家组认为，商业考虑因素仅要求国营贸易企业应当在购销活动中使其获益。[3]商业考虑因素并不阻止国营贸易企业利用其特权获得竞争优势。上诉机构进一步指出，商业考虑因素并未对国营贸易企业施加全面的竞争法义务，[4]也未要求国营贸易企业在购销活动中仅基于"公平"的商业考虑因素。对此，专家组在其裁定中提供了一个依据，即 GATT 第 17 条第 1 款（b）项所规定的商业考虑因素并不旨在保护国营贸易企业的竞争者，也并非为了确保公平竞争。因此，国营贸易企业无需考虑竞争者或公平竞争。[5]

此外，GATT 对国有企业交叉补贴行为也未予以规制。通过在非垄断市场低于成本定价，利用政府对国有企业某项业务赋予的优势所产生的垄断租金来补贴国有企业的另一项业务，并不会受到 GATT 的规制。现行 WTO 规则并不能有效约束享有垄断或排他性权利的大型国企之间的串通和排他行为。国有企业集团之间的竞争可能通过合作或合谋而被减弱。

---

〔1〕 See "Panel Report", *Mexico-Measures Affecting Telecommunications Services*, WT/DS204/R, paras. 7. 234, 7. 238.

〔2〕 See Panel Report, *Mexico-Measures Affecting Telecommunications Services*, WT/DS204/R, para. 7. 242.

〔3〕 See Panel Report, *Canada-Wheat Exports and Grains Imports*, WT/DS276/R, paras. 6. 81, 6. 87.

〔4〕 See Appellate Body Report, *Canada-Wheat Exports and Grains Imports*, WT/DS276/AB/R, paras. 145, 151.

〔5〕 See Panel Report, *Canada-Wheat Exports and Grains Imports*, WT/DS276/R, paras. 6. 65, 6. 68 and footnote 183.

（三）在 WTO 框架下更新相关规定难以实现

鉴于 WTO 涵盖协定对国有企业的优势及其行为的规制有限性，学者们提出了不少在 WTO 框架内更新相关协定的提议。为此，WTO 也作出了相应尝试。第一，修改贸易规则或贸易救济规则来补充规制；第二，在 WTO 内达成竞争框架与原则对国有企业的反竞争行为加以约束。

1. 对 SCM 协定或 GATT 作出修改或解释

不论是在货物贸易、服务贸易还是投资领域，WTO 都未能形成专门的纪律来应对政府赋予国有企业的优势。就补贴规则而言，约翰·H·杰克逊教授早在 2003 年就提出，中国政府所有的企业或国家经营的企业，对 WTO 制度尤其是补贴规则提出很大挑战……SCM 协定中的一些定义，需要在若干年后进行修改。[1]SCM 协定适用于货物贸易领域的补贴，却不约束服务贸易领域的补贴。这种规制模式缺乏经济学原理的支持。[2]随着过去几十年服务贸易的快速增长，全球服务贸易市场不断变大，要求开放更多服务贸易领域和减少对国内服务保护的呼声越来越高。因此，有观点提出，应当修改 SCM 协定，使其也能适用于服务贸易领域的补贴。

其实，SCM 协定通过"公共机构"来规制国有企业的方法，本身就存在很多限制。WTO 争端解决机构拒绝对该规则作出扩大解释，不愿意打破最初谈判者在可管理性和可能滥用规则之间达成的理论平衡。当前 WTO 司法实践中采取的"公共机构"认定标准是"政府权力论"。政府对实体的控制仅仅是其中一个证据因素，并不足以认定该实体构成"公共机构"。上诉机构认为，SCM 协定起草者并不想把受约束的主体范围规定的太过于宽泛。"公共机构"应当被理解为一个实体，虽然在体制上不是政府的一部分，但仍然像政府一样运作。这种解释，尽管可能符合起草者意图，却无法解决国有企业对当前规则所提出的挑战。尤其是在上下游国有企业传递补贴的争议中，SCM 协定并不能做出有效规制。

---

〔1〕　See John H. Jackson, "The Impact of China's Accession on the WTO", in *China and the World Trading System*：*Entering the New Millennium*, Deborah Z. Cass, et al., eds., Cambridge University Press, 2003, p. 26.

〔2〕　See Alan Sykes, "The Questionable Case for Subsidies Regulation：A Comparative Perspective", *Stanford Law and Economics Olin Working Paper*, No. 380., 2009, p. 1.

对此，有学者提出了一种介于"政府权力论"与"政府控制论"之间的标准，即对"公共机构"的认定采取一种全新的认定方式，即除非应诉方提出相反的证据，否则当一实体被政府施加"有意义控制"，且被政府授予独占权或特别权益或享有市场主导地位时，则该实体被推定为"公共机构"。[1]基于此，应诉方需要证明，政府并不实际控制国有企业的日常经营，且国有企业独立作出商业决策，或者国有企业并不因为政府给予的优势而享有垄断地位或市场主导地位。根据这一方法，在上下游国有企业传递补贴情况下的上游国有企业被推定为"公共机构"，从而从一定程度上扩张了 SCM 协定的适用范围。

然而，是否可以通过对 SCM 的修改或解释以涵盖除补贴之外，国有企业享有的其他优势？是否可以将国有企业接受的独占权、特权、监管方面的优势等同为补贴？答案是否定的。第一，传统上，GATT/WTO 将财政支持（补贴）与其他优势作出了区分。包括美国、欧盟在内的成员均明确区分补贴与政府授予独占权或特别权益，在这些成员境内，政府授予独占权或特别权益将受到竞争法的规制。[2]第二，政府授予监管方面的优势所产生的影响可能与补贴相似，但这种"监管补贴"超出了 SCM 协定中所界定的补贴范围。例如，欧盟法院根据《欧盟运行条约》第 107 条对国家援助的规定，否定了对"一项具有与国家援助类似效果的措施可以受到国家援助规则规制"的诉求。[3]

另外，GATT 第 17 条纳入规制的国有企业的范围非常有限，仅限于享有贸易独占权或特别权益的国有企业，并不一定适用于在生产或分配环节享有独占权或特别权益的国有企业。显然，对国营贸易企业设定的义务已经与当前语境下的国有企业可能造成的影响不相匹配。例如，仅明确承认非歧视待遇包含最惠国待遇，并未明确是否包含国民待遇。另外，商业考虑因素被视为非歧视待遇的判断标准，而非国营贸易企业的独立义务，与反竞争行为也并无直接关联。在 GATT 起草之时，国有企业的活动范围仅限于国内市场。

---

〔1〕 See Wu Yingying, *Reforming WTO Rules on State-Owned Enterprises*, Springer, 2019, p. 199.

〔2〕 See TFEU Art. 106 (ex Art. 86 TEC, ex Art. 90 Treaty of Rome) and Art. 37; U. S. Sherman Act, Section 2.

〔3〕 See Luca Rubini, *The Definition of Subsidy and State Aid: WTO and EC Law in Comparative Perspective*, Oxford University Press, 2009, p. 152.

彼时制定的 GATT 第 17 条已无法适应当前国有企业对国际贸易规则提出的挑战。尤其是，GATT 第 17 条只关注国营贸易企业的国际贸易行为（进出口环节），却很大程度上忽略了一点，即国营贸易企业有可能在进出口环节之前，尤其可能在上游产业中已经扭曲了贸易和市场。例如，若一国有企业以低于市场价格向冶炼厂提供廉价的电力，大幅降低电力生产成本。然而，GATT 第 17 条对此束手无策，因为这一特定补贴尚不涉及"国际贸易"环节。此外，到目前为止，WTO 争端解决机构也并未明确承认国营贸易企业的非歧视待遇是否包含国民待遇。[1] 那么，是否可以通过修改 GATT 第 17 条有关国营贸易企业非歧视与商业考虑的纪律来规制上述国有企业的行为？

应当明确的是，禁止成员授予独占权或特别权益是不切实际的，而是应加强对国有企业获得独占权或特别权益后行为的规制。首先，扩大适用范围，涵盖那些在其他环节享有独占权或特别权益的国有企业，以应对上述冶炼厂例子的情况。其次，承认非歧视待遇包含国民待遇。其实 GATT 第 17 条第 1 款的表述本身并未明确非歧视待遇仅限于最惠国待遇。而且，在服务贸易领域，GATS 要求服务垄断商或享有专营权的服务提供商遵守国民待遇。再次，将商业考虑因素作为独立义务适用于从事贸易活动的国有企业，且不再仅限于货物贸易领域。这一修改本质上是要求政府不再干涉享有独占权或特别权益的国有企业的商业决策。最后，商业考虑因素作为一项独立适用的义务，并不等于对国有企业施加全面的竞争法规制。遵守商业考虑因素，很有可能导致国有企业为了商业利益而从事反竞争行为。然而，上述修改面临的最大问题在于需要成员同意。从多哈回合的经验看，WTO 的谈判功能被不断削弱。成员之间复杂的利益使得要想在 WTO 中达成任何实质性的修改或解释，难度都颇大。而要想通过上诉机构对协定作出解释则更无可能，尤其在当前欧美等发达经济体对上诉机构的若干报告中所作裁定并不认同，且 WTO 上诉机构新成员任命的僵局尚未破解的情况下。[2]

---

[1] 参见王秋雯：《国有企业规则在区域贸易谈判平台中的新发展与中国对策》，载《国际贸易》2018 年第 6 期。

[2] See Terence P. Stewart, *No Quick Fixes for WTO Dispute Settlement Reform—A Skeptical View by the FormerDeputy USTR of the EU's Willingness to Address Core U. S. Concerns*, at https://currentthoughtsontrade.com/2021/03/11/no-quick-fixes-for-wto-dispute-settlement-reform-a-skeptical-view-by-the-former-deputy-ustr-of-the-eus-willingness-to-address-core-u-s-concerns/, last visited on Mar. 16, 2021.

2. 在 WTO 中创设专门的竞争规则

认识到某些贸易措施可能会有损竞争，[1]起草者在 WTO 涵盖协定中纳入了与竞争有关的条款。但并不是政府采取的所有违反公平竞争的政策措施，如关税、出口补贴、进口替代政策、反倾销措施、进出口管制都受到 WTO 约束。贸易政策与竞争政策的关注重点并不相同。WTO 涵盖协定中有关竞争的条款的重点在于利用市场准入和非歧视待遇来保护竞争者，而竞争政策的关注点在于竞争保护，最终促进消费者福利。因此，某些反竞争的贸易措施在 GATT/WTO 体制下可能被认为违反相关协定义务，但是其他措施可能就会被 GATT/WTO 所容忍。

GATT 在序言中提出要"呼吁大幅降低关税和其他贸易壁垒"以及"消除国际贸易中的歧视性待遇"，实现贸易自由化。尽管序言提出"充分利用全世界的资源"的目标，但 GATT 所要解决的问题并非如何提高资源利用效率，而是以各种方式和途径来降低成员的市场准入壁垒，为外国货物的进入提供便利。其中，GATT 第 1 条（最惠国待遇）、第 2 条（关税减让）、第 3 条（国民待遇）以及第 11 条（禁止使用数量限制）等旨在为所有参与竞争的主体创造一个可竞争的环境。在边境措施方面，要求成员大幅降低关税水平，原则上给予所有成员相同的关税待遇，废除所有的数量限制。在国内措施方面，成员仍然享有国内市场管理权，只要成员以非歧视的方式对待国内货物与国外同类货物。虽然 GATT 本身并不关注成员的竞争法律法规的执行效果，但是将这些法律法规平等适用于各类主体自然也是题中之意。

除此之外，GATS 第 8 条以及其后达成的《基础电信协议》《金融服务协议》《与贸易有关的知识产权协定》第 8 条、第 31 条和第 40 条，《与贸易有关的投资措施协定》的序言和第 9 条，《保障措施协定》第 11 条，《反倾销协定》第 3 条，SCM 协定第 15 条以及 GPA 第 15 条，由于适用范围有限，且尚未形成体系，对规制国际贸易中的反竞争行为仅具有有限作用。

更为重要的是，GATT 关注的是政府措施，而非私人行为。GATT/WTO 争端解决机制在对私人行为与 GATT/WTO 项下承诺是否一致作出判断前，首先需建立该行为与政府之间的联系。历史上首个诉诸 WTO 争端解决机制的与

[1] 参见白树强：《全球竞争政策——WTO 框架下竞争政策议题研究》，北京大学出版社 2011 年版，第 27~30 页。

竞争相关争议，柯达—富士案表明了 WTO 在规制私人限制竞争行为方面确有缺陷。[1]1990 年，日本富士胶片公司（以下简称"富士公司"）为了扩大全球市场，在美国市场上倾销胶卷，而美国柯达公司（以下简称"柯达公司"）只能降价以维持其市场份额。对此，1993 年美国商务部初裁认定富士公司存在倾销行为，最终与富士公司达成"价格承诺"，提高了富士公司的出口价格。这一"价格承诺"的短期效果非常显著，直接导致日本胶卷在美国的出口量快速下降。然而，之后富士公司通过在美国加快建立制造企业，快速恢复并进一步扩大了市场份额。在这种情况下，柯达公司将目标对准日本国内市场。基于富士公司与国内 4 家企业签有长期独家供货协议的行为，柯达公司认为，正是由于日本政府的纵容，才导致富士公司能够依靠在本国市场取得的利润来补贴出口倾销。[2]1995 年，依据美国《1974 年贸易法》第 301 条，柯达公司提出，日本政府保护本国企业滥用市场支配地位的做法有违公平竞争规则。对此，日本公平贸易委员会进行了调查，并得出结论认为，富士公司并未违反日本的反垄断法。在两国就此问题磋商失败后，美国将此争议诉诸 WTO 争端解决机构处理。美国同时提出了违约之诉与非违约之诉。[3]在违约之诉中，美国指控日本政府违反了国民待遇与透明度原则；在非违约之诉中，美国提出，尽管日本胶卷的进口受约束关税，但日本政府在国内采取的一系列措施剥夺或损害了美国在 GATT 下的可得利益。但最终，违约之诉和非违约之诉均未能得到该案专家组的支持。专家组裁定，美国未能证明日本政府在其国内采取的任何一项措施损害了国内货物与进口相同货物之间的竞争关系，[4]还

---

〔1〕　参见王晨竹：《竞争法与反倾销法的功能性冲突及协调路径》，载《法学》2020 年第 9 期。

〔2〕　See Color Negative Photographic Paper and Certain Chemical Components from Japan and the Netherlands, USITC Investigations Nos. 731-TA-661 and https://www.usitc.gov/publications/701_ 731/pub2687. pdf, last visited on Mar. 3, 2020.

〔3〕　根据 GATT 第 23 条第 1 款（b）和 DSU 第 26 条规定，一成员所采取的任何措施使另一成员在 WTO 协议下的"直接或间接获得的利益正在丧失或减损"，即使该措施并不违反 WTO 协议规则，成员仍然可以根据该条规定寻求在 WTO 框架下解决争端。从利益平衡的角度，如果一个成员实施了一种未违反《马拉喀什建立世界贸易组织协定》（以下简称《WTO 协定》）的措施而损害了另一成员的利益，这就破坏了在这两个成员之间的一种贸易利益的平衡，非违约之诉正是纠正这种不平衡贸易关系的一种救济制度。参见刘成伟：《诉诸 WTO 争端解决的申诉类型》，载 http://www.law-lib.com/lw/lw_view.asp? no=1042&page=2，最后访问日期：2020 年 9 月 10 日。

〔4〕　See "Panel Report", Japan-Measures Affecting Consumer Photographic Film and Paper, WT/DS44/R, para. 10.83.

否定了美国提出的日本政府违反透明度和国民待遇原则的指控。

对此，日本竞争法专家松下满雄教授指出，不管日本政府在限制竞争中采取了何种措施，也不论日本政府在限制销售制度的形成过程中发挥了何种作用，此案争议的核心仍是私人限制竞争的行为，即作为私人企业的富士公司采取了限制竞争的销售策略。[1]福克斯教授更是将此称为"争议解决空白"。[2]

而之后诉诸 WTO 的墨西哥电信案[3]进一步使人确信，WTO 争端解决机构并不能以令人满意的方式处理排除市场准入的反竞争做法，不具有处理竞争政策问题的潜力。[4]但是，随着国际贸易对各国经济影响力的加深，竞争政策不再被单纯地视为某一成员的国内事务，成员竞争政策之间潜在冲突变得愈发严峻。[5]特别是，在竞争政策较为完善的发达成员与缺乏竞争政策的发展中成员之间的矛盾不断加深：对发达成员而言，发展中成员缺乏竞争政策、对竞争政策的执行效果不佳，包括对私营主体限制性商业行为的容忍，

---

〔1〕 参见 [日] 松下满雄：《世界贸易组织的基本原则和竞争政策的作用》，朱忠良译，载《环球法律评论》2003 年第 1 期。

〔2〕 See Eleanor M. Fox, "Competition Law and the Agenda for the WTO: Forging the Links of Competition and Trade", *Pacific Rim Law and Policy Journal*, Vol. 4, 1995, p. 15.

〔3〕 2000 年 8 月 17 日，美国政府向 WTO 提出申诉，指控墨西哥的《国际长途电话规则》所规定的"统一结算费率"和"按比例分配制度"是限制竞争的做法，不符合墨西哥的在 GATS 项下的承诺和《电信服务：参考文件》的承诺。《电信服务：参考文件》第 1.1 条规定，应采取适当措施，防止主要供应商从事或继续 从事反竞争的行为。美国提出，墨西哥非但没有禁止这种行为，反而继续采取措施，要求墨西哥电信运营 商遵守由 Telmex 牵头的横向定价卡特尔。"统一结算费率"由 Telmex 与其他国家的电信服务提供 商谈判达成，仅墨西哥联邦电信委员会批准后对墨西哥国内其他经营者统一适用，相当于"限定价格卡特 尔"。而"按比例分配制度"则是指按照电信服务商的呼入电话份额与呼出电话所占比例进行收入分配。但根据《国际长途电话规则》，Telmex 可以与其他运营商签订经批准的经济补偿协议。这种做法产生的实际效 果等同于在电信提供者之间进行"市场分配协议"。最终，专家组支持了美国的诉求，裁定墨西哥的《国际长途电话规则》违反了 GATS 第 8 条与《电信服务：参考文件》。这一裁决饱受争议。《电信服务：参考文件》未纳入禁止卡特尔这种明显的反竞争行为，这说明起草者仅打算将其适用于有限的反竞争行为。然而，专家组却在这一参考文件中加入了墨西哥或其他任何签署成员根本没有作出的承诺。See P. Marsden, "WTO Decides Its First Competition Case, with Disappointing Results", *Competition Law Insight*, Vol. 16, 2004, p. 5.

〔4〕 See Kathy Y Lee, "The WTO Dispute Settlement and Anti-Competitive Practices: Lessons Learnt from Trade Disputes", *The University of Oxford Centre for Competition Law and Policy Working Paper* (L) 10/05, p. 25.

〔5〕 参见王海峰：《WTO 非违约之诉机制研究——兼论中国汽车零部件进口争端及其启示》，载《法商研究》2006 年第 6 期。

都可能被视为一种不公平的比较优势。在 WTO 框架下，上述行为是否构成倾销或补贴仍存在争议。正如前文所述，《WTO 协定》中与竞争相关的规定，旨在通过贸易自由化来实现市场准入，要求成员以非歧视的方式对待国内产品与外国同类产品，但是对于以何种规则、措施、方式来管理其国内市场是成员自己的权利。而且虽然大部分发达成员国内都有符合自身经济特点的竞争政策体系，但对于超出国界的限制竞争行为无能为力。[1] 因此，私人企业的限制性安排、政府与私人企业混合的限制性安排，随着企业竞争超出国家界限，产生了竞争政策国际协调与多边合作的需求。

随着私人企业限制竞争行为对 WTO 体制与成果的侵蚀，WTO 各成员的决策者逐渐将其关注从降低政府对贸易的壁垒转向市场准入的私人壁垒。对此，国际上主要存在两种观点：一种观点认为，清除市场准入私人壁垒最好的办法就是通过积极使用国内竞争法加以解决。利用非违约之诉来解决反托拉斯争议可能会导致错误的结论，反而有损世界贸易体系。[2] 国内竞争法对私人违反竞争行为的处理是规制市场准入政府壁垒国际规则的天然补充。另一种观点认为，各成员应当就制定竞争原则与规则的多边协议进行谈判。WTO 可以且应介入有关竞争政策的法律空白，以维护国际贸易体系。[3] 鉴于 WTO 成员具有广泛代表性，在削减贸易壁垒方面已取得的成功以及完善的争端解决机制，WTO 是进行此类多边谈判、管理和实施的最佳平台。

无论如何，越来越多的 WTO 成员逐渐意识到应当建立一个关于竞争的多边协议。对这一协议的谈判在 WTO 框架之内或是之外并不重要，重要的是国际竞争政策能够以某种形式得以有效实施。[4] 为了将竞争政策引入 WTO 法律体系中，在 1996 年的 WTO 新加坡部长级会议成立了贸易与竞争关系工作组，专门研究贸易与竞争政策之间的关系。彼时，WTO 成员之间已经达成一种共

---

〔1〕　参见张久琴：《竞争政策与竞争中立规则的演变及中国对策》，载《国际贸易》2019 年第 10 期。

〔2〕　See Sungjoon Cho, "GATT Non‐Violation Issues in the WTO Non‐Violation Issues in the WTO Framework: Are They the Achilles' Heel of the Dispute Settlement Process?", *Harvard International Law Journal*, Vol. 39, 1998, pp. 328‐329.

〔3〕　See Patricia Isela Patricia, "Antitrust in the Global Market: Rethinking 'Reasonable Expectations'", *Southern California Law Review*, Vol. 72, 1999, p. 1604.

〔4〕　参见 [日] 松下满雄：《世界贸易组织的基本原则和竞争政策的作用》，朱忠良译，载《环球法律评论》2003 年第 1 期。

识:《WTO 协定》和竞争政策的目标都是促进自由市场发展、增进消费者福利和提高经济效率。[1]WTO 所建立的国际经贸新秩序已从撤除边界关税贸易壁垒演变至以国际竞争为导向的市场准入，这凸显了竞争问题在 WTO 中的重要性。[2]然而，如何处理贸易政策与竞争政策的关系以及如何将各成员的竞争法与相关规则加以协调、整合成一个可以被普遍接受的、多边的竞争协议是摆在 WTO 面前的最大难题。正如 1997 年 WTO 秘书处发布的贸易和竞争政策报告所指出的，不论是不制定竞争法，抑或是不执行现有竞争法，都是成员的政策选择。这意味着实践中难以区分私人限制行为与政府措施，因为私人限制行为的存在可能是因为政府选择不予干预，或不执行本可适用的竞争法。因此，问题的根本并不在于 WTO 规则是否应当对私营主体施加义务，而在于各国政府是否应在共同原则的基础上，接受与竞争法及其执行有关的基本纪律，以促进 WTO 贸易自由化的目标。[3]

1999 年，在 WTO 的几个主要成员共同推动下，WTO 的千年回合议程中加入关于投资和竞争政策多边规则谈判的日程。然而，美国、日本、欧盟等发达成员之间未能就多项实体性贸易政策议题达成一致，最终导致西雅图部长会议走向失败。WTO 各成员在多哈部长级会议之前对 WTO 竞争规则的立场差异很大，主要有以日本为首的"竞争规则与反倾销法改革"的主张、以欧盟为首的"在 WTO 框架下建立竞争规则，但反对反倾销法改革"的主张以及以美国为首的主张"在 WTO 框架下进行竞争政策议题探讨"的中间派立场[4]。

---

〔1〕 参见李俊峰：《竞争中性的国际规制演进与中国因应策略——以美欧互诉"民用大飞机补贴案"为参照》，载《上海财经大学学报》2021 年第 1 期。

〔2〕 参见王先林：《国际贸易协定谈判中的竞争政策问题——以 WTO 和 TPP 谈判为例》，载《竞争政策研究》2015 年第 1 期。

〔3〕 See "Working Group on the Interaction between Trade and Competition Policy", *Communication from the European Community and its Member States*, WT/WGTCP/W/78, p. 1.

〔4〕 日本认为，竞争政策与反倾销规则都具有限制掠夺性价格的作用，前者限制国内统一市场中的掠夺性价格，而后者限制国际贸易中的掠夺性价格。WTO 反倾销制度保护的是竞争者，而竞争规则保护的是可竞争的市场，两者是相互矛盾的。WTO, WTO Working Group on the Interaction between Trade and Competition Policy, Report on the Meeting of 27-28 July 1998, WT/WGTCP/M/5, 1998, para. 45. 美国对在 WTO 框架下达成 所谓的国际竞争协议并不抱希望。美国认为，涉及国际反托拉斯执法的许多理论与实践至今都是不成熟的，想要在短期内达成实体性规则是不可能的。美国政府认为，WTO 并无法胜任这一任务，反而可能会将国际 反托拉斯执法政治化，无法改善反托拉斯决策的经济合理性或法律中立性。See *International Competition Policy Advisory Committee to the Attorney General and Assistant Attorney General for Antitrust*, Final Report, 2000, p. 264.

而对于发展中成员而言，一方面担心发达成员推动国际竞争法的目的并不在于在国际上限制跨国公司的反竞争行为，反而是为了帮助其企业打通发展中成员的市场。竞争法可能会被跨国公司利用作为对付国内企业的有利工具，获得发展中成员的市场份额并最终摧毁发展中成员的民族经济。因此，有部分发展中成员反对在 WTO 中进行任何关于竞争规则的工作。另一方面，随着越来越多的跨国公司在全球范围内行使市场控制权，如何对其行为进行控制，以及如何避免其滥用市场控制权，变得尤其困难。发展中成员逐渐意识到，对竞争议题的忽视在某些情况下已经侵蚀了贸易自由化和私有化所带来的积极效应，反而为反竞争行为提供了便利。[1]如何在 WTO 框架下进行竞争政策的谈判，利用国际协调合作对付跨国公司违反竞争的做法至关重要。由于不少发展中成员并没有引入竞争法，也缺乏相应的竞争法执法经验，因此发展中成员在"贸易与竞争"议题下最基本的诉求是，获得特殊与差别待遇（Special and Differential Treatment，SDT），[2]要求 WTO 竞争框架给予发展中成员减让条款。然而经过磋商与谈判，成员方无法就是否应在 WTO 框架下启动竞争议题谈判达成一致。结果是，在 WTO 多哈回合的谈判中，竞争政策问题未能取得任何实质性进展。"巴厘一揽子协定"没有涉及任何竞争政策问题。目前，WTO 贸易与竞争政策相互关系工作组的工作处于停滞阶段。[3]

事实上，竞争政策议题已沦为国际贸易谈判议程中的一个筹码。[4]在 WTO 多边谈判纳入竞争议题需要发展中成员的支持，但是目前竞争政策议题却被当作贸易谈判的筹码。因此，在 WTO 框架下，建立一个竞争政策的多边协定的可能性非常小。相较之下，区域性贸易安排不仅可以就敏感议题进行谈判，即防守利益，还可以在即将达成多边共识的具有较大利益的部门推进

---

〔1〕　See Carlos M. Correa, "Competition Law and Development Policies", in *Towards WTO Competition Rules: Key Issues and Comments on the WTO Report on Trade and Competition*, Roger Zaech ed., Kluwer Law International, 1998.

〔2〕　特殊与差别待遇，对发展中成员实施特殊的规则以支持其完全纳入国际经济环境。在 WTO 各涵盖协定中共有超过 145 项特殊与差别待遇条款，主要类型：（1）对发展中成员提供优惠市场准入；（2）特殊情况下允许采取对基本义务的例外措施，保障发展中成员国家利益；（3）提供更大灵活性的承诺；（4）允许更长时间的过渡期；（5）对发展中成员提供技术协助。

〔3〕　参见王晨竹：《竞争法与反倾销法的功能性冲突及协调路径》，载《法学》2020 年第 9 期。

〔4〕　See Adrian Kay, Towards a Theory of the Reform of the Common Agricultural Policy, European Integration online Papers, at http://eiop. or. at/eiop/texte/2000-009a. htm, last visited on Feb. 8, 2019.

新规则，即进攻利益。[1]这也解释了 FTAs 中与竞争相关规则的出现和繁荣。

更重要的是，WTO 面临与竞争观念不协调的贸易救济方法的改革问题。正如前文所述，美日欧三方对于是否要在竞争议题中加入反倾销法的改革存在不可调和的争议。WTO 反倾销制度的制度取向是保护竞争者，与竞争法所要保护的可竞争市场并不一致。实际上，通过贸易救济诉讼使海外竞争者的生产与销售处于不利境地，阻止和排除其在本国市场上竞争的行为被称为"非价格掠夺"。[2]这延伸了掠夺性价格滥用市场竞争优势的空间，使境内垄断者能够影响到境外潜在竞争者。通过业界经营者的联合申诉可以轻易满足贸易救济法的原告资格和立案前的表面证据审核标准、分摊原告诉讼成本、分摊主张境外竞争者的不公平贸易行为或进口增长对于境内产业造成损害的举证责任。这种联合申诉的行为与竞争法中的横向垄断协议具有很强的关联性。但是，无论是 WTO 贸易救济规则还是各成员的贸易救济法对于这种申诉产生的反竞争效果均未明确禁止或加以规制。贸易救济的实施旨在保护进口成员国内产业免受低成本外国生产者的竞争，几乎很少考虑国情差异以及生产者低成本的合理原因，如较低用工成本、高效的经营管理、良好工作条件等一系列混合因素。[3]因此，在 WTO 框架下，不管是对既有规则如 SCM 协定或 GATT 相关条款作出修改，还是建立一个多边竞争协定都存在多方面的阻碍。

三、主要经济体对国有企业国际规制的不同立场

正如 WTO 框架下的国际贸易规则自始至终都是由发达经济体所主导的，当前欧美等发达经济体在国际上推行国有企业国际规制规则最主要的目的在于通过更新国际贸易规则获得更多利益。研究表明，一国从国际经济规则获得利益的来源主要有两个：其一是国际经济规则的正外部性，即统一的规则能够促进商品与生产要素的跨国流动，提高国际分工水平，优化全球资源配

---

〔1〕 防守利益主要是指涉特定成员在市场准入方面敏感议题的利益，知识产权政策、农业政策、竞争政策等方面的利益。进攻利益主要是指 RTA 主导方可直接向缔约方提供市场开放领域的利益，主要为缔约方出口依赖领域的市场准入优惠。See Simon Lester, Bryan Mercurio, *Bilateral and Regional Trade Agreements*, Cambridge University Press, 2009, p. 36.

〔2〕 参见何艳华：《区域贸易协定中的反倾销制度研究》，华东政法大学 2012 年博士学位论文。

〔3〕 参见 ［美］理查德·波斯纳：《法律的经济分析》，蒋兆康译，法律出版社 2012 年版，第452 页。

置，改善全球福祉。这适用于参与经济全球化的所有国家。其二是国际经济规则的非中性，即规则制定者、主导者能够从中获得巨大额外经济收益。而仅有少数经济体能够从这一来源获益。[1]而一直以来，美国、欧盟都属于这部分经济体。

在现行国际贸易规则利己的经济红利基本消失的前提下，发达经济体以"现有国际规则在确保国有企业和私营企业公平竞争的缺陷"为由，提出要对国有企业享有的政府授予的不正当优势与国有企业的反竞争行为进行国际规制，借此捆住广大发展中经济体政府的产业政策之手，维持发达经济体及其私营企业的优势地位。[2]因此，对于国有企业国际规制的议题，以欧美为首的发达经济体与以中国为首的新兴经济体之间势必存在不同的诉求。这也体现在新一轮的 WTO 现代化改革的讨论之中。下文将从其缔结的主要 FTAs 与国家高层公开发表的演讲为基础，提出发达经济体与新兴经济体对国有企业条款的不同诉求和主要争议。

（一）主要经济体的主要诉求与代表性观点

第一，全面规制的美国诉求。因国有企业数量非常少且国内竞争机制较为成熟，美国本身是最缺乏竞争中立政策土壤的国家，[3]但他却是国际上推行竞争中立政策最为卖力的国家。[4]这是其为了自身特定利益考虑的战略安排，旨在遏制国家资本主义的发展。尤其是在 2008 年金融危机后出现的中国企业海外并购浪潮使得西方开始关注中国经济与中国发展模式，并渲染国家资本主义对自由贸易的破坏。例如，宣称一种新的制度——国家资本主义正在崛起，对自由市场制度造成了严重的威胁，[5]指责中国、俄罗斯、马来西亚等新兴经济体的大型国有企业对全球贸易体系造成的威胁和冲击。[6]客观地说，国家资本主义发展模式正在成为自由经济发展模式的有力竞争者，动

---

〔1〕　参见李向阳：《国际经济规则的形成机制》，载《世界经济与政治》2006 年第 9 期。
〔2〕　参见丁茂中：《竞争中立政策研究》，法律出版社 2018 年版，第 34 页。
〔3〕　参见王婷：《竞争中立：国际贸易与投资规则的新焦点》，载《国际经济合作》2012 年第 9 期。
〔4〕　参见丁茂中：《竞争中立政策走向国际化的美国负面元素》，载《政法论丛》2015 年第 4 期。
〔5〕　See Ian Bremmer, *The End of the Free Market*: *Who Wins the War between States and Corporation*? Penguin Group, 2010, p. 43.
〔6〕　参见彭五堂：《"国家资本主义"概念辨析》，载《河北经贸大学学报》2014 年第 2 期。

摇了自由资本主义经济模式的全球霸主地位，直接影响到美国在全球政治与经济领域的主导地位。

为了应对国家资本主义发展模式对美国竞争力与全球体系的挑战，美国开始借助 OECD 的平台对现有国际经济秩序进行重大调整，更新国际贸易与投资领域的规则，并且在各种国际舞台上争取其他国家对"竞争中立"的认同与支持。[1]美式诉求主要体现于其主导的 TPP、USMCA、TiSA 等中的国有企业条款当中。以 TPP 为例，其为国有企业量身定做的核心义务，旨在强化国有企业的"国家"色彩。国有企业在提供或购买货物或服务时需遵守非歧视待遇——典型的国家义务而非企业义务。尽管美国在诸多国际场合大肆鼓吹竞争中立，但从其本身缔结国有企业条款看，解决的却是国有企业作为"市场管理者""公共产品提供者"，并非"市场参与者"的行为准则问题。[2]

第二，渐进式推进改良的欧盟诉求。CETA、欧日 EPA 以及欧盟与新加坡、韩国、越南和印度尼西亚所签订的一系列协定可以体现出欧盟对于国有企业条款的主要诉求。尽管欧盟对 OECD 在竞争中立领域的工作也表示支持，而且在《欧盟运行条约》第 106 条、第 107 条等对公共企业及成员国授予独占权或特别权益的企业的竞争以及成员国国家援助进行规范，[3]但其在 FTAs 中推进竞争中立的方式并不如美国激进。欧式 FTAs 中有 13 个载有国有企业条款，分别在与埃及、以色列、韩国、黎巴嫩、墨西哥、摩尔多瓦、黑山、摩洛哥、突尼斯、土耳其、塞尔维亚、日本等签订的 FTAs 当中。在结构上，国有企业条款主要隶属于竞争政策章节，要求国企遵循公平竞争义务，未专

---

〔1〕 参见《美国出新招对付"中国模式"（国际视点）》，载《人民日报》2011 年 11 月 23 日，第 21 版。

〔2〕 参见赵海乐：《是国际造法还是国家间契约——"竞争中立"国际规则形成之惑》，载《安徽大学学报（哲学社会科学版）》2015 年第 1 期。

〔3〕《欧盟运行条约》第 106 条规定，对于公共企业及成员国授予特别或专有权的企业，成员国不得制定也不得保留与条约的竞争规则相抵触的任何措施；第 107 条将欧盟层面的国家援助分为"与共同体市场相抵触的国家援助"、"可能与共同体市场相抵触的国家援助"和"与共同体市场相协调的国家援助"三大类。一律禁止对与共同体市场相抵触的国家援助；对可能与共同体市场相抵触的国家援助则需由欧盟理事会或欧盟委员会来认定是否可以享受豁免；对与共同体市场相协调的国家援助，则直接予以放行。在欧盟的国家援助制度下，任何欧盟成员国给予企业提供国家援助或对现有的援助措施进行更改，都必须事先通知欧盟委员会。在欧盟委员会做出最终认定之前，成员国不得实施国家援助行为，否则将被认定为非法行为。对于已经存在的国家援助，欧盟委员会还可开展调查措施。若欧盟委员会认为国家援助与共同体市场相抵触，可向成员国推荐采取必要的救济措施。若成员国不予采纳，委员会还可展开正式调查，并有权根据调查的结果责令成员国采取恢复原状的措施。

门提及"竞争中立"。2018年签署的欧日 EPA 设有单独的国有企业条款。在 TPP 的影响下,其条款的内容突破现有绝大多数 FTAs 的限度,如对商业考虑的规定,但其也并未完全照抄 TPP 国有企业条款。特别是,欧盟仍坚持在补贴规则下规制政府通过国有企业传递补贴的行为。这一点在其 2018 年 WTO 现代化改革提案中也有所表现。[1]欧盟强调以成员原有的竞争法规制国有企业,并在 WTO 框架内改良国有企业条款。欧盟认为,对国有企业和私营企业平等地适用竞争法时仍要注重平衡福利国家角色和市场公平竞争,因而其在强化补贴规则时设置较多例外。此外,欧盟在其最新的 WTO 改革提案,即《世贸组织改革:建立可持续和有效的多边贸易体制》中进一步阐述欧盟对 WTO 改革的建议,主张制定"竞争中立"规则。该提案提出,为实现某些合法目标,可能需要进行公共干预,WTO 应该允许一成员经济中存在不同程度的公有制。因此,问题的关键不在于国家在经济中的角色,而是如何有效应对具有负面溢出效应、扭曲市场竞争、限制市场准入以及影响全球市场的国家干预。[2]

第三,消极推进竞争中立的澳大利亚诉求。尽管澳大利亚本国竞争中立法律实践相当先进,但在双边贸易协定中对竞争中立的推行并不积极。在 TPP 之前,5 个包含了竞争中立条款的 FTAs 中,仅有新加坡、智利、韩国、日本同意受此条款约束,而澳美 FTA 明确排除了竞争中立条款对美国的适用。[3]例如,澳新 FTA 第 12 章对"竞争政策"进行了规定,其中第 4 条为"竞争中立":双方应采取合理措施确保各级政府不得仅因政府所有权,向从事商业活动的、政府享有所有权的企业提供竞争优势。此条款仅适用于其商业活动,但不适用于其非商业活动。这一规定基本上是沿袭其国内法中关于竞争中立的要求,即竞争中立仅适用于政府享有所有权企业的商业活动,禁止因政府所有权为

〔1〕　See European Commission, *EU Concept Paper on WTO Reform*, at https://www.wita.org/atp-research/eu-concept-paper-on-wto-reform/, last visited on May 14, 2019.

〔2〕　See European Commission, *Reforming the WTO: Towards a sustainable and effective multilateral trading system*, at https://knowledge4policy.ec.europa.eu/sites/default/files/NG0221300ENN.en_.pdf, last visited on Mar. 16, 2021.

〔3〕　See Korea-Australia FTA, Art. 14.4; Singapore-Australia FTA, Art. 12.4, Chile-Australia FTA, Art. 14.5, Japan-Australia EPA, Art. 15.4, U.S.-Australia FTA, Art. 14.4, Australian Government Department of Foreign Affairs, Free Trade Agreements, at https://www.dfat.gov.au/trade/agreements/trade-agreements, last visited on Aug. 12, 2020.

这类企业提供竞争优势。与其国内相当先进的竞争中立法律实践相比，其在双边贸易协定中的竞争中立多为原则性规定。而且在与亚洲国家缔结的 FTAs 中，澳大利亚极力避免在竞争问题上发生冲突。

第四，坚持所有制中立与监管中立的中国诉求。《中国关于世贸组织改革的建议文件》提出，坚持贸易和投资的公平竞争原则。国企和其他各类企业在从事商业竞争时都是平等竞争的市场主体。但部分成员试图依企业所有制不同设立不同规则，如不加区别地将所有国企都认定为 SCM 协定中的"公共机构"，对国企设立额外的透明度规则，以及在外商投资安全审查中歧视国企。这些做法不利于创造公平竞争的制度环境，如任由此类做法横行，未来还可能出现更多歧视性的规则。并且进一步强调，WTO 应坚持公平竞争原则，确保不同所有制企业的公平竞争环境：一是在补贴相关纪律讨论中，不能借 WTO 改革对国有企业设立特殊的、歧视性纪律；二是在外资安全审查中，实行公正监管，按照透明度和程序适当原则，对来自不同所有制类型企业的同类投资提供非歧视待遇。[1]当前，中国缔结的 FTAs 中不包括任何形式的国有企业条款。[2]在刚签署的 RCEP（区域全面经济伙伴关系协定）[3]中，也并未达成上述竞争中立意义上的国有企业条款。

（二）经济体之间的主要争议

以欧美为代表的发达经济体与以中国为代表的发展中新兴经济体之间的主要争议在于是否要为国有企业参与国际竞争制定专门规则。随着竞争中立的理念和原则逐渐获得国际共识，对国有企业构建额外的规则似乎已经成为一种趋势。短期来看，中国并不会全盘接受欧美所主导的国有企业条款。然而，国有企业条款的模板效应不断显现，势必对国际贸易产生贸易转移作用，以致损害中国和其他拥有大量国有企业国家的利益。因此，长期看来，对于

---

〔1〕 参见《中国关于世贸组织改革的建议文件》，载 http://images. mofcom. gov. cn/sms/201905/20190514094326062. pdf，最后访问日期：2020 年 10 月 8 日。

〔2〕 See European Commission, *EU and China reach agreement in principle on investment*, at https://ec. europa. eu/commission/presscorner/detail/en/ip_ 20_ 2541, last visited on Mar. 5, 2021.

〔3〕 RCEP（区域全面经济伙伴关系协定）由东盟十国发起，邀请中国、日本、韩国、澳大利亚、新西兰、印度共同参加（10+6），通过削减关税及非关税壁垒，建立 16 国统一市场的自由贸易协定。2020 年 11 月 15 日，通过视频会议的方式，在 15 国领导人（除印度）的共同见证下，各国贸易部长正式签署了这一协定。

中国而言，国有企业条款最好在中国有话语权的场合形成，如在 WTO 平台上进行谈判。[1]

值得注意的是，尽管美日欧三方贸易部长发布的联合声明强调，要加强工业补贴和国有企业规则，但是至今为止，欧美在其分别主导的 FTAs 中对国有企业的规制存在较大差异，尚未形成一种普遍接受的范式。尽管在内容上具有相似性，基本涵盖了非歧视待遇、商业考虑、补贴规则、透明度和公司治理等方面，但在规则的体系安排、严格程度与推行路径等方面又有不同。美式 FTAs 中积极创设了全面的、系统的、严厉的甚至超越 WTO 现有要求的国有企业条款，暗含去除国有企业的政府成分的目的。而欧式 FTAs 中对国有企业的规制则分散在竞争政策、国有企业、补贴等章节中。因此，对于国有企业的问题，中国仍有求同存异的空间，尤其是在国有企业与补贴的议题方面。

竞争中立原是一个竞争法上的议题。而竞争法的国际化至今仍未有重要进展，主要原因之一就在于体制层面的意识形态因素难以达成一致。[2]正如《澳大利亚—东盟—新西兰 FTA》的竞争章节所明确表明的，承认各国竞争政策的重大差异，尊重各国制定竞争政策的主权。这也许与澳大利亚并不寻求地区霸权有关。然而，即便美国具有寻求亚太地区霸权的实力，以实力而非合意达成所谓的"共识"并非国际造法，至多是一种利益博弈。[3]就 FTAs 中的国有企业条款而言，各国至多能够决定就个别行业让步，以换取其他方面的贸易利益。综上，各个国家或许能够在国内法层面在竞争秩序与公共利益之间求得平衡点，但一旦争议上升至国际层面，达成毫无例外的、以竞争中立为基础的"一揽子"的国有企业条款就相当困难。而国际法治的核心，是存在普遍约束力的规则。

第三节　国有企业条款的特征归纳

国有企业条款并非凭空出世。一般认为，FTAs 中的国有企业条款来源于

---

〔1〕　参见贺小勇、陈瑶：《"求同存异"：WTO 改革方案评析与中国对策建议》，载《上海对外经贸大学学报》2019 年第 2 期。

〔2〕　参见金善明：《困境与路径：竞争法国际化的规范分析》，载《社会科学》2012 年第 11 期。

〔3〕　参见赵海乐：《是国际造法还是国家间契约——"竞争中立"国际规则形成之惑》，载《安徽大学学报（哲学社会科学版）》2015 年第 1 期。

澳大利亚国内国有企业改革中竞争中立。虽然对政府干预造成的扭曲、国有企业竞争优势等领域都是欧美在反倾销和反补贴调查中的重点规制对象，但是通过对出口产品征收反倾销税或反补贴税以防范与制约竞争对手整体优势的作用很有限。[1]

与此同时，单边竞争法制度域外效力不足，并且各国竞争法对国有企业规则的国际协调并不顺利。美欧需要寻求新的替代手段来制约新兴经济体及其国有企业的发展，利用已经存在并建立在所有制基础上的竞争中立政策，来填补规制空白，似乎是一种不错的选择。

一方面，欧美等发达经济体借 OECD 的平台对"竞争中立"深入研究、不断完善和发展，提出"竞争中立"的实施能让所有市场主体均能在一个公平的市场竞争环境与条件下展开竞争；另一方面，欧美所主导的新一代区域自由贸易协定中纷纷加入并完善专门的国有企业条款，以填补国有企业领域的规范空白，解决当前国有企业参与全球竞争引发的竞争失衡问题。

在当前新一代区域自由贸易协定中，根据国有企业条款的具体内容，主要可以分为美国主导的国有企业条款与欧盟主导的国有企业条款。美国主导的国有企业条款主要体现在 TPP、USMCA 中，而欧盟主导的国有企业条款则主要体现在欧加 CETA 以及欧日 EPA 中。当然，2020 年底中国与欧盟达成的《全面投资协定》中也有国有企业条款，其在一定程度上也代表了中国作为一个国有企业大国所能接受的、在投资领域对国有企业的规制限度。

一、以国有企业为核心的规制体系

国有企业条款围绕国有企业定义，对国有企业参与国际竞争的活动作出了全面规制。WTO 关注的是贸易自由化，旨在降低市场准入的政府壁垒，其关注点在于货物或服务的进出口。随着国有企业条款从竞争政策章节分离，国有企业条款自成体系，创设了一种结合 GATT 第 17 条、竞争法以及 SCM 协定[2]的混合规制模式。

---

〔1〕 参见宫仁海：《论贸易救济法与竞争法的冲突和协调——以区域贸易制度安排为视角》，中国政法大学出版社 2016 年版，第 117 页。

〔2〕 此处仅指美国主导的国有企业条款如 TPP 和 USMCA。欧盟主导的国有企业条款虽然没有纳入国有企业补贴规则，但也结合了 GATT 第 17 条与竞争法相关内容。

国有企业条款本来属于竞争政策章节的内容。总体上看，竞争政策中的实体性规定较少，尤其相应的争端解决程序的缺乏使得很多学者认为FTAs中的竞争政策章节属于软性法律范畴，[1]更多的是促进和加强国家间的互动协作。NAFTA作为历史上第一个规范竞争政策议题的FTA，在第15章（竞争政策、垄断和国有企业）对两种不同类型的行为进行了规定，即反竞争行为和可能影响贸易的某些政府行为，旨在解决拥有国家授权的垄断地位或国家所有权的商业主体造成的歧视与贸易扭曲。并且在第1503条对"国有企业"进行了专门规定：各缔约方应保证国家企业（StateEnterprises）正当营运。协定并不禁止缔约方设立或维持国家企业，但各缔约方应通过法律管控、行政监督或采取其他措施，确保在此类企业行使政府授予的监管、行政及其他政府权力时，以与缔约方在协定第11章（投资）、第14章（金融服务）中承担义务不相违背的方式运作。这旨在防止政府将其职能转移给国有企业而逃避其在协定项下的义务。各缔约方还应确保其国家企业向来自另一缔约方的、在该国投资的投资者出售货物或服务时，给予非歧视待遇。这一规定可有效防止政府通过国有企业传递补贴，为外资企业提供公平的竞争环境。在此之后，FTAs中的竞争政策章节下的国有企业条款开始体系化与规范化。美新FTA首次规定了较为系统性的国有企业条款，[2]围绕国有企业定义对国有企业作出了全面的规范。随着欧美对国有企业议题的重视，TPP首次将国有企业条款从竞争政策章节中分离。TPP协定从定义、范围、主要纪律等几大维度，进一步完善与规范了国有企业条款，使之成为一个独立的、自成体系的条款[3]。应当说，国有企业议题是美国运用"竞争中立"政策建立下一代贸易规则提出的实质性要求。[4]美国希望以其国内法规与商业实践为准绳，通过TPP谈判协调各国法规和标准，将整个地区的规则统一到美国的规则和标准之中，

---

〔1〕 See D. Daniel Sokol, "Order without（Enforceable）Law: Why Countries Enter into Non-Enforceable Competition Policy Chapters in Free Trade Agreements", *Chicago-Kent Law Review*, Vol. 83, 2008, p. 234.

〔2〕 参见杨秋波：《国企条款透视：特征、挑战与中国应对》，载《国际商务——对外经济贸易大学学报》2018年第2期。

〔3〕 有些文献中也将国有企业条款称为国有企业章节。

〔4〕 参见蔡鹏鸿：《TPP横向议题与下一代贸易规则及其对中国的影响》，载《世界经济研究》2013年第7期。

对亚洲国家实施"边界后规则改革",[1]使全球贸易新规则制定从传统垂直型进程向跨部门横向型方向转变。

二、非歧视待遇和商业考虑条款成为国有企业竞争的行为准则

非歧视待遇条款要求国有企业在购销活动中给予交易对手非歧视待遇。这一规定模仿了 GATT 第 17 条为国营贸易企业设定的行为规范,使得可能不属于国营贸易企业的国有企业也需要遵守非歧视待遇。例如,国有企业根据公共服务指令提供货物或服务时,要求给予缔约方境内涵盖投资企业最惠国待遇和国民待遇。

另外,商业考虑条款不再仅仅是判断国有企业是否遵守非歧视待遇的一项标准,而成为独立适用于国有企业商业行为的行为准则。商业考虑条款要求国有企业在货物或服务的购销活动中,基于商业考虑因素,像同一市场中私营企业一样参与作出商业决策。

三、非商业援助条款限制国有企业竞争的财政优势来源

TPP 首次将补贴规则并入国有企业条款,形成了专门针对国有企业的补贴规则,即非商业援助条款。相对应地,在 TPP 中不再专门设立补贴章节,而仅在贸易救济章节中规范了反补贴的问题。相较于 SCM 协定,非商业援助条款以非商业援助、不利影响和损害为核心,所规制的补贴仅限于以国有企业作为接受者的补贴。其中的非商业援助类似于 SCM 协定中的可诉补贴,但是更易认定专向性。这一规定将在很大程度上限制或切断国有企业的财政优势来源,使其与市场中其他市场主体处于更加公平的竞争地位与市场环境当中。

总之,国有企业议题已经成为 FTA 谈判、WTO 现代化改革中不可回避的一个问题。[2]从 NAFTA 到以 TPP 为代表的新一代区域自由贸易协定,国有

---

〔1〕 See Hillary Rodham Clinton, *Remarks at the First Senior Officials Meeting（SOM）for the Asia Pacific Economic Cooperation（APEC）Forum*, at https://2009-2017.state.gov/secretary/20092013clinton/rm/2011/03/157940.htm, last visited on Nov. 17, 2020.

〔2〕 参见赵学清、温寒:《欧美竞争中立政策对我国国有企业影响研究》,载《河北法学》2013年第1期。

企业条款不断完善、自成体系、独立成章。国有企业条款提出了国有企业定义，纳入了规范国有企业行为准则的非歧视待遇和商业考虑条款以及限制国有企业从政府获得不正当财政优势的非商业援助条款，旨在创造一个更加公平的竞争环境。

本章小结

WTO 涵盖协定约束的是成员，而非企业或个体。为什么会出现约束国有企业的纪律？为什么 FTAs 中又会出现专门的国有企业条款？这是研究国有企业国际规制首先需要回答的问题。为了将中国融入 WTO，以接合理论对 WTO 规则进行改造专门适用于彼时的中国，并对国有企业与补贴给予了特别关注。

在国有企业设立之初，其主要活动范围限于国内，因此不管政府授予其何种优势，都属于一国管辖范围之内的事务。而随着国有企业逐渐融入世界经济，深度参与全球价值链发展，部分竞争性国有企业可能利用其从政府获得的不正当竞争优势，使其竞争对手，如其他国家的私营企业处于竞争劣势地位。以欧美为首的发达经济体，指责国有企业对国际贸易和市场造成扭曲，而 WTO 涵盖协定又不能对国有企业形成有效规制。有鉴于此，发达经济体将目标转向起源于澳大利亚国企改革的"竞争中立"，在 TPP 协定等新一代区域自由贸易协定中将国有企业条款从竞争政策章节中独立出来，并以竞争中立包装国有企业条款，开始将国有企业作为一种特殊的规制对象，为其参与国际竞争设定专门的行为准则，弥补当前 WTO 涵盖协定对国有企业的优势及其行为的规制不足。国有企业条款开始向重要的国际规则迈进，旨在消除国有企业因政府所有或控制而享有政府给予的不正当优势，保障私营企业与国有企业公平竞争。国有企业条款围绕国有企业定义，全面规制国有企业参与国际竞争的活动。

纳入规制的国有企业的范围

　　国有企业的定义决定了国有企业条款的适用范围。当前各国对国有企业的定义无法达成一致，[1]是国际法规制国有企业所面临的最大难题。[2]尽管多边贸易规则早就对此予以关注，但是明确界定的缺乏导致实践中各成员争议不断。而在双边和区域 FTAs 中，以美国为代表的发达经济体积极纳入国有企业条款，并采用"政府所有或控制"和"从事商业活动"两大要素，对国有企业作出宽泛界定。

第一节　WTO 框架下与国有企业相关的概念

　　WTO 框架下与国有企业相关的概念主要有 GATT 中的"国营贸易企业"、SCM 协定中的"公共机构"以及 GPA 中的"其他采购主体"。由于规则关注的重点不同，且 WTO 本身采取的是所有制中立的立场，因此尽管 WTO 涵盖协定对这些主体的界定与国有企业的概念有所重叠，但并不完全一致。

一、GATT 中的"国营贸易企业"

　　GATT 中的"国营贸易企业"（State Trading Enterprises，STEs）与现代意

---

　　[1]　See Forfás, *The Role of State-Owned Enterprises: Providing Infrastructure and Supporting Economic Recover*, at https://enterprise. gov. ie/en/publications/publication - files/forf% C3% A1s/the - role - of - state - owned-enterprises. pdf, last visited on June 6, 2020.

　　[2]　See Ines Willemyns, *Disciplines on State-Owned Enterprises in TPP: Have Expectations Been Met?*, at https://ghum. kuleuven. be/ggs/publications/working_ papers/2016/168willemyns, last visited on Mar. 13, 2020.

义的国有企业（State-Owned Enterprises，SOEs）并不完全一致。"国营贸易企业"的概念带有一定的历史色彩。[1]根据 GATT 第 17 条的规定，"国营贸易企业"的范围要大于国有企业的范围，甚至可能包含私营企业。国营贸易企业并不关注企业的所有权，而关注其是否被授予独占权或特别权益。市场经济本身并非依据所有权类型判定，而是根据竞争自由度来确定的。理论上，WTO 并不关注贸易商的所有权结构，而是关注其运营所处的市场结构。[2]

（一）GATT "国营贸易企业" 条款的由来

早在多边贸易体制酝酿之初，国营贸易就与关税、配额等被视为主要贸易壁垒。国营贸易企业被要求根据市场经济原则以私营贸易企业方式运作。[3] GATT 早就认识到，政府可能参与国际贸易，与私营企业竞争。作为贸易商，政府可以不直接采取贸易管制措施，仅通过其购销决定就足以影响国际贸易的方向和水平。因此，GATT 并未对政府参与贸易的行为放之任之。

为了能够吸纳更多贸易伙伴如苏联加入国际贸易组织（ITO），需要为其参与基于市场经济体制国家的贸易谈判设计模式。美国政府在 1945 年 11 月公布的《国际贸易与就业促进建议》中对"国营贸易"提出三项建议：其一，以任何方式从事国营贸易的缔约方应给予所有其他缔约方平等待遇。国营贸易企业的对外采购与销售在价格、质量、适销性、运输和其他购销条件等应完全基于商业考虑；其二，国家垄断个别产品的缔约方应承诺，以预期适用关税的方式就产品的卸岸价格与该产品国内价格之间的最大保护幅度进行谈判；第三，国家垄断全部贸易的缔约方应承诺根据非歧视待遇每年从其

---

〔1〕 对此，赵维田教授曾提出，将 state trading enterprises 译为"国营贸易企业"，是一种误译。第 17 条的本意是规范国家专控产品，如香烟、盐以及石油等的贸易规则的。在 1995 年未修改这一条款名称前，原题：Expansion of Trade of State Monopolies of Individual Products，译为"经营国家专控产品的贸易单位"要更加准确一些。参见赵维田：《世贸组织（WTO）的法律制度》，吉林人民出版社 2000 年版，第 195 页。

〔2〕 See Aaditya Mattoo, "Dealing with Monopolies and State Enterprises: WTO Rules for Goods and Services", in *State Trading in the Twenty-First Century*, Thomas Cottier, Petros C. Mavroidis eds., The University of Michigan Press, 1998, p. 38.

〔3〕 See *Foreign Relations of the United States*, at http://digital. library. wisc. edu/1711. dl/FRUS, last visited on July 4, 2020.

他缔约方处购买不少于商定总量的产品，即全球购买安排。[1]这三项建议经过修改后成为 1946 年国际贸易组织建议宪章的第 26 条（国营贸易企业非歧视管理）、第 27 条（个别产品的国家垄断的贸易扩大）和第 28 条（对外贸易完全国家垄断的贸易扩大），即规制国营贸易企业的一项基本原则和两个具体条款。[2]具体而言，第 26 条规定，缔约方若建立或维持国家企业，或在形式上或事实上给予任何企业独占权或特别权益，从事货物或服务[3]的进出口、购销、分配或生产，则这类企业给予其他缔约方企业的待遇与其给予该企业所在国以外任何国家的企业的待遇相比，应具非歧视性。[4]美国将第 26 条比作是适用于关税减让的最惠国待遇。[5]第 27 条要求实行进口垄断的国家就进口产品国内销售中采取的加价进行谈判。该义务将确保"以与关税相同的方式"协商加价，以维护最低的市场准入水平。若国家的进口垄断业务不受监管，这种最低水平的市场准入可能根本无法提供。第 28 条要求在粗略估算那些私营贸易企业占主导地位的国家提供的减免关税和其他贸易壁垒所产生的影响的基础上，对进口贸易实行完全垄断或几乎完全垄断的国家的最低购买协议予以协商。换句话说，允许进口产品占据更大份额的国内市场。后来，由于苏联没有参与《国际贸易组织宪章》和《关税与贸易总协定》谈判，草案最终删去了专为国家垄断全部贸易设计的条款。GATT1947 抛弃了由对进口贸易实行完全垄断国家承担全球购买协议的规则，之后也再没有采用过。

如此一来，在 GATT1947 中第 17 条（国营贸易企业非歧视待遇）中，商业考虑仅适用于市场经济国家个别产品由国营贸易垄断的情形。之后的 GATT 审议会议修改了第 17 条的标题并增补了两款，而将非歧视与商业考虑的条款保留下来。

---

〔1〕 See United States Department of State, *Proposal on World Trade and Employment*, at https://fraser. stlouisfed. org/files/docs/historical/eccles/036_ 04_ 0003. pdf, last visited on Apr. 15, 2020.

〔2〕 参见张斌：《国有企业商业考虑原则：规则演变与实践》，载《上海对外经贸大学学报》2020 年第 4 期。

〔3〕 后来，"服务"在《国际贸易组织宪章》伦敦草案中被删除了。

〔4〕 See *Report of the First Session of the Preparatory Committee of the UN Conference on Trade and Employment*, at https://docs. wto. org/gattdocs/q/UN/EPCT/33. PDF, last visited on Jan. 16, 2020.

〔5〕 See *Foreign Relations of the United States*, at http://digital. library. wisc. edu/1711. dl/FRUS, last visited on July 4, 2020.

（二）国营贸易企业所涵射的实体范围

国营贸易企业并非简单的"国家所有"加"经营贸易"。国营贸易企业包括国家企业、正式或事实上被授予独占权或特别权益的企业。然而，对何为国家企业，何为正式或事实上被授予独占权或特别权益的企业，一直以来都未作权威定义。最初对国家企业的界定是"政府对其运作实施有效控制的任何单位"，但在最终的版本中被删除了。[1]起草者们认为，（a）段所描述的企业应涵盖一个切实可行的范围。[2]事实上，在对国营贸易活动进行协商时，协定起草者就认为，国营贸易活动形式多样，在尚未充分了解时，最好的办法是避免将该条款的涵盖活动范围描述得过于死板。因此，并未在该条中规定企业的类型，而是在附件九对第 17 条的注释中列出了具体指导：只有营销委员会[3]参与购销活动，才会受到本规则约束。仅行使管理职能的营销委员会并不受第 17 条第 1 款的规制。政府可以为保持外贸运营而规定质量标准与效益等措施，或授予开放本国自然资源的权益，凡政府无权对该实体活动行使控制的，均不构成独占权或特别权益。

1. 乌拉圭回合的"工作定义"

在 GATT 的谈判历史中，数次提及要对国营贸易企业进行清晰界定，但是只有在乌拉圭回合时才对其予以直接回应。乌拉圭回合达成的《关于解释 1994 年关税与贸易总协定第 17 条的谅解》凝练了 40 余年的实践经验，重新诠释了第 17 条的适用对象，为国营贸易企业提出了一个工作定义：已被授予独占权或特别权益（包括法定或宪法权力）的政府或非政府企业（包括市场

---

[1]　最早由美国提出的《国际贸易组织（ITO）宪章草案》里曾对此词下定义说，"为本条目的，应理解为成员国政府对其经营在很大程度上行使直接或间接控制的任何单位"。1946 年伦敦筹备会议上，把"在很大程度上行使……控制"改为"有效控制"。后来，因有不同意见，未能达成共识。1948 年哈哈瓦那会议报告里，对该词未作正面定义，只说，一般应把此词理解为除其他外，包括从事购销活动的政府机构。转引自赵维田：《世贸组织（WTO）的法律制度》，吉林人民出版社 2000 年版，第 197~198 页。

[2]　See *Report of the Drafting Committee of the Preparatory Committee of the United Nations Conference on International Trade and Employment*, New York, 5 March 1947, EPCT/34, p. 28.

[3]　国际贸易中的国营贸易制度始于一战后农产品价格稳定制度。当时欧洲各国与英联邦国家为了应对农产品价格下跌导致的农业与农民利益受损，设立了一系列农产品营销局，其职能主要是帮助本国生产者推销其初级产品。而这就是现代国营贸易企业的雏形。参见何颖：《论 WTO 国营贸易规则与中国入世承诺》，载《国际经济法学刊》2005 年第 3 期。

委员会），在行使这些特别权益时，通过购销活动影响进出口贸易的水平或方向。[1]据此，企业的运营性质，即是否可以通过购销活动影响国际贸易，将是确定其是否属于 GATT 第 17 条范围时要考虑的重要因素。此外，工作定义并未将购销活动与进出口相关联，这表明企业并不一定要从事进出口活动，才会受到 GATT 第 17 条规制。但是对这一定义仍然存在诸多疑问：

首先，这一定义将国营贸易企业限制为被授予独占权或特别权益的企业。有人认为，该定义实际上缩小了国营贸易企业的范围，因为它将未被授予独占权或特别权益的国有企业排除在范围之外。其次，确认了特权企业可能包括通过执行国家法律或宪法特权而有权进行购买或销售的实体，但是该谅解对何为独占权或特别权益并未作出解释。[2]最后，国营贸易企业旨在涵盖的企业将是那些通过其购买或销售从而影响国际贸易的企业，但并未说明影响需要达到何种程度时才足以满足此目的。[3]

2. 国营贸易企业工作小组提出的示例清单

除工作定义之外，乌拉圭回合的另一重要成果是建立了国营贸易企业工作小组，旨在为政府与国营贸易企业的关系以及此类企业从事的活动类型提供一个示例清单。[4]在 1980 年国营贸易企业的通报信息基础上，工作小组于 1999 年完成了这一并不具有拘束力的示例清单。该清单指南中指出，一个"需通报的国营贸易企业"需满足以下两大重要特征：第一，必须通过政府对其授予权利或特权而与政府相关联；第二，必须从事影响进出口贸易水平或方向的活动。[5]

对于主体特征，工作小组提出了"需通报的国营贸易企业"与政府之间一系列可能的广泛联系：该实体可以是政府的分支机构、完全或部分为政府

---

〔1〕 See Understanding on the Interpretation of Article XVII of the General Agreement on Tariffs and Trade 1994, para. 1, Working Definition.

〔2〕 对独占权或特别权益的理解，赵维田教授认为，独占权类似于垄断权，而特别权益一般指政府给予比同行其他企业有更大特权的情况。参见赵维田：《世贸组织（WTO）的法律制度》，吉林人民出版社 2000 年版，第 198 页。

〔3〕 See Davey, W., "Article XVII GATT: An Overview", in *State Trading in the Twenty-First Century*, Thomas Cottier, Petros C. Mavroidis eds., The University of Michigan Press, 1998, p. 25.

〔4〕 See Understanding on the Interpretation of Article XVII of the General Agreement on Tariffs and Trade 1994, para. 5.

〔5〕 See Illustrative List, paras. 2, 6.

所有，甚至可以是那些完全与政府分离，但根据法律建立或维持且由享有市场特权的生产者资助或控制。

对于行为特征，示例清单列出了一个非详尽清单，至少涵盖17项可能由国营贸易企业从事的活动。并且强调，一个实体从事其中一项活动或者一组活动并不必然就能使该实体落入国营贸易企业的范围中。[1]由此，可以看出，缔约方仍然回避对国营贸易企业作明确界定，而是更倾向于选择措辞宽泛的第17条和工作定义所带来的灵活性。而且，GATT/WTO的争端解决历史中也从未就国营贸易企业的界定发生争议。

因此，只有被授予独占权或特别权益的国有企业，且从事的商业活动影响到国际贸易方向或水平时才受GATT第17条的约束。相类似的，只有被授予垄断权或排他性权利的国有企业才属于GATS第8条有关垄断和排他性服务提供商的范围。

二、SCM协定中的"公共机构"

SCM协定是东京回合《关于解释和适用1947年GATT第6条、第16条和第23条的协议》（也被称为《反补贴守则》）后在补贴与反补贴的国际法规则领域取得的一项重大成就。补贴与反补贴措施是SCM协定在一定限度内允许使用的产业政策措施。但有些补贴会影响国际贸易的正常流向，甚至扭曲国际贸易，因此对其界定和甄别至关重要。

对国有企业而言，SCM协定仅规制以下两种情形：第一，国有企业履行政府职能，作为财政资助的提供者，即"公共机构"；第二，接受补贴的国有企业，与私营企业一样参与国际贸易。对于后者，WTO采取的是所有制中性的立场，并不以补贴接受者的所有制来区分补贴的市场扭曲效果，而是根据补贴是否具有专向性作为筛选可诉性补贴与不可诉补贴的过滤器。[2]而对国有企业是否构成"公共机构"的问题，成员之间争议不断。SCM协定将"公共机构"与政府并列，作为补贴提供者。那么，为什么会出现"公共机构"的概念？其与政府具有哪些方面的共性？以及国有企业到底是否构成"公共

---

〔1〕 See Illustrative List, paras. 8, 9.

〔2〕 参见李仲平：《自制抑或拓展：补贴法律专向性判断的新问题》，载《上海对外经贸大学学报》2017年第5期。

机构"？

（一）"公共机构"的出处

"公共机构"首先出现于东京回合的谈判中，且出现于在东京回合《反补贴守则》中第二部分第 7 条的脚注中。谈判历史显示，这一脚注在加入时并未作相应解释。根据当时参与谈判国家的国内法，确实有"公共机构"这一概念，主要是指地方性执行公共职能的机构。而在《反补贴守则》草稿中加入"公共机构"的概念也大抵是为了约束欧洲一些国家地方行政机构，但没有考虑到区分"公共机构"和"私营主体"的困难。在后来乌拉圭回合的谈判中，最初补贴定义中并未出现"公共机构"的概念，仅有政府和"私营主体"。之后虽然加入了"公共机构"的概念，但公开的谈判资料中也并未对"公共机构"的概念以及增加这一概念的原因予以解释。因此，将"公共机构"直接对应国有企业并不合适，而现如今对于"公共机构"在法律解释上的困难，也主要是因为这一概念的内涵和目的过于模糊。

（二）与国有企业之间的关系：对主体与行为性质的判断

在 SCM 协定中，对补贴定义采取了双层设计，即通过两个层面的标准，确定适用何种义务。首先，根据主体性质进行初步分类。SCM 协定将主体分为"政府"、"公共机构"和"私营主体"三类。其次，基于主体行为的特点分别施加法律义务。这体现在"私营主体"被政府"委托或指示"的行为和其他行为在法律义务上的区别，如表 2-1 所示。

补贴定义的规则设计使得同一主体的同一行为，适用主体标准与行为标准的顺序不同，可能面临不同约束。以中国国有企业为例，一个企业实体为国家完全或部分所有，且其行为受到政府部门的直接监督时，这类企业很难被归类为"私营主体"。但从其采用现代企业的管理架构，其具体商业行为，运用市场制度实现自身利润最大化看，该企业实体与私营主体的行为更为相似。若以主体定性，国有企业应承担和政府一样的法律义务；但依行为定性，则国有企业的部分行为应与私营主体承担一样的法律义务。在这一语境下，若仅以主体的所有权结构来界定主体的性质，则忽略了主体在行为层面的特点。考虑到 SCM 协定的目的是较为准确地捕捉到真正的、扭曲贸易的"补贴"并且加以规制，那么这种从主体层面的定性可能会将一些非出于"补贴"目的，也不一定造成"补贴"效果的行为认定为补贴。这将与现有补贴规则的目标相背离。但从当前 WTO 争端解决实践看，对国有企业是否构成"公共机构"仍需要个案认定，也就是说仅有部分国有企业受到规制。

表 2-1 政府、公共机构和私营主体在 SCM 协定下的法律义务

主体性质	行为性质	法律义务
政府	财政资助行为	受 SCM 协定约束
公共机构		
私营主体	受政府"委托或指示"的财政资助行为	受 SCM 协定约束，但需要证明"委托或指示"
	其他行为	不受 SCM 协定约束

三、GPA 中的"其他采购主体"

政府采购，不论是在 GATT，还是在 GATS 中，都是以基本义务之例外存在的。《政府采购协定》（Government Procurement Agreement，GPA）[1]是各参加方对外开放政府采购市场，以实现政府采购国际化和自由化的诸边贸易协定。[2]GPA 的核心在于开放政府采购市场。GPA 各参加方必须在承诺的出价清单范围内开放政府采购市场。出价清单中列入了具有政府目的的采购主体和项目，主要包括中央政府实体、次级中央实体、其他采购实体，货物、服务、建筑项目与门槛价、总注释。

至今为止，GPA 共有 21 个参加方，35 个观察成员，其中 11 个观察成员

---

〔1〕 GPA2012 的正文包括序言和 22 个条款，对政府采购范围、原则、操作及监督机制等方面作了规定，具体包括目标、适用范围、例外、发展中国家待遇、采购程序、技术规格、招标与合同授予、信息公开与透明、质疑和审查程序、适用范围的修订、争端解决程序等方面。共有 4 个附件：附件一是各参加方适用于《政府采购协定》的出价清单，包括 7 个附录，即中央政府实体清单及门槛价、次级中央实体清单及门槛价、其他实体清单及门槛价、货物项目清单、服务项目清单、建筑项目清单和总注释；附件二至附件四为各参加方发布政府采购信息的刊物或网站清单。GPA 出价清单不是一成不变的，参加方可申请修改，包括修改或撤销相关的采购实体、调整开放的项目。See WTO, *Revised Agreement on Government Procurement*, at https://www.wto.org/english/docs_e/legal_e/rev-gpr-94_01_e.htm, last visited on June 20, 2020.

〔2〕 参见贺小勇：《中国尽早加入〈政府采购协定〉的法律建议》，载《经贸法律评论》2019 年第 6 期。

正在申请加入 GPA。[1]自 2007 年起，为履行中国入世时作出的加入 GPA 的承诺，中国已提交了七次出价清单进行谈判。虽然中国扩大了政府采购开放范围，但国内的政府采购体系与制度与 GPA 之间存在较大差异，对如何将国有企业纳入 GPA 的管辖范围，如何进一步完善出价清单等问题，与欧美存在较多争议。例如，在 2020 年美国发布的《WTO 中国合规性报告》中提出，尽管中国在 2019 年 10 月提出了其第七份出价，但这一出价清单远未能达到美欧等 GPA 参加方的要求。GPA 参加方认为，在门槛价、采购实体范围、服务范围和例外等方面，中国提交的出价清单仍存在很大缺陷。尽管中国表示将加快加入 GPA 的进程，但在 2020 年中国并未提交新的出价清单，而仅仅就自 2008 年以来的政府采购制度的变化进行了更新。[2]回顾中国历次的出价清单发现，中国与包括美国、欧盟在内的 GPA 参加方的主要分歧在于附录 3 国有企业的出价范围。中国在第六次出价清单首次纳入国有企业，如中国农业发展银行、中国邮政集团公司（仅限于按《中华人民共和国邮政法》规定为邮政普遍服务开展的采购），以及中央国债登记结算有限责任公司。这与欧盟要求中国开放 78 家几乎涵盖各行业龙头国有企业的政府采购、[3]美国提出的涵盖所有为政府目的建立或授权进行基础设施或其他建设项目的国有或国家投资企业的要求[4]之间存在较大差距。

值得注意的是，GPA2012 修改了 GPA1994 中对"其他采购实体"的界定。GPA2012 更加关注政府对"实体采购活动"的控制和影响，而非对"采购实体"本身的控制。根据这一修改，采购活动受政府控制或影响的实体都将被纳入 GPA 的管辖范围。不管采取何种组建形式，只要实体的采购活动受政府控制或影响，都应当纳入附件一附录 3 的出价清单范围。概言之，国有企业是否应当纳入出价清单，关键在于其采购活动是否受到了政府控制或影响。是故，根据 GPA 的这一修改，国有企业是否构成"其他采购实体"并不

---

〔1〕 See WTO, *What is the GPA?*, at https://www.wto.org/english/tratop_ e/gproc_ e/gp_ gpa_ e. htm, last visited on June 20, 2020.

〔2〕 See USTR, *2020 Report to Congress on China's WTO Compliance*, at https://ustr.gov/sites/default/files/files/reports/2020/2020USTRReportCongressChinaWTOCompliance.pdf, last visited on Feb. 13, 2021.

〔3〕 参见毕晶：《政府采购领域的壁垒现状与合作前景——基于中欧自贸协定谈判框架下的研究》，载《国际经济合作》2017 年第 7 期。

〔4〕 参见海闻等：《中国加入〈政府采购协定〉国有企业出价策略研究》，载《国际贸易问题》2012 年第 9 期。

能一概而论，而是应讨论哪些行业中的国有企业或者特定的国有企业应被纳入政府采购实体。

综上，WTO 框架下对国有企业的规制并不直接针对国有企业。GATT 第17 条关注的重点在于享有"形式上或事实上的独占权或特别权益"的企业，并不过多强调国家在企业中的所有权。[1]然而，国营贸易制度作为一种国家干预经济的方式，饱受资本主义国家的质疑。虽然 GATT 第 17 条以及各国贸易救济法都不禁止国营贸易企业的设立与维持，但是在实践中，国营贸易企业极易受到反倾销、反补贴、反垄断等措施的质疑。以反补贴为例，SCM 协定并未在文本中直接提及国营贸易企业或国有企业，而是通过"公共机构"的概念，将部分国有企业纳入规制。另外，国有企业是否受到 GPA 规制则取决于具体谈判。由于 WTO 涵盖协定对国有企业缺乏清晰一致的定义，[2]客观上这些规制措施的效果都十分有限。随着全球价值链的深入发展，国营贸易企业或国有企业的商业行为的触角开始从国内市场逐渐伸到了国际市场，这引发了欧美等发达经济体的担忧，纷纷在 FTAs 中创设专门条款，以国有企业为对象加以直接规制。

第二节　国有企业条款对国有企业的界定

自 20 世纪 90 年代以来，与竞争有关的条款就被纳入 FTAs 中。竞争政策条款在确保签订 FTAs 所获收益不被反竞争商业行为削弱方面发挥重要作用。[3]随着跨国并购数量增加，国际卡特尔及其对发展中经济体潜在的负面影响，越来越多经济体意识到，必须以竞争政策工具保护自己，应对跨国公司不断增强的市场力量及其反竞争商业行为。[4]另一方面，新兴经济体开始通过直

---

〔1〕　参见赵海乐：《多边贸易体制下国营贸易企业的多重义务研究——以加拿大的国际司法实践为例》，载《世界贸易组织动态与研究》2012 年第 1 期。

〔2〕　See Ines Willemyns, "Disciplines on State-Owned Enterprises in International Economic Law: Are We Moving in the Right Direction", *Journal of International Economic Law*, Vol. 19, 2016, p. 663.

〔3〕　See Lucian Cernat, "Eager to Ink, but Ready to Act? RTA Proliferation and International Cooperation on Competition Policy", in Philippe Brusick, et al., *Competition Provisions in Regional Trade Agreements: How to Assure Development Gains*, United Nations, 2005, p. 8.

〔4〕　See Simon Evenett, *Can Developing Economies Benefit from WTO Negotiations on Binding Disciplines for Hard Core Cartels*, United Nations, UNCTAD/DITC/CLP/2003/3, 2003, p. 1.

接投资、政策扶持等方式将资金、人才与技术等资源汇集到国有企业，使其享有更多竞争优势。

为应对这一挑战，以美国为首的发达经济体呼吁自由资本主义模式的优势，强调公平竞争将为各国带来新的机会，同时在 FTAs 中强调制定高标准和高水平的国际投资贸易规则，推行在形式上不涉及具体利益得失的，且具有普适性和正当性的"21 世纪新议题"。[1]而国有企业条款正是当前欧美为占据国际规则话语权而推行的最重要的制度之一。

然而，目前就国有企业条款的门槛性问题，即确定一个普遍接受的、可预期的国有企业定义，尚未在发达经济体与新兴经济体之间达成一致。若采取一个狭义的国有企业定义，如仅以政府所占所有权是否超过 50% 作为判断标准，则只需稍微修改企业所有权结构就可达到规避规则的目的。而若采用一个广义的国有企业定义，则国家参股的所有企业都会被纳入规制范围，[2]使一些国家用于维持最大化政策灵活性的企业也被纳入规制范围。[3]客观来说，这两种界定方式都较为极端，实践中大多会考虑所有权或控制程度等因素作为国有企业定义的连接点。[4]而以欧美为代表的发达经济体早就开始在其主导的 FTAs 以"政府所有或控制"对国有企业予以界定，主动掌握规则制定权。

一、要求实体由"政府所有或控制"

其实，美国早已通过 FTAs 竞争政策章节中的相关条款来规制国有企业参与竞争的行为。[5]作为第一个规范竞争政策议题的 FTA，NAFTA 中的竞争政策规则较为简单，却首次提出了国有企业的定义。之后美澳 FTA、美韩 FTA

〔1〕 参见石静霞：《国际贸易投资规则的再构建及中国的因应》，载《中国社会科学》2015 年第 9 期。

〔2〕 See Fleury, et al., "The US Shaping of State-Owned Enterprise Disciplines in the Trans-Pacific Partnership", *Journal of International Economic Law*, Vol. 19, 2016, pp. 451-452.

〔3〕 See Raj Bhala, "Trans-Pacific Partnership or Trampling Poor Partners: A Tentative Critical Review", *Manchester Journal of International Economic Law*, Vol. 11, 2014, p. 39.

〔4〕 See Fleury Julien Sylvestre, Marcoux Jean-Michel, "The US Shaping of State-Owned Enterprise Disciplines in the Trans-Pacific Partnership", *Journal of International Economic Law*, Vol. 19, 2016, p. 452.

〔5〕 See Minwoo Kim, "Regulating the Visible Hands: Development of Rules on State-Owned Enterprises in Trade Agreements", *Harvard International Law Journal*, Vol. 58, 2017, p. 240.

以及美新 FTA 也提出了国有企业的定义。总体上，国有企业的定义从强调"企业行使政府权力"转向"企业被政府所有或控制"，且"控制"的方式不断增多，使得纳入协定规制的国有企业的范围不断扩大。

（一）从"政府权力"转向"政府所有或控制"

NAFTA 第 1505 条对"垄断"、"非歧视待遇"、"商业考虑"以及"国家企业"等关键性概念作出了界定。"国有企业"指的是被授予政府权力并且满足"国家企业"定义的实体。政府权力包括"征用、发放许可证、批准商业交易或征收配额、费用或其他费用的权力"。政府授权可以通过"立法授权和政府命令、指令或其他行为，将政府权力转移给垄断企业或国有企业，或授权垄断企业或国有企业行使政府权力"。而要满足"国家企业"的定义则需要该实体被国家"所有或通过所有权益控制"。[1]这表明，在 NAFTA 中，国有企业仅及于缔约方拥有或通过所有权益控制的企业，并不及于各州政府所拥有或通过所有权益控制的企业。

在 NAFTA 之后，美韩 FTA 与美澳 FTA 也强调行使政府权力的"国家企业"才需要承担协定为缔约方设定的义务。[2]此处可将"国家企业"合理推测为"政府所有或控制"。例如，美韩 FTA 规定，当"国家企业"行使缔约方授予的监管、行政或其他任何政府权力，如征用、授予许可证、批准商业交易、施加配额或收取费用的权力时，该"国家企业"就需要承担该协定下适用于缔约方的法律义务。以"政府权力"作为界定方式实际上与上诉机构在解释"国有企业"是否构成"公共机构"中所采用的归因规则是一致的，旨在防止国家通过设立企业实体来规避国家义务。即若一实体的行为得到了国家授权，就可以将该实体的行为归于国家。

在美新 FTA 中，对美国而言，"政府企业"（Government Enterprises）是指政府拥有或通过所有者权益控制的企业；而对于新加坡而言，"政府企业"指的是"政府对其施加有效影响的企业"。当政府和政府企业单独或共同（a）拥有一个实体 50% 以上的表决权，或（b）有能力对一个实体的董事会或任何其他管理机构的组成施加重大影响，决定其战略、财务或经营政策或计划的决

---

〔1〕　See NAFTA, Art. 1503 and 1505.

〔2〕　See US-Australia FTA, Art. 14.4.1（a）；US-Korea FTA, Art. 16.3.1（a）.

策结果，或以其他方式对其管理或经营施加重大影响，[1]就认定存在"有效影响"。

美新 FTA 被评价为国有企业条款发展进程中的一个里程碑。[2]从美新 FTA 中对于"政府企业"的界定来看，"政府的所有权/控制权"已经取代了"像国家一样行事"的要求，一个实体是否实际拥有像国家一样行事的权力已经变得不再那么重要。那么，当政府和政府企业单独或共同对一实体拥有的表决权股份不足 50%时，应如何认定？对此，美新 FTA 引入了判断是否存在"有效影响"的一个可反驳的推定。若政府及其政府企业单独或共同拥有该实体 50%以下，但超过 20%的表决权股，并拥有该实体最大的表决权时，可推定存在"有效影响"。[3]此时，该实体就被推定为政府企业，除非其能够证明自己为非政府企业。

从中可以看出，美国认为，即使政府占一企业表决权股低于 50%，也可以对企业施加有效影响。控股可以是绝对控股，也可以是相对控股。当政府企业对一企业进行投资时，该政府企业将作为一个整体，被直接视为政府股东。在该企业中，一旦有 20%的表决权股被政府企业单独或共同拥有，且这部分表决权股是该企业中最大的表决权股时，该企业就会被推定为政府企业。在所有权链条中，政府在上一链条中所占股份或表决权并不会在下一链条中被稀释。由此可以认为，对于美国而言，一旦一实体被归为政府企业，其就失去独立意志，其行为将完全受政府股东的影响。作为联系国有企业与相关义务的最重要的标准，这一界定非常武断且粗糙。[4]这是对政府资本的一种偏见，旨在限制政府参与市场。对于一企业而言，一旦被定性为政府企业，将承担更多义务和付出更多成本。这将促使其在接受投资之前作尽职调查以确定资金是否来源于政府，尽可能规避受规制风险。

在这一趋势下，出于对 WTO 有限规制国有企业的不满，美日欧主导的新

---

〔1〕 具体而言，对以下事项拥有否决权：处置企业、任何人收购企业特定百分比的股本、任命董事会或管理层、企业的清算或解散或有关上述事项的组成文件的任何变更。See US-Singapore FTA, Art. 12.8.1（c）.

〔2〕 参见杨秋波：《国企条款透视：特征、挑战与中国应对》，载《国际商务——对外经济贸易大学学报》2018 年第 2 期。

〔3〕 See US-Singapore FTA, Art. 12.8.5.

〔4〕 参见毛志远：《TPP 国有企业规则规范属性问题研究》，南京大学 2016 年博士学位论文。

一代区域自由贸易协定，如 TPP、USMCA 与欧日 EPA 中的国有企业条款基本上都沿用"政府所有或控制"来界定国有企业。不被"国营贸易企业""公共机构"涵盖的实体可能符合区域自由贸易协定中的国有企业定义而受规制。尽管这些协定对"政府所有或控制"的描述存在一些措辞上的差异，但基本上是相类似的。值得注意的是，中欧《全面投资协定》（以下简称中欧 CAI）中虽然没有直接使用"国有企业"这一概念，而是采取"涵盖实体"替代，但其所涵射的主体范围与区域自由贸易协定下的国有企业是相类似的。国有企业的定义决定了国有企业条款适用的范围的大小。[1]当前新一代区域自由贸易协定与投资协定对国有企业采取的宽泛界定，扩大了国有企业条款的规制对象。

（二）从基于所有权益的控制转向承认其他方式的控制

基于控制的判断标准在国际经济法上也已经得到一定的接受。[2]在美新FTA 中，政府所有或控制中的"控制"指的是"基于所有权益的控制"，而当前国有企业定义中的"控制"已经突破了"基于所有权益的控制"。

"所有或控制"要求政府对特定实体享有 50% 以上的所有权或享有控制权。TPP 第 17.1 条（定义）中要求某一实体满足下列任一条件即构成 TPP 下的国有企业：（a）政府直接拥有该实体 50% 以上的股本；（b）政府通过所有权益，控制行使超过 50% 的表决权；（c）政府拥有任命董事会或任何其他同等管理机构多数成员的权力。这一要求基本上体现了美国一贯的立场，即国有企业是政府所有或通过所有权权益控制的企业，即使政府拥有任命董事会或任何其他同等管理机构多数成员的权力可能与所有权益无关。USMCA 则进一步补充，政府通过其他所有权益，如间接或少数所有权[3]，拥有控制企业

---

〔1〕　参见余莹:《新一代 FTA 中的国有企业条款：越南的经验与教训》，载《湖北第二师范学院学报》2019 年第 12 期。

〔2〕　参见刘瑛:《〈跨太平洋伙伴关系协定〉国有企业章节的中国应对》，载《东方法学》2016年第 5 期。

〔3〕　"间接"是指一缔约方通过该缔约方的一个或多个国有企业持有一企业的所有权利益的情况。在所有权链的每一级，国有企业，无论是单独还是与其他国有企业一起，必须拥有或通过所有权利益控制另一企业。一缔约方如果通过所有权利益能够决定或指导影响企业的重要事项，就拥有控制企业的权力，但不包括对少数股东的保护。在确定一缔约方是否拥有这种权力时，应逐案考虑所有相关的法律和事实要素。这些要素可包括决定或指导商业运作的权力，包括重大开支或投资、发行股票或重大债务、企业的重组、合并或解散。See USMCA, Art. 22.1, note7 and note 8.

权利的企业也属于国有企业，这无疑将扩大受规制国有企业的范围。这类似于美新 FTA 中"有效影响"认定标准，只不过并未内置一个"超过 20% 但低于 50%"的可反驳推定，而是需要结合具体情况个案予以判断。

在这方面，欧日 EPA 中的国有企业定义走得更远。在 TPP 与 USMCA 的基础上，欧日 EPA 规定，政府拥有法律上指示企业行动的权力，或根据法律规章行使同等控制的权力的企业也构成国有企业。[1]相类似的规定也已出现在中欧 CAI 中。这表明，国有企业的界定已超出了"所有权益"这一国有企业的最基本含义，而是更加强调政府对企业的控制。这基本上与世界银行、OECD 以及联合国等对国有企业的界定趋势是一致的。

1995 年世界银行发布的政策研究报告《官办企业问题研究——国有企业改革的经济学和政治学》对国有企业提出了具有代表性的界定：政府拥有或控制的，且其主要收入源于货物和服务的销售的经济实体。这一定义对国有企业作出了限定：政府依靠其所有制力量进行控制管理的、从事商业活动的企业，主要包括了直接由政府部门进行运作的、或由政府通过其他国有企业掌握了主要股份的，或虽然政府只掌握少数股权但能够实施有效控制的企业，而将直接依靠政府财政收入维持的国有部门或机构排除在外。[2]这一定义突出了政府因所有权益而控制企业的这一特点，但同时也指出了政府单纯控制企业的可能性。

2005 年《OECD 国有企业公司治理指引》将国有企业界定为国家占有全部、多数或重要少数所有权、由国家掌握重要控制权的企业。整个指引中拥有"所有权"均等同于拥有"控制权"。该指引适用于国家实际控制的企业。控制方式可以是国家持有多数表决股份，或通过其他方式行使同等控制权，如法律或公司章程确保国家对其持有少数股份的企业或企业董事会拥有持续控制权。然而，国家通过善意监管影响企业决策一般不被视为拥有控制权。[3]

另外，OECD 提到了界定国有企业需参考 2008 年联合国国民账户体系（Systemof National Accounts，SNA）。若一家企业由一个政府单位或另一家

---

〔1〕　See EU-Japan EPA, Art. 13. 1.

〔2〕　参见世界银行编：《官办企业问题研究——国有企业改革的经济学和政治学》，李燕生等译，中国财政经济出版社 1997 年版，第 21 页。

〔3〕　参见经济合作与发展组织：《OECD 国有企业公司治理指引》，李兆熙译，中国财政经济出版社 2005 年版，第 15~16 页。

"公营企业"，或某种政府单位和"公营企业"的组合形式所控制，则称其为"公营企业"。将"控制"界定为"具有决定企业总体政策的能力"，此处的"企业总体政策"应作广义的理解，指与作为市场生产者的公司的战略目标相关联的财务和运营方面的关键政策。"具有决定企业总体政策的能力"并不必然意味着直接控制企业的日常活动或运营。正常情况下，企业的管理层负责管理这些事务，而且管理方式是与企业总体目标相一致并且支持总体目标的。此外，较为详细地列出了判断政府对企业控制的八大标志：第一，控制大多数表决权，可直接或间接持有，也可与其他公共部门合并持有。第二，控制董事会或其他主管团体，如有权通过法律、规章、契约或其他协议等任免或罢免理事会成员。第三，若对董事会或其他主管团体的控制较弱，那么对关键管理人员的任命就是决定性的。关键管理人员包括首席执行官、主席、财务主管。第四，控制实体中的关键委员会。董事会或其他主管团体下设的委员会将能决定实体的关键经营和财务政策，若公共部门的成员在这些委员会中占多数，就能形成控制。第五，持有企业黄金股或期权，黄金股本身并非控制权的标志，但若该股权需有授予政府决定企业总体政策的能力。第六，政府通过严密的监管活动参与，监管程度需达到可以有效决定或支配企业业务开展的程度。第七，以大客户身份实施控制，若企业不能自已选择与非政府部门客户交易，则构成隐性控制。第八，政府通过贷款实施的控制，如政府把控制企业作为向企业放贷或提供担保的条件。[1]

　　尽管国际上对国有企业采用了不同的称谓[2]，但基本上都认为，政府需要对一企业实体享有控制权，不管是基于所有权益而享有的控制，还是通过其他方式享有的控制。而国家通过善意监管影响企业决策的情况，一般不被视为拥有控制权。若政府通过法律、法规或命令的方式行使权力的，就需要仔细判断是否由于此种权力的行使而导致企业总体政策的确定并因此控制了该企业。适用于全社会所有单位或某一行业所有单位的法律法规不应视为对这些单位的控制。总的来说，国家可以通过所有权、法律或公司章程等方式对实体进行控制。但是，对于这种控制权需要达到何种程度，才能使一实体

---

〔1〕　See *System of National Accounts 2008*, at https://unstats. un. org/unsd/nationalaccount/docs/SNA 2008. pdf, last visited on Feb. 26, 2021.

〔2〕　对国有企业的称谓有很多，包括公营企业（Public Enterprises）、国有企业（State Owned Enterprises）、半国营企业（Parastatals）、公共公司（Public Companies）、公营公司（Public Corporations）。

构成国有企业，仍需要综合判断。

二、要求实体从事商业活动

之所以在国有企业定义中加入"从事商业活动"这一行为特征，是因为对于那些不从事商业活动，或者不主要从事商业活动的国有企业，对国际贸易并不会产生很大影响。某一实体不从事商业活动，如某一国家机关，尽管为国家或政府完全所有或控制，也不构成区域自由贸易协定下的国有企业。这与附件九对 GATT 第 17 条第 1 款注释的思路如出一辙。[1]

那么，何为商业活动？商业活动指的是企业"以营利为目的"、生产货物或提供服务，并以企业确定的数量和价格在相关市场上出售给消费者的活动。并且协定对"以营利为目的"还作出了反向界定，即企业在非营利基础上或在成本回收基础上开展的活动不属于"以营利为目的"的活动。[2]国有企业从事商业活动才受到协定规制的要求，在很大程度上借鉴了 OECD 对国有企业的界定。例如，在《OECD 国有企业公司治理指引》中，经济活动指的是为在特定市场上提供货物或服务，且至少原则上可以是私人经营者为获利而进行的活动。[3]OECD《竞争中立指引》则从反面对商业活动下定义，即市场上不构成公共政策职责的活动；商业实体是指未受政府当局指派执行公共政策职责的实体。[4]概言之，商业活动指的是企业从事的营利活动，排除了履行公共职能的不营利活动。

然而，在实践中，以是否从事商业活动来界定国有企业可能会遭遇困境：一方面，企业可能会履行一些对国家和社会都至关重要的公共职能；[5]

---

〔1〕 附件九对 GATT 第 17 条第 1 款的注释指出，只有营销委员会参与购销活动时才会受到本规则的规制，仅仅行使管理职能的营销委员会并不受到第 17 条第 1 款的规制。

〔2〕 See TPP, Art. 17. 1and note 1；USMCA, Art. 22. 1and note 1；EU-Japan EPA, Art. 13. 1and note 1.

〔3〕 See OECD Guidelines on Corporate Governance of State-Owned Enterprises, 2015 edition, OECD Publishing, at https://www. oecd-ilibrary. org/docserver/9789264244160-en. pdf？expires = 1728454026&id = id&accname = guest&checksum = 1226DBCDBEE850A59B1B9704E1564065, last visited on Feb. 11, 2020.

〔4〕 参见经济合作与发展组织：《竞争中立：维持国有企业与私有企业公平竞争的环境》，谢晖译，经济科学出版社 2015 年版，第 12 页。

〔5〕 See Fan Gang, Nicholas C. Hope, *The Role of State-Owned Enterprises in the Chinese Economy*, at https://www. chinausfocus. com/2022/wp-content/uploads/Part+02-Chapter+16. pdf, last visited on Dec. 12, 2019.

另一方面，企业也会在商业活动中以利益最大化为目标，直接与私营主体开展竞争。[1]那么，到底是以其从事商业活动判断其构成协定下的国有企业，还是以其履行公共职能活动而判断其不构成协定下的国有企业？此外，TPP和 USMCA 还在这一要素前加了限定词，即"主要从事商业活动"，但并未对"主要"作出具体说明，因此并无助于判定。对此，欧日 EPA 规定：当国有企业既从事商业活动，也从事非商业活动时，国有企业条款仅适用于其商业活动。[2]也就是说，只要一企业实体符合"政府所有或控制"且从事商业活动，就构成协定下的国有企业。只不过国有企业条款并不适用于国有企业从事的非商业活动。

此外，商业活动要求该实体能够自主决定价格。实践中，企业对货物或服务的定价取决于很多不同的因素，而其中之一就是政府建议。那么，自主决定价格是否意味着完全不受政府影响？或者通过量化这一影响的程度，低于某种程度才构成自主定价？对此，TPP 第 17.1 条的注解 2 中对此作出阐释，对相关市场普遍适用的措施不应解释为缔约方对企业的定价、生产或供应决定的确定。然而，这仅回答了第一个问题，即自主定价并非指完全不受政府影响，但仍然未能明确自主定价的界限在何处。

三、国有企业定义引发的主要争议

如果国有企业条款是为了重新界定国家行为的边界，解决国家对市场的不当干预，那么这个边界既是过度的，同时也是不足的。[3]国有企业条款仅仅描述了其旨在规制的一种现实存在的现象，并将这种现象标记为应当予以规制的现象，但未能指出问题的根本。

（一）可能与国际法归因规则不符

之所以说这一边界是过度的，是因为协定下的国有企业定义回避了国际法归因规则，扩大了受约束的实体范围。国际法的义务主体是国家。在

---

〔1〕　See David E. M. Sappington, J. Gregory Sidak, "Competition Law for State-Owned Enterprises", *Antitrust Law Journal*, Vol. 71, 2003, p. 479.

〔2〕　See EU-Japan EPA, Art. 13. 2. 1.

〔3〕　See Minwoo Kim, "Regulating the Visible Hands: Development of Rules on State-Owned Enterprises in Trade Agreements", *Harvard International Law Journal*, Vol. 58, 2017, p. 256.

国际法层面，若要将一非主权实体的行为归因于国家或政府时，考察的是该非主权实体是否被赋予或实施政府权力，而非国家是否控制非主权实体。

以《国家对国际不法行为的责任条款草案》及其评注为例，国际法承认，国家一级的实体通常与国家分离，除非"公司面纱"仅是一种欺诈或逃避的手段。国家通过特别法或其他方式建立一个公司实体的事实，并不足以将该实体的后续行为归于国家。虽然公司实体由国家拥有并在这个意义上受国家控制，但应认为其独立于国家。除非其行使草案第 5 条意义上的政府权力要素，否则其行为并不能归于国家。除此之外，对于国家控制的企业，若要将其行为归于国家，那么该企业应当事实上根据国家的指示，或在国家的指导或控制下行事。[1]这种控制，指的是对不法行为的支配，而不仅是行使监督，更不是单纯地影响或关注。无论如何，在每一个案件中，特定行为是否在一国的控制下进行，以至于所控制的行为应归于该国，这是一个需要综合评估的问题。[2]

相类似地，对国有企业参与商业交易引起的责任是否会影响国家的问题，《联合国国家及其财产管辖豁免公约》对此作了规定。为照顾各方关切，该公约第 10.3 条规定，国家豁免不因那些具有独立法律人格的国有企业涉诉而受影响。但是，当国家实体故意虚报其财务状况，或减少其资产以避免清偿索赔等情况，国家可能因国有企业的行为而被诉。这也被称为"掀开公司面纱"原则。[3]也就是说，《国家对国际不法行为的责任条款草案》与《联合国国家及其财产管辖豁免公约》将国有企业行为归于国家的关键均在于国有企业是否拥有并行使国家权力。

而显然，这一认定核心并未出现在当前区域自由贸易协定国有企业条款的国有企业定义中。国有企业条款在承认国有企业不是政府实体，也并非以事实上政府的身份行事的基础上，对构成协定意义下的国有企业及其行为加

---

[1] See *Responsibility of States for Internationally Wrongful Acts 2001*, Article 5 (Conduct of persons or entities exercising elements of governmental authority) and Article 8 (Conduct directed or controlled by a State).

[2] See *Draft Articles on Responsibility of States for Internationally Wrongful Acts*, with Commentaries 2001, pp. 42, 48, 69.

[3] 参见马新民：《〈联合国国家及其财产管辖豁免公约〉评介》，载《法学家》2005 年第 6 期。

以规范。[1]换言之，国有企业条款创设了一种新的规制模式，将国有企业作为一种特殊的实体加以规制，并非将其行为归于国家。

当前区域自由贸易协定下的国有企业，既不同于 SCM 协定中的"公共机构"，也并非受政府指示的"私营主体"，与 GATT 第 17 条第 1 款所规制的国营贸易企业也存在差异。首先，GATT 第 17 条第 1 款对国营贸易企业的规制是符合归因规则的。国营贸易企业包括国家企业（参与购买或销售的国家机构）和享有独占权或特别权益的企业。国家机构的行为当然构成国际法语境下的国家行为，而享有独占权或特别权益的企业则属于享有并行使政府权力的实体，因此国营贸易企业的不法行为可归于成员。是故，国营贸易企业需要遵守非歧视待遇，以确保成员在市场准入方面的承诺不被规避。其次，SCM 协定中对"公共机构"与"私营主体"的规制，均是为了防止政府利用"公共机构"或"私营主体"作为其代理人，也均是符合归因规则的。根据上诉机构的裁定，"享有并行使政府权力"的实体构成"公共机构"。而就"私营主体"而言，之所以能够将其行为归于政府，是因为其传递补贴的行为受到了政府特定控制。这种特定控制指的是"政府的委托或指示"。

相较之下，国有企业定义将被 WTO 上诉机构所否定的"公共机构"认定标准——"政府控制论"作为主要认定标准之一。"政府控制"可以是基于所有权益的控制，也可以是非因所有权益的控制。"政府控制"与国有企业是否拥有并行使国家权力无关，与国有企业的具体行为更无实质性的联系。更多的是从企业与股东的角度看待国有企业与政府之间的关系。除此之外，国有企业定义尚缺乏对"政府控制"进一步的指引。

在这种情况下，国有企业定义所涵盖的实体范围将十分广泛。除了国有独资企业与国有控股企业外，那些接受国家直接或间接资助的私营企业，也有可能被认定为协定国有企业条款中的国有企业而被纳入规制。要求企业因政府所有或控制而受约束，不管是作为 SCM 协定中的"公共机构"还是区域自由贸易协定中的"国有企业"，与美国在 WTO 争端解决实践中的一贯诉求一脉相承。

---

[1] See Jaemin Lee, "Trade Agreements' New Frontier Regulation of State-Owned Enterprises and Outstanding Systemic Challenges", *Asian Journal of WTO and International Health Law and Policy*, Vol. 14, 2019, p. 49.

一直以来，美国在 WTO 争端解决中都要求对"公共机构"作出宽泛解释，以涵盖更多的国有企业。这种立场，也逐渐获得了欧盟与日本的赞同。[1] 例如，第七次美日欧三方声明指出，由于许多补贴是通过国有企业发放的，应通过讨论，确保"公共机构"一词涵盖这些补贴实体。三方一致认为，若干 WTO 上诉机构报告中对"公共机构"的解释破坏了 WTO 补贴规则的有效性。确定一个实体是否构成"公共机构"，没有必要认定该实体是否"拥有、行使或被赋予政府权力"。[2] 三方认为，若不能推翻 WTO 上诉机构报告中所确立的标准[3]，另一种选择则是事实上将"公共机构"和"国有企业"置于同等地位。正如美日欧三方第三次联合声明附件一中提出的"要更好应对公共机构和国有企业"目标所表明的，将"公共机构"和"国有企业"并列，合并称为"这些实体"。采用这一表述使"公共机构"和"国有企业"两个不同的概念等同化，并引导规则发展，将"国有企业"视为"公共机构"。

根据这一国有企业定义，将在 WTO 的语境下难以与"公共机构"建立概念上的联系，但受政府影响与控制的企业视为"国有企业"加以规制。正如在美日欧第三次联合声明中，三方提出讨论"如何应对受政府影响的'非公共机构主体'扰乱市场的行为"。[4] 这体现了美日欧以下两个方面的考量：一是要确保部分国有企业即便不构成"公共机构"，也要受到类似约束；二是要确保传统上不被认定为国有企业的实体，即非国有企业，只要认定政府对其进行了有效控制，也应受到类似规制。例如，美国在国内调查中产生的

〔1〕 欧盟在其《WTO 现代化：概念文件》中曾提出，尽管 SCM 协定通过"公共机构"的概念将通过国有企业进行补贴的行为进行规制，但是由于上诉机构对此采取的是狭义解释，导致很多国有企业并不受到 SCM 协定的规制。因此，有必须澄清"公共机构"。See European Commission, *EU Concept Paper on WTO Reform*, at https://www.wita.org/atp-research/eu-concept-paper-on-wto-reform/, last visited on May 14, 2019.

〔2〕 See Joint Statement on the Trilateral Meeting of the Trade Ministers of Japan, the United States and the European Union, at https://ustr.gov/about-us/policy-offices/press-office/press-releases/2020/january/joint-statement-trilateral-meeting-trade-ministers-japan-united-states-and-european-union, last visited on Jan. 15, 2020.

〔3〕 WTO 上诉机构所支持的"公共机构"认定标准是"政府权力论"，即该实体"拥有、行使或被赋予政府权力"。WTO 争端解决机制在中美反补贴措施案、印美热轧碳钢扁钢反补贴措施案等多个案件中确立了这一标准。

〔4〕 See Joint Statement on Trilateral Meeting of the Trade Ministers of the United States, Japan, and the European Union, at https://ustr.gov/about-us/policy-offices/press-office/press-releases/2018/may/joint-statement-trilateral-meeting, last visited on Oct. 16, 2020.

《公共机构备忘录》得出结论：政府不占股份的企业，若美国商务部认为政府对其行使了有意义的控制，也可视为公共机构。[1] 这一国有企业定义将原来仅适用于 SCM 协定"公共机构"的纪律扩张适用于所有国有企业，甚至私营企业。

（二）未能抓住国有企业问题的本质

说这一边界是不足的，是因为国有企业条款未能"捕捉"到那些真正由国家控制的企业。以中国为例，有学者提出基于所有权的"国有企业—私营企业"的二元分类，可能并不适合中国特殊制度背景下的企业划分。[2] 与普遍认知不同，中国对国有企业的控制有所削弱，反而对国家不享有所有权的私营企业行使重大控制权。私营企业可以通过与政治领导层的利益、目标和优先事项保持一致，展现其对经济增长的潜力，进而从国家或地方政府获得特殊优势。处于国家所支持的行业或产业，如可再生能源的企业，无论国有还是私有，都处于特权地位。

又如，以 50% 的所有权或表决权标准来界定国有企业使国有企业条款缺乏应有的灵活性。正如前文所述，区域自由贸易协定中的国有企业条款将国有企业作为一种特殊的实体加以规制。因此，国有企业与非国有企业之间的界限至关重要。其中，股权和表决权标准易于规避，稍微改变所有权架构或者表决结构就可免予规制。将 50% 的股权或者表决权作为认定标准，一旦符合就纳入规制范围。

反之则不纳入规制范围。这似乎故意忽略了一种情况，即当政府对企业享有的表决权低于 50%，但是仍然享有最多的表决权。此时该企业并不会受到 TPP 国有企业条款的规制。然而，相同的情况，若满足一定条件，可能会受到美新 FTA 国有企业条款的规制。从这一角度上看，国有企业定义与国有企业条款所要达到的目的是不相符合的。

（三）规制前提存在缺陷

更为重要的是，国有企业条款的规制前提本身就站不住脚。尽管澳大利

---

〔1〕　See The Public Bodies Memorandum, May 2012, p. 38.

〔2〕　See Curtis J. Milhaupt, Wentong Zheng, "Beyond Ownership: State Capitalism and the Chinese Firm", *Georgetown Law Journal*, Vol. 103, 2015, p. 671.

亚国有企业改革与 OECD 对竞争中立的研究为国有企业条款提供了一定的理论基础与规制依据，但是实际上当前国有企业条款可能有歧视他国经济发展模式之嫌。

支持在区域自由贸易协定中专门规制国有企业的人认为，首先，对国家享有大多数所有权的企业而言，国家想要对其施加影响与控制更为容易，且更难为外界所感知。国家所有权意味着政府既是监管者、执行者，也是企业的所有者。这对市场上其他企业并不公平。其次，受益于各种政府支持的国有企业参与国际竞争，很有可能对国际贸易造成扭曲作用。因此，应纳入专门的国有企业条款，以竞争中立为切入点，[1]通过预先削弱国有企业的竞争优势，使其与私营企业回到所谓的同一起跑线上，尽可能减少对市场公平竞争的损害。这一观点的逻辑在于，因为企业是政府投资的，企业就会受到政府优待或者影响，进而将这种优待或者影响传导到商业竞争活动中，导致贸易扭曲。然而，这一假设存在很大缺陷。正如 OECD 报告所指出的，有些国有企业可能会因政府所有权而得到政府资助或监管方面的偏好，但同时也有一些国有企业可能完全基于商业因素与市场原则运作。当前国有企业提出的主要挑战在于如何使获得政府不正当优势的国有企业对国际贸易和投资所造成的扭曲作用最小化。[2]因此，如何设计国际贸易规则，即选择针对特定类型的企业规定特殊义务抑或是针对所有企业规定普遍性义务，是当前最大的难题。

显然，当前区域自由贸易协定大多选择了前者，即针对国有企业规定特殊义务，却未能提供经济法原理支持与充分论证。国有企业条款中对国有企业的定义采取了宽泛界定，实际上是对政府干预作否定评价。尽管国有企业条款明确规定，任何规定不得解释为阻止缔约方设立或维持政府企业或国有企业，[3]但以"政府所有权"认定协定下的国有企业，本质上是对国家参与经济的不信任。不管企业是否受到政府优惠待遇，也不管企业行为本身是否扭曲贸易，将政府占 50% 以上所有权的所有企业都纳入规制范围，是对所有制的歧视，与 WTO 一贯的所有制中立立场不符。实际上，每个国家有选择自

---

〔1〕 参见应品广：《竞争中立：多元形式与中国应对》，载《国际商务研究》2015 年第 6 期。

〔2〕 See OECD, *State-Owned Enterprises as Global Competitors: A Challenge or an Opportunity?*, OECD Publishing, 2016, p. 84.

〔3〕 See TPP, Art. 17.2.9.

己经济发展模式的权利，世界上也并非只有一种市场经济。将与传统市场经济不同的发展模式与其中的主要参与者国有企业视为洪水猛兽，要求对其进行额外的规制，是披着"公平贸易"外衣的贸易保护行为，将违反了WTO非歧视原则。

第三节　国有企业条款的适用范围与例外

宽泛的国有企业定义使得纳入规制的国有企业范围有所扩大，然而国有企业的例外又使得本来需要纳入规制的很大一部分国有企业被排除在外。国有企业条款的例外是 TPP 国有企业条款的一大特色。[1]因此，从这一角度而言，国有企业条款的例外要比其实体性的纪律更值得研究。尤其是对于拥有大量国有企业的中国而言，如果要加入 TPP，势必要对国有企业条款中所允许的例外进行全面深入的研究，争取获得协定所允许的最大范围的例外。

一、国有企业条款例外存在的必然性

与法律一样，国有企业条款始终面临人类认识错误与滥用的危险。国有企业条款通过削减国有企业的竞争优势而实现国有企业与私营企业在国际竞争活动中的形式公平，是否就代表实质公平呢？发达经济体与发展中经济体的企业本就面临着不公平的国际竞争环境。一方面，发展中经济体的私人企业难以与境外的跨国资本相抗衡。为提高本国经济在世界经济中的竞争能力与国际地位，就需要依赖国有企业积极引导和带动国民经济整体运行。[2]另一方面，各经济体处于不同的发展阶段与水平。李斯特在其《政治经济学的国民体系》中论证了每个工业国家为了保护其新兴产业，都已采取保护主义政策。[3]每个成功的工业强国在其历史的某一个时点都曾经实施过积极的产业政策。政府通过贸易保护、产业政策和其他形式的政府干预，引导和塑造

---

〔1〕　相较之下，欧日 EPA 国有企业条款并无专门的国别例外清单，将 GATT 第 20 条和 GATS 第14 条作为一般例外纳入协定。

〔2〕　参见孙晋：《竞争性国有企业改革路径法律研究——基于竞争中立原则的视角》，人民出版社 2020 年版，第 96 页。

〔3〕　参见［德］弗里德里希·李斯特：《政治经济学的国民体系》，陈万煦译，商务印书馆 1983 年版，第 276 页。

社会的整体产业和技术结构。欧美等发达经济体为了促进其认为的对国家安全和经济发展有重要意义的产业也早已实施过相应的补贴政策。在这一语境下，以所谓的公平竞争为由，要求发展中经济体主动减少对国有企业的支持，阻止发展中经济体政府通过产业政策来扶植大型国有企业参与市场竞争，[1]以解决国际市场上历来已久的实质不公平问题，难以获得认同。

在经济全球化过程中，不论是拥有大量国有企业的发展中经济体，还是以私营企业为主的发达经济体，都需要保护国内产业免遭国外竞争者的激烈竞争。只不过对于前者而言，竞争者是大型私营企业；而对于后者而言，竞争者是跨国国有企业。而且，很重要的一点是，对于发展中经济体而言，国有企业为国内提供了大量的公共服务以及就业岗位。因此，政府并不愿意在今后利用国有企业的问题上束手束脚。另外，遵守当前区域自由贸易协定中的国有企业条款，发展中经济体将付出较高的制度调整成本。[2]因而，为了能够就国有企业条款达成最低程度的共识，考虑到部分经济体的实际发展状况，需要在国有企业条款中设置例外条款。

二、国有企业条款例外的主要考量因素

国有企业条款为缔约方提供了相对广泛的例外。研究发现，国有企业条款的例外，主要采取以下几种形式：其一是内置于国有企业条款的例外；其二是单独附件例外；其三是国别例外清单。

（一）内置于国有企业条款的例外

首先，国有企业的规模与层级。若一国有企业在之前连续 3 个会计年度中的任何一年，从商业活动中获得的年收入，少于依据附件 17-A 计算得出的门槛数额，则不适用国有企业条款。[3]上述门槛数额为 2 亿特别提款权。2亿特别提款权，根据 IMF 的换算，约等于 2.85 亿美元。这一数额，相较之

---

〔1〕 参见丁茂中：《竞争中立政策研究》，法律出版社 2018 年版，第 35 页。

〔2〕 William Krist, "Negotiations for a Trans-Pacific Partnership Agreement: Closing the Deal", *Orbis*, 2015, Vol. 59, pp. 331-347.

〔3〕 TPP 对文莱、马来西亚和越南提供了更加宽容的约束。TPP 对其生效后 5 年内，若其国有企业在连续三个会计年度内的任何一年中该企业商业活动的年收入低于 5 亿特别提款权，则非歧视待遇和商业考虑条款以及非商业援助条款对其不适用。

下，稍高于 USMCA 规定的 1.75 亿特别提款权，远高于美新 FTA 中 5000 万美元年收入的标准。这一数额每三年调整一次。这与澳大利亚竞争中立改革中所要求的"重大性"标准的基本精神相一致。[1]值得注意的是，此处采用的是收入标准，而非利润标准。

就国有企业的层级而言，TPP 与 USMCA 均规定，缔约方将在协定生效 5 年内就中央级别以下的政府所有或控制的国有企业的活动适用国有企业条款进行进一步谈判。而在欧日 EPA 中，国有企业条款适用于所有层级的国有企业。中欧 CAI 国有企业条款也适用于所有层级的"涵盖实体"。[2]实际上，从竞争中立的起源看，次中央国有企业并未被排除在外。澳大利亚国有企业改革的主要目的在于消除国内各个政府层级的国有企业的竞争优势。[3]目前看来，尽管有些区域自由贸易协定的国有企业条款将适用范围限于中央级别的国有企业，但是这并不排除今后协定对中央级别以下的国有企业适用。

其次，国有企业从事的特殊活动。第一，国有企业进行的政府采购行为。一般情况下，国有企业条款都会排除政府或国有企业进行政府采购的行为。[4]政府采购是指政府或其代理人作为消费者为其自身而不是为商业转售所进行的采购行为。基于购买方的不同，国际贸易可以划分为民间购买与政府采购，[5]由此产生了民间采购市场与政府采购市场。政府对民间采购的干预必须遵守诸如最惠国待遇原则、国民待遇原则、透明度原则等基本法律原则。而政府采购在 GATT 或 GATS 中则是作为国民待遇的例外存在的。GPA 作为一项诸边贸易协定，仅对参加方具有约束力。在区域自由贸易协定中，国有企业作为"其他采购实体"潜在实体，其从事政府采购的行为将受到政府采购章节的规制，而其从事非政府采购的商业行为则由国有企业条款加以规制。

---

〔1〕　澳大利亚国有企业改革中的"重大性"标准强调国有企业商业经营活动必须满足"重大性"标准，商业活动的年收入大于 1000 万美元，需要综合国有企业市场份额及其对相关市场的影响力展开"重大性"评估企业的收支规模。

〔2〕　See TPP, Art. 17. 14; USMCA, Art. 22. 14; EU-Japan EPA, Art. 13. 2. 2; EU-China CAI, Art. 3bis.

〔3〕　根据澳大利亚国家竞争委员会官网公布的信息，澳大利亚的竞争中立政策改革其中一项就是联邦与州政府在实践中存在的有悖于竞争中立政策精神的作为或制度设计。See *National Competition Council*, at https://ncc.gov.au/publications/publications, last visited on Mar. 5, 2021.

〔4〕　See TPP, Art. 17. 2. 7; USMCA, Art. 22. 2. 4; CETA, Art. 18. 2. 2; EU-Japan EPA, Art. 13. 2. 3;

〔5〕　参见贺小勇:《中国尽早加入〈政府采购协定〉的法律建议》，载《经贸法律评论》2019 年第 6 期。

第二，国有企业行使政府权力提供服务。以 TPP 协定为例，第 17.2.10 条中规定，国有企业条款不适用于"行使政府权力时提供的服务"。第 17.2.8 条中还规定，本章任何规定，不阻止缔约方的国有企业为行使该缔约方的政府职能，专门向该缔约方提供商品和服务。[1]其中，"行使政府权力时提供的服务"与 GATS 以及《金融服务附件》中的含义相同，既不以商业方式提供，也不与一个或多个服务提供者竞争的任何服务。[2]这属于公共产品例外。为了实现社会公共目标，国有企业提供公共产品的行为不可能完全按照市场的要求。此时要求国有企业遵守国有企业条款中的相关义务并不现实，因为该公共产品的供给根本就不适用竞争。

第三，国有企业条款仅适用于国有企业从事商业活动的情况，也即排除了国有企业从事非商业活动的情形。正如欧日 EPA 第 13.2.1 条所规定的，国有企业条款仅适用于从事商业活动的国有企业、被授予特别权益的企业和指定垄断企业。如果它们同时从事商业和非商业活动，则国有企业条款只适用于其商业活动。而在 TPP 协定中，似乎并未直接作出排除非商业活动的规定，在非商业援助条款中并没有要求提供非商业援助的国有企业从事商业活动。[3]正因为如此，有学者质疑 TPP 协定中国有企业的定义，认为 TPP 协定并未明确区分国有企业的商业属性和公共属性。[4]

最后，与金融与经济危机相关的例外。金融危机似乎是 TPP 协定谈判中考虑的一个关键问题。一般而言，各缔约方都力求在危机时期保持对其国有企业的完全控制。在经济紧急状态下，国家以其认为合适的方式向其国有企业提供支持的临时例外。[5]TPP 协定第 17.13 条规定，非歧视待遇与商业考虑条款以及非商业援助条款不适用于缔约方政府及其国有企业为应对全国性

---

[1] 相类似的，在 USMCA 第 22.2.6 条与欧日 EPA 第 13.2.4 条中也将行使政府权力提供服务的行为排除在适 用范围之外。

[2] See GATS, Art. 1.3（c）.

[3] See TPP, Art. 17.6.

[4] 参见毛真真：《国有企业补贴国际规则对比研究——从传统补贴规则到非商业支持规则》，载《河北法学》2017 年第 5 期。

[5] 美国在 2008 年金融危机期间拯救房利美、房地美，甚至通用汽车等做法。See Tsuyoshi Kawase, *Trans-Pacific Partnership Negotiations and Rulemaking to Regulate State-owned Enterprises*, at https://cepr. org/voxeu/columns/trans-pacific-partnership-negotiations-and-rulemaking-regulate-state-owned, last visited on Nov. 21, 2020.

或全球性经济危机而采取的措施；特定情形下国有企业依据政府指令提供金融服务不适用非歧视待遇和商业考虑条款。[1]按《官方支持的出口信贷的安排》为支持进出口或支持对外投资，一国有企业根据政府委托提供金融服务，只要并不旨在替代商业融资或与商业市场上可获得的同类金融服务相比，条件并不更优惠，则不适用非歧视待遇与商业考虑条款。[2]国有企业条款不适用于主权财富基金。但是若缔约方通过主权财富基金间接提供非商业援助时，或主权财富基金提供非商业援助时，则需适用协定中非商业援助条款。国有企业条款不适用于独立养老基金及其所有或控制的企业。但对于后者而言，若缔约方直接或间接向独立养老基金所有或控制的企业提供非商业援助，或缔约方通过独立养老基金所有或控制的企业间接提供非商业援助时，仍需要适用协定中非商业援助条款。[3]

此外，国有企业条款还排除了一部分原本属于规制范围的实体：从事管理或监督活动或执行货币及相关信贷政策和汇率政策的中央银行或货币当局；金融监管机构，如证券期货交易所或市场、清算机构或其他对金融服务提供者行使监管或监督权的组织或协会；国有企业为解决破产或倒闭的金融机构或任何其他主要从事提供金融服务的破产或倒闭企业的事项而开展活动。[4]

（二）单独附件例外

值得注意的是，在 TPP 协定中，新加坡和马来西亚分别在国有企业条款中附上了一个专门的附件，即允许其国有企业可以免予国有企业条款的约束，只要其遵守某些准则。[5]例如，在 TPP 附件 17-E 中规定，通过与本章不抵触的方法，新加坡或新加坡主权财富基金 [包括 GIC 私募有限公司和淡马锡持股（私募）有限公司] 可行使在其拥有或通过所有权益控制的国有企业的表决权。且完全排除了非歧视待遇和商业考虑条款对主权财富基金拥有或控制的国有企业的适用；仅在特定情况下，主权财富基金拥有或控制的国有企

---

〔1〕　See TPP, Art. 17. 13.

〔2〕　See EU-Japan EPA, Art. 13. 5.

〔3〕　See TPP, Art. 17. 2. 5 and Art. 17. 2. 6; USMCA, Art. 22. 2. 5 and Art. 22. 2. 6.

〔4〕　See TPP, Art. 17. 2. 2, Art. 17. 2. 3 and Art. 17. 2. 4.

〔5〕　See Reach of TPP's SOE Disciplines Limited by Definition, Scope, Exceptions, 6 November 2015, Inside US Trade, at https://insidetrade. com/inside-us-trade/reach-tpps-soe-disciplines-limited-definition-scope-exceptions, last visited on Jan. 9, 2020.

业需受到非商业援助条款的约束。

（三）国别例外清单

对于想要加入 TPP 协定的中国而言，TPP 国别例外清单是最值得研究的内容。在国别例外清单中，缔约方根据自身国情列出了对具体纪律的例外，即以负面清单的方式排除国有企业条款对部分国有企业的适用。除新加坡和日本外，所有缔约方都提出了国别例外清单，从最少 1 项不符措施（澳大利亚）到最多 14 项不符措施（越南）。尽管缔约方同意尽可能使列出的清单内容具体和明确，但是大部分的例外都并非针对特定国有企业，而是针对所有中央层面的现有及未来的国有企业，或者针对特定的部门或产业。[1]

具体而言，澳大利亚与新西兰的国别例外清单非常有限，也较为符合制定国有企业条款的初衷。其中，澳大利亚在国别例外清单中所列出的唯一不符措施是国有企业在购买货物和服务时，可对土著居民和组织提供更优惠待遇；[2]新西兰的国别例外清单仅包含三项：其中两项排除了为支持通信、空运与海运服务的基础设施而采取的非商业援助措施；剩下一项则是针对特定国有企业的排除，即新西兰固体能源有限公司在其境内生产和销售煤炭时，可接受非商业援助；加拿大在其国别例外清单中包含了一份较为详细的清单。尽管大多数不符措施都仅适用于特定的国有企业，但该清单加入了"以及与之相关的任何新的、重组的或受让的企业"等表达，这使得例外更多的是适用于部门而非仅适用于特定国有企业；马来西亚的国别例外清单纳入了非常广泛的例外。首先，马来西亚允许其所有的国有企业在购买货物时给予土著企业（与中小企业）更优惠的待遇。其次，可以向土著企业提供非商业援助。甚至在脚注中特别注明，马来西亚保留赋予任何合格企业土著企业地位的权利。除此之外，其他不符措施主要涉及金融业与石油业；智利的不符措施主要包括石油和矿产，但也涉及客运、国家电视和银行部门；墨西哥在其清单中列入了与电力、石油和天然气有关的若干开发银行和企业；[3]秘鲁的国别

[1] See Ines Willemyns, "Disciplines on State-Owned Enterprises in International Economic Law: Are We Moving in the Right Direction", *Journal of International Economic Law*, Vol. 19, 2016, pp. 675-677.

[2] 尽管澳大利亚对于中央以下级别的国有企业也列出了与其他缔约方相似的保留：不适用非歧视待遇和商业考虑条款、非商业援助条款的国有企业名单。

[3] 作为 TPP 与 USMCA 的共同缔约方，就国别例外清单而言，加拿大在两个协定中所做承诺并无太大差别，而墨西哥在 USCMA 的国别清单中的例外仅为 TPP 国别清单中例外数量的一半。

例外清单非常有限，仅有一项针对特定国有企业的石油产品开采、提炼、生产和销售的例外，以及一项关于少数群体和族裔群体的一般例外；文莱和越南的国别例外清单中都包含一项不符措施，将分别在 TPP 协定生效后 3 年和（最迟）5 年后失效。也就是说，文莱和越南对这项不符措施争取了一段时间的过渡期。文莱的国别例外清单中载有石油工业、天然气供应和投资基金的例外；而越南则列出了最长的国别例外清单，其中大部分适用于所有国有企业，从为任何国有企业的重组提供必要的资金到提供公共产品和促进经济发展。针对特定国有企业的例外则涉及较多其具有特殊利益的产业，如石油、天然气、电力、煤炭、国家安全、航空和海运、咖啡和电信。

三、国有企业条款的适用效果

作为 TPP 协定曾经的谈判主导者，美国通过将中央级别以下所有国有企业排除在国有企业条款规制范围之外的行为备受争议。TPP 协定谈判中，美国始终强调国有企业条款仅适用于中央一级的国有企业，[1]因为美国的国有企业以州级政府企业为主，[2]而州级政府企业普遍享有反垄断法适用豁免、税收减免、融资优惠等。除州级政府企业外，共有 17 家由国会通过特别立法设立，旨在提供以市场为导向的公共服务的联邦政府公司，包括商品信贷公司、进出口银行、联邦农业保险公司、国家铁路客运公司、美国邮政署、田纳西谷管理局和其他机构，[3]以及 7 家政府赞助企业，包括联邦国民抵押贷款协会、联邦住房贷款抵押公司和联邦农业抵押公司、联邦住房贷款银行系统和农场信贷系统等，[4]具有政府与私人混合的性质，由美国法律授权成立的、私人拥有的公司实体。

美国根据其国情所获得的专属例外与其他缔约方所依赖的负面清单模式

---

〔1〕　这一中央级别国有企业例外也被纳入了 USMCA 当中。

〔2〕　曾有人在 1999 年对美国州级政府公司进行了研究，发现美国共有 6352 家州级政府公司，其中宾夕法尼亚州拥有最多的政府企业，有 1870 家。See Jerry Mitchell, *The American Experiment with Government Corporations*, Routledge, 1999, p. 16.

〔3〕　See Ronald C. Moe, Kevin R. Kosar, Federal Government Corporations：An Overview, at https://www.everycrsreport.com/files/20060323_RL30365_0295f3e84937a52b927e436128d75781c0b626e6.pdf, last visited on Feb. 12, 2021.

〔4〕　See Kevin R. Kosar, Government-Sponsored Enterprises（GSEs）：An Institutional Overview, at https://core.ac.uk/reader/71252461, last visited on Feb. 12, 2021.

之间似乎存在某种不平衡。[1]在一定程度上，这导致了 TPP 协定中例外的篇幅比实体性规则的篇幅要多得多。[2]尽管 TPP 国有企业条款为国有企业参与商业活动确立了约束原则，但是事实上所允许的豁免与例外过多导致实体性规则的效力被严重减损。正如有学者指出的，TPP 国有企业条款中广泛的例外是政治妥协的结果，与国有企业条款所要达到的目标相悖，有可能加剧缔约方的国家干预。[3]

总的来说，国别例外清单中既有针对特定国有企业的，也有针对特定部门和产业的。其中，履行公共服务被作为国有企业条款的一个重要例外。相类似的，在 TTIP 的谈判中，欧盟一方面呼吁为狭义的合法例外留有余地，从而提到自己的"具有普遍经济利益的服务"。[4]欧盟建议国有企业有义务"根据商业考虑行事"，但国有企业在实现被授予独占权或特别权益的目的时，或者在国有企业履行其公共任务（Publicmandate）时，应属于例外。TiSA 谈判中关于竞争性提供服务的附件案文草案载有一项关于"公共服务义务"的规定。附件指出，这项义务必须是透明的、非歧视性的、竞争中立的、不超过必要负担的、有限的且相称的。[5]因此，是否应当以其他方式处理国有企业条款的例外，使不同缔约方在国别例外清单中所安排的内容更具一致性。在重新起草时，用一个关于提供公共服务的一般例外来取代缔约方国别例外清单中所列的若干具体例外，并将例外情况限制在国有企业实际履行公共服务义务等方面。一旦国有企业的活动超出或不涉及这一义务，仍将受到实体性条款的约束。这又回到了国有企业监管的核心，即在利用国有企业实现某些合理的政策目标的情况下，国有企业应该被豁免于这些特定的纪律。只有

〔1〕 See Fleury Julien Sylvestre, Marcoux Jean-Michel, "The US Shaping of State-Owned Enterprise Disciplines in the Trans-Pacific Partnership", *Journal of International Economic Law*, Vol. 19, 2016, p. 454.

〔2〕 See Mitsuo Matsushita, "State-Owned Enterprises in the TPP Agreement", in *Paradigm Shift in International Economic Law Rule-Making: TPP as a New Model for Trade Agreements?*, Julien Chaisse, Henry Gao and Chang-fa Lo eds., Springer, 2017, p. 199.

〔3〕 See Minwoo Kim, "Regulating the Visible Hands: Development of Rules on State-Owned Enterprises in Trade Agreements", *Harvard International Law Journal*, Vol. 58, 2017, p. 229.

〔4〕 See European Commission, DG Trade, European Commission's initial position papers on TTIP, at https://www.iatp.org/sites/default/files/TPC-TTIP-non-Papers-for-1st-Round-Negotiatons-June20-2013.pdf, last visited on May 6, 2019.

〔5〕 See Trade in Service Agreement Annex on Competitive Delivery Services, at https://www.bilaterals.org/IMG/pdf/tisa_annex_on_competitive_delivery_services.pdf, last visited on May 13, 2019.

在它们与私营服务提供者相竞争的情况下，才会产生义务和具体纪律。

本章小结

　　关于国有企业的定义，世界上并没有统一的答案。各种社会制度、各种政府都可设立和维持国有企业，国有企业是国家调控社会与经济的一种工具。在 WTO 涵盖协定中，不管是 GATT 中的"国营贸易企业"，或是 SCM 协定中的"公共机构"，还是 GPA 中的"其他采购实体"均不足以涵盖当前广泛参与国际竞争活动的国有企业。

　　以 TPP 为代表的新一代区域自由贸易协定对国有企业条款作出了新发展：一方面，为了使更多的国有企业受到规制，国有企业条款将"政府所有或控制"的企业界定为协定项下的国有企业。尽管这一国有企业定义仍然存在很多有待进一步明确和合理化的地方，但随着国有企业条款的模板效应不断显现，以"政府所有或控制"的界定方法逐渐达成共识，并且"政府对企业非基于所有权益的控制"也逐渐获得认同。另一方面，针对国有企业的规模、层级、所处行业、从事的具体活动等提出了诸多例外，将很大一部分国有企业排除在了国有企业条款的适用范围之外。对于中国而言，尽管可以通过谈判将中国的特殊关切作为例外排除国有企业条款的适用，但是，上述对国有企业的界定趋势，对中国的国有企业甚至中国的所有企业都提出了很大的挑战。

非歧视待遇和商业考虑条款的适用

作为国有企业条款的主要推手，美国在国有和国家控制企业竞争方面，主要寻求以下承诺：第一，消除或防止国有和国家控制企业在商业活动中造成的贸易扭曲和不公平竞争；第二，确保国有和国家控制企业参与商业活动的行为完全基于商业考虑。为此，需要制定规则以消除扭曲市场的补贴与歧视、提高透明度。[1]在这一目标指导下，美国将商业考虑作为国有企业参与国际贸易的基本原则，并将其作为市场基准纳入补贴规则。应当说，不论是在美国主导的 TPP、USMCA，还是欧盟主导的 CETA 与欧日 EPA 中，国有企业非歧视待遇与商业考虑条款的内容已经趋于一致。这表明，欧美对 WTO 争端解决机构对 GATT 第 17 条国营贸易企业非歧视待遇的澄清解释的不满，要求将商业考虑作为一项独立适用于国有企业的义务，实现对国有企业的商业化塑造。

第一节　GATT 项下非歧视待遇和商业考虑条款概述

谈判资料表明，在多边贸易体制之初，美国就主张对国有企业适用非歧视待遇和商业考虑原则。[2]研究 GATT 第 17 条、GATT 其他相关条款、附件九对第 17 条的注释和补充规定以及乌拉圭回合《关于解释 1994 年 GATT 第

---

〔1〕　See 19 USC，§4201（b）（8），at https://www.congress.gov/114/plaws/publ26/PLAW-114publ 26.pdf，last visited on Mar.12，2020.

〔2〕　参见张斌：《国有企业商业考虑原则：规则演变与实践》，载《上海对外经贸大学学报》2020 年第 4 期。

17 条的谅解》（以下简称《谅解》）中对国营贸易企业的规定与涉及的案例，有助于更好地理解非歧视待遇和商业考虑条款，也是分析区域自由贸易协定中国有企业非歧视待遇和商业考虑条款的起点。

一、GATT 项下国营贸易企业非歧视待遇条款

国营贸易企业非歧视待遇的规定主要见于 GATT 第 17 条第 1 款（a）项与（b）项。GATT 第 17 条第 1 款（a）项规定，各缔约方应保证，当建立或维持一个国营贸易企业，或对一个企业正式或事实上授予独占权或特别权益时，这种企业在其有关进口或出口的购销方面，应按本协定中关于影响私人贸易商进出口货物的政府措施所规定的非歧视待遇的一般原则办理。（b）项规定，（a）项规定应理解为，要求国营贸易企业在购销活动中除适当注意本协定的其它规定外，应只以商业考虑因素，包括价格、质量、供应、适销性、运输和其他购销条件为依据，并根据商业惯例向其他缔约方提供参与此类购买或销售的适当竞争机会。[1]从上述文本中可以得出：第一，GATT 对缔约方有权建立或维持国营贸易企业予以肯定；第二，尽管缔约方有权建立或维持国营贸易企业，但是不得利用国营贸易企业逃避缔约方在 GATT 下有关市场准入的承诺；第三，（b）项列出的商业考虑因素与给予其他缔约方企业充分参与竞争的机会，是判断国营贸易企业是否违反非歧视待遇的两项判断标准；第四，（b）项旨在对（a）项规定的非歧视待遇作出进一步解释，并不构成一项独立适用的义务。

尽管 GATT 通过第 17 条、附件九对第 17 条的注释和补充规定以及《谅解》等对国营贸易企业的非歧视待遇进行了规定与说明，但是关于国营贸易企业的争议一直被提起。主要的争议有以下几点：第一，国营贸易企业到底包含哪些企业实体？国家企业、正式或事实上被授予独占权或特别权益的任何企业到底指哪些？第二，非歧视待遇包含最惠国待遇，是否包含国民待遇？第三，非歧视待遇与商业考虑是什么关系？商业考虑是从属于还是独立于非歧视待遇？对于第一个问题，前面章节已经做出较多解释，故下文不再赘述。

---

[1]　See GATT, Art. 17. 1.

二、非歧视待遇的内涵与外延

(一) 第 17 条与 GATT 其他条款之间的关系

正如《谅解》中的序言所阐释的，第 17 条为各成员国营贸易企业的活动设定的义务需与 GATT 为影响私人贸易商进出口的政府措施所规定的非歧视待遇的一般原则相一致；各成员在影响国营贸易企业的政府措施方面应遵守各自在 GATT 项下所作的承诺。[1]那么，GATT 应如何在第 17 条与其他条款之间划定规制界限？其与对影响私人贸易商进出口政府措施规定的非歧视待遇之间，尤其是与第 3 条国民待遇之间有何联系与区别？总的来说，成员有权设立并维持国营贸易企业，但是不得利用国营贸易企业在相同条件的其他成员之间采取任意或无理歧视，也不得变相限制国际贸易。

1. 与第 3 条国民待遇的关系

在 1988 年加拿大省级销售机构进口、分销和销售酒精饮料案中，欧共体与加拿大就 GATT 第 3 条国民待遇是否与争议措施相关展开了辩论。欧共体提出，加拿大的措施违反了第 3 条国民待遇。而加拿大则认为，第 3 条国民待遇与本案无关，认为除第 17 条之外的 GATT 其他条款应在各自的规制范围内适用于国营贸易企业。对此，专家组在认定争议措施与 GATT 第 11 条不符的基础上，认为没有必要再对争议措施是否违反 GATT 第 3 条第 4 款作出认定。但专家组也注意到，当享有进口垄断特权的国营贸易企业同时也享有国内市场分销垄断特权时，其行为应当适用于 GATT 第 3 条第 4 款的规定。[2]

1992 年加拿大酒类案对这一问题作出了进一步的阐述。该案专家组指出，本案关键并不在于加拿大是否有权对啤酒的进口、国内运输和销售建立政府垄断，[3]而在于加拿大既然决定对啤酒的国内运输实行垄断，是否可以将国内啤酒排除在这种运输垄断之外。专家组认为，第 3 条第 4 款并没有对由政府垄断机构实施的影响进口产品国内运输的措施与以管理私人贸易的规章制

---

〔1〕 See Understanding on the Interpretation of Article XVII of the General Agreement on Tariffs and Trade 1994.

〔2〕 See GATT Panel Report, Import, Distribution and Sale of Alcoholic Drinks by Canadian Provincial Marketing Agencies, L/6304, 35S/37, 90, para. 4. 26.

〔3〕 专家组认为 GATT 并没有任何规定阻止加拿大不得对进口、国内销售与国内运输设立垄断。

度形式实施的影响进口产品国内运输的措施作出区别。GATT 的起草者不允许
缔约方通过垄断的方式破坏 GATT 关于影响私人贸易的措施的原则。加拿大
有权对啤酒进口和销售设立垄断权，但这并不意味着其有权通过影响国内运
输的管理措施，对进口啤酒实行不符合第 3 条第 4 款的歧视。[1]换言之，就
进口、国内销售等建立垄断是缔约方的权利，GATT 并不会过多干涉。但是，
这种垄断的实施，与政府管理私人贸易的规章制度的措施无本质差异，不得
违反 GATT 第 3 条国民待遇的规定，即不得在进口产品与国内相同产品之间予
以区别对待。

2. 与第 11 条普遍取消数量限制之间的关系

在 1988 年加拿大酒类进口、分销和销售案中，专家组注意到，对 GATT
第 11 条至第 14 条以及第 18 条的解释与补充性规定中，"进口限制"和"出
口限制"包括通过国营贸易活动实行的限制。[2]在企业同时垄断进口与国内
市场的销售的情形下，GATT 对影响产品的进口（importationofproducts）限制
与影响进口产品（importedproducts）的限制作区分[3]对其而言并无意义。专
家组认为，加拿大省级酒类管理局在列名/除名要求和销售点的提供方面采取
歧视进口酒精饮料的做法应被认为是第 11 条第 1 款规定的其他限制措施。

在 1988 年日本限制进口某些农产品措施案中，日本提出，第 11 条第 1 款
并不适用于通过进口垄断实施的限制。日本认为，《哈瓦那宪章》的起草者旨
在通过第 31 条第 5 款处理进口垄断所实施的数量限制。根据该规定，任何产
品的进口垄断者，如果通过谈判获得了特许权，就必须进口和提供销售完全
能满足国内对进口产品全部需求的产品数量。[4]但是，不幸的是，该条款最
终并没有被纳入 GATT 的文本。因此，通过进口垄断实行的数量限制并不属

---

〔1〕　See GATT Panel Report, Canada-Import, Distribution and Sale of Certain Alcoholic Drinks by Pro-
vincial Marketing Agencies, DS17/R-39S/27, 79-80, para. 5. 15.

〔2〕　See *Ad* Articles XI, XII, XIII, XIV and XVIII, p. 51.

〔3〕　根据 GATT 关于第 3 条的注释（Ad Note to Article III），适用于进口产品和国内相同产品，并
在进口时或进口地对进口产品征收或执行的国内税费或法律、法规、要求，仍应被视为国内税费或法
律、法规、要求，并应遵守第 3 条的规定。这就是说，即便贸易限制措施是在进口时或进口地实施，从
而被认为应遵守 GATT 第 11 条的边界措施，但是只有该措施既适用于进口产品，也适用于国内的相同
产品，那么这一措施就只需要遵守第 3 条有关国内规制的规定。参见韩龙：《市场准入与国内规制在
WTO 法中应如何合理界分》，载《政法论坛》2006 年第 4 期。

〔4〕　See Havana Chapter, Art. 31. 5.

于 GATT 第 11 条第 1 款的管辖范围。而该案专家组则认为，第 11 条的规制范围包括对产品实施的任何进口限制，无论是通过配额、进口许可证还是其他措施。该条规定范围很广泛，当然包括通过进口垄断实施的数量限制。对 GATT 第 11 条至第 14 条和第 18 条的解释与补充性规定中的"进口限制"一词包含了通过国营贸易活动实施的限制。对第 17 条的解释与补充性规定的基本目的是将 GATT 中管理私人贸易的规则扩大到国营贸易，并确保缔约方不能通过国营贸易企业来逃避其对私人贸易的义务。如果仅因进口限制是通过进口垄断实施的而被认为符合第 11 条第 1 款，那么这一目的就会落空。因此，专家组否定了日本基于《哈瓦那宪章》第 31 条第 5 款未被列入 GATT 的假设而提出的论点。出于上述原因，专家组认为，日本实施的进口限制属于第 11 条第 1 款的范围，而这些限制是通过配额还是通过进口垄断活动实施的在所不论。

因此，国营贸易企业的行为也可能受到 GATT 第 11 条的规制。通过赋予国营贸易企业进口垄断权的方式限制进口数量的措施，与政府实施的配额措施并无实质区别。

3. 与 GATT 其他条款之间的关系

除第 3 条（国民待遇）与第 11 条（普遍取消数量限制）之外，第 17 条还与第 2 条（关税减让）、第 12 条（保障国际收支的限制措施）、第 18 条（对经济发展的政府援助）以及 GATT 第四部分相关。[1] 所有这些规定都旨在抓住那些不构成关税、配额但具有与此类贸易政策工具同等效果的国营贸易企业的行为。

综上，GATT 并不阻止缔约方建立或维持国营贸易企业，并授予其进口、国内销售与运输、出口等方面的垄断权。GATT 影响私人贸易的政府管理措施，不管是以法律法规的方式，还是以国营贸易企业的方式实施，都不得违

---

〔1〕 根据附件九对 GATT 第 2 条的注释和补充规定，除非最初谈判关税减让的缔约方之间另有具体协议，本款的规定将根据《哈瓦那宪章》第 31 条的规定适用。See Interpretative Note, Article II, p. 49. 在一些情况下，人们注意到利用国营贸易来实施国际收支限制；例如，1962 年"乌拉圭对第二十三条的援用"中审查的某些措施。1970 年关于国际收支限制的"充分协商程序"将"以国际收支为由利用国家贸易或政府垄断作为限制进口的措施"列入《基本文件》中根据第 12 条第 4 款（b）项或第 18 条第 12 款（b）项进行充分协商的措施。GATT 第 37 条第 3 款规定，发达缔约方应在政府直接或间接决定全部或主要在较不发达缔约方领土上生产的产品的转售价格时，尽一切努力将贸易利润维持在公平的水平上。See Interpretative Note, Article XVII, p. 469.

反非歧视待遇。即不得在进口产品与国内同类产品之间进行区别对待，不得歧视进口产品。GATT 第 17 条存在的意义在于防止缔约方通过国营贸易企业的方式逃避其在 GATT 项下的其他义务。因此，对第 17 条与 GATT 其他条款的关系的最佳理解应当是，国营贸易企业的购销行为，只有在影响进出口贸易的方向或水平时，才受到 GATT 第 17 条的规制。而除此之外，国营贸易企业的购销行为则仍然有可能落入 GATT 其他条款的规制范围。

（二）国营贸易企业的非歧视待遇至少及于最惠国待遇

国营贸易企业非歧视待遇至少应当包含最惠国待遇。[1]最惠国待遇是非歧视待遇中相对要求较低的原则。GATT1947 的起草历史和美国最初的提议均表明，国营贸易企业非歧视待遇仅要求最惠国待遇。[2]

GATT 第 17 条的解释与补充性规定指出，根据美国起草的宪章草案第 26 条，国营贸易企业应当给予其他缔约方（除了国营贸易企业所在缔约方）的企业非歧视待遇。在伦敦宪章草案中，非歧视待遇被改写为其他缔约方的企业所获待遇不得低于国营贸易企业所在缔约方以外任何缔约方企业的待遇。[3]在日内瓦的讨论中，又在该条中加入了"以符合非歧视待遇一般原则的方式行事"等字样，以消除人们对"商业考虑意味着不同市场必须是完全相同的价格"的怀疑。[4]这表明，当时就已明确提出，关于国家贸易的条款仅仅指的是最惠国待遇。

此外，GATT 第 17 条第 1 款非歧视待遇中的最惠国待遇是否与 GATT 第 1 条第 1 款中的最惠国待遇条款完全一致？答案是否定的。两者所采取的标准并非完全相同。根据 GATT 第 1 条第 1 款的最惠国待遇条款的规定，在关税和其他相关事项方面，对原产于任何缔约方的任何产品的任何优惠都要扩大到所有缔约方的同类产品。然而，这一最惠国待遇并不能直接适用于国营贸易企业的情形。要求国营贸易企业对来自不同缔约方的相同产品给予完全相同

---

〔1〕　See Raj Bhala, *Modern GATT Law: A Treatise on the General Agreement on Tariffs and Trade*, Sweet and Maxwell, 2005, p. 1209.

〔2〕　See William Davey, "Article XVII GATT: An Overview", in *State Trading in the Twenty-First Century*, Thomas Cottier, Petros C. Mavroidis eds. , The University of Michigan Press, 1998, p. 26.

〔3〕　See Report of the First Session of the Preparatory Committee of the UN Conference on Trade and Employment, at https://docs. wto. org/gattdocs/q/UN/EPCT/33. PDF, last visited on Jan. 16, 2020.

〔4〕　See EPCT/160, p. 5-6; EPCT/A/PV. 14, p. 24.

的待遇，这相当于剥夺了其作为企业根据商业考虑而作出选择的权利。相反的是，GATT 第 17 条第 1 款实际上允许国营贸易企业根据符合最惠国条款基本目标的标准对不同来源的货物加以区分。

（三）国营贸易企业非歧视待遇并不及于国民待遇

在对 GATT 第 17 条的解释中被反复提及的问题是非歧视待遇是否包含国民待遇？一种观点认为，第 17 条国营贸易企业非歧视待遇不及于国民待遇。这是因为，第 3 条国民待遇足以将国家通过国营贸易企业活动拒绝给予进口产品国民待遇的情形涵盖在内。更何况，GATT 专家组对通过国家贸易业务剥夺国民待遇的主张的审查都是根据第 3 条而非第 17 条处理的。[1]另一种观点则认为，第 17 条国营贸易企业非歧视待遇包含国民待遇。[2]第 3 条国民待遇适用于国营贸易企业履行政府措施（税费和国内税费，影响进口产品内部营销和销售的法律、法规和要求）所采取的行动，但是国营贸易企业的"购买或销售"活动可能并不总是被涵盖在内。[3]

1. GATT 对非歧视待遇与国民待遇的协商历史

1952 年比利时家庭津贴案专家组报告指出："关于第 17 条第 2 款所载的例外情况（政府采购），似乎仅指该条第 1 款规定的原则，即根据商业考虑进行采购的义务，因此 GATT 第 17 条第 1 款的非歧视待遇并没有延伸到第 3 条国民待遇所涉及的事项。"[4]GATT 秘书处报告也对该解释表示赞同。1955 年工作组在审查了海地烟草垄断中进口和生产垄断方面实行的进口许可证制度后提出，正如海地代表告诉工作组的，颁发的进口许可证并不限制进口来源，因此该措施与要求非歧视待遇的第 17 条的规定并不冲突。在 1984 年加拿大外国投资审查法一案的专家组程序中，就第 17 条第 1 款是否要求国民待遇，以及缔约方在管理与国营贸易企业有关的法律法规时是否必须遵守第 3 条的

〔1〕 See Frieder Roessler, "Canada-Wheat: Discrimination, Non-Commercial Considerations, and the Right to Regulate through State Trading Enterprises: Prepared for the ALI Project on the Case Law of the WTO", *World Trade Review*, Vol. 7, 2008, p. 69.

〔2〕 See Kenneth W. Dam, *The GATT: Law and International Economic Organization*, University of Chicago Press, 1977, p. 320.

〔3〕 See Andrea Mastromatteo, "WTO and SOEs: Article XVII and Related Provisions of GATT 1947", *World Trade Review*, Vol. 16, 2017, p. 608.

〔4〕 See GATT Panel Report, Belgian Family Allowances, G/32, BISD 1S/59, para. 4.

问题提出了争论。对此，专家组认为没有必要在本案中确定第 17 条第 1 款提到的非歧视待遇的一般原则是否也包括国民待遇，因为完全可以根据第 3 条第 4 款裁定其采购承诺违反协定义务。[1]相类似的做法也出现在 1988 年加拿大酒类进口、分销和销售案的专家组报告之中。[2]

综上所述，在诉诸 GATT 争端解决机制的争议中，专家组均采取了较为谨慎的方法：在作出争议措施与 GATT 的其他规定不一致后，不再对 GATT 第 17 条是否包含国民待遇作出判断。为了澄清这一情况，美国在乌拉圭回合提出建议，要求明确承认"国民待遇或 GATT 第 3 条适用于国营贸易"。[3]其他缔约方也有类似提案。[4]然而，由于当时参与方对此实质性事项并不感兴趣，因此最终达成的《谅解》并未就这一问题作出明确回应。所以，国营贸易企业的非歧视待遇是否包含国民待遇的问题处于悬而未决的状态。

2. WTO 争端解决机构延续了 GATT 专家组的方法

WTO 成立后，这一问题又被再次提出。在韩国牛肉案中，澳大利亚质疑韩国国营贸易企业的牛肉招标行为，认为其国营贸易企业给予进口牛肉的待遇不及其给予国内同类牛肉的待遇，违反了 GATT 第 17 条第 1 款。与 GATT 时期的专家组一样，WTO 的专家组选择回避对第 17 条第 1 款是否包含国民待遇的问题作出正面回应，而是根据第 2 条和第 11 条作出了支持澳大利亚的裁定。[5]之后，在 2004 年加拿大小麦进出口措施案的专家组报告中，专家组没有直接否定美国主张的非歧视待遇包含国民待遇的观点。对"非歧视待遇的一般原则"[6]是否能够解释为美国所主张的"禁止在出口市场与本国市场间的歧视"，专家组认为，对 GATT 第 17 条第 1 款的解释与补充性规定中已作出

---

〔1〕 See GATT Panel Report, Canada Administration of the Foreign Investment Review Act, L/5504, BISD 30S/140, 163, para. 5. 16.

〔2〕 See GATT Panel Report, Canada Import, Distribution and Sale of Alcoholic Drinks by Canadian Provincial Marketing Agencies, L/6304, BISD 35S/37, 90, para. 4. 27.

〔3〕 See State Trading: Proposal by the United States, MTN. GNG/NG7/W/55, 13 October 1989.

〔4〕 See Negotiating Group on GATT Articles, Communication from Chile. MTN. GNG/NG7/W/1, 18 March 1987.

〔5〕 See Panel Report, Korea Measures Affecting Imports of Fresh, Chilled, or Frozen Beef, DS161/DS169, paras. 770, 780.

〔6〕 美国认为第 17 条第 1 款（a）项下的非歧视待遇应同时涵盖最惠国待遇和国民待遇，因为该项中"原则"（principles）一词的英文表述采用复数，且该条第 2 款正是规定政府采购的国民待遇例外。

暗示。若一个出口国营贸易企业出于商业原因，对不同出口市场上的同一产品的销售收取不同的价格，不会违反第 17 条第 1 款（a）项的非歧视待遇。基于同样的原因，假设非歧视待遇包含国民待遇，一个出口国营贸易企业也可以出于商业原因，在出口市场和本国市场间给予差别待遇。[1]

概言之，对第 17 条第 1 款是否包含国民待遇的问题，不论是 GATT 时期的专家组还是 WTO 时期的专家组均采取了回避的态度。[2]至今为止，GATT/WTO 专家组或上诉机构都没有对第 17 条第 1 款是否包含国民待遇进行充分探讨。因此，这一问题仍然没有得到明确解决。但是，这种不确定所导致的纪律空白似乎并没有影响到申诉方的利益。[3]这是因为，申诉方总是会同时提出 GATT 其他条款来质疑国营贸易企业的行为，而专家组最终也会裁定国营贸易企业的行为与 GATT 其他条款下的义务不符。

三、商业考虑与非歧视待遇的关系

一直以来，对于 GATT 第 17 条第 1 款（b）项中的商业考虑是否构成一项独立的义务存在很大争议。商业考虑是否构成一项独立的义务，或仅仅是非歧视待遇的一项判断标准，决定了国营贸易企业在进出口购销活动中所受约束的范围。美国曾在若干诉诸 GATT/WTO 争端解决机构的案件中提出商业考虑应独立适用于国营贸易企业，但都被否定。对于 GATT 项下的商业考虑的解释主要见于附件九中对第 17 条注释和《谅解》。

（一）商业考虑的法律地位

一般认为，商业考虑对非歧视待遇作出了澄清。进出口货物的购销中的非歧视待遇应当理解为要求国营贸易企业仅仅根据商业考虑因素作出购销决定，并根据商业惯例为对手企业提供参与竞争购销活动的机会。

商业考虑是否独立于非歧视待遇，是加拿大小麦进出口措施案中的主要争议。

---

〔1〕 See Panel Report, Canada Wheat Exports, paras. 6.48-6.49, note 146.
〔2〕 参见王秋雯：《国有企业规则在区域贸易谈判平台中的新发展与中国对策》，载《国际贸易》2018 年第 6 期。
〔3〕 See Andrea Mastromatteo, "WTO and SOEs: Article XVII and Related Provisions of GATT 1947", *World Trade Review*, Vol. 16, 2017, p. 609.

在加拿大小麦进出口措施案中，美国对加拿大小麦委员会（以下简称CWB）的措施[1]提出质疑，请求专家组裁定这一措施违反了第 17 条第 1 款的非歧视待遇。[2]美国还对 GATT 第 17 条第 1 款作出解释：根据第 17 条第 1 款 (a) 项和 (b) 项的规定，国营贸易企业需要遵守三个相互独立的义务：其一，(a) 项中的非歧视待遇；其二，(b) 项要求国营贸易企业仅基于商业考虑因素进行购销活动；其三，(b) 项要求国营贸易企业在此类购销活动中给予所有成员的企业足够的竞争机会。也就是说，美国主张"商业考虑"是一项独立适用于国营贸易企业的义务。

对于第 17 条第 1 款 (a) 项与 (b) 项的关系，上诉机构在报告中进行明确回应：第 17 条第 1 款 (b) 项措辞清楚地表明，整个 (b) 项是依赖于 (a) 项而存在的。(b) 项旨在澄清 (a) 项非歧视待遇的要求和内容。上诉机构提出，只有当争议措施属于第 17 条第 1 款 (a) 项的非歧视待遇的管辖范围内的时候，(b) 项的商业考虑才变得相关。不能仅因为违反第 17 条第 1 款 (b) 项中的其中一个要求，便认为其违反第 17 条第 1 款。也即，上诉机构否定了将商业考虑作为一项独立义务的可能。上诉机构还进一步指出，之所以要求国营贸易企业在商业活动中遵循非歧视待遇，是为了防止成员通过设立国营贸易企业或向任何企业授予独占权或特别权益的方式，规避其在涵盖协定下的非歧视待遇义务，而并非旨在对国营贸易企业施加全面的类似于竞争法的义务。[3]因此，GATT 第 17 条第 1 款对国营贸易企业所确立的义务只有非歧视待遇，商业考虑仅仅澄清了这一待遇的适用范围。

（二）商业考虑的实质性要求

GATT 第 17 条第 1 款 (b) 项对商业考虑的规定较为简单。要求国营贸易企业仅基于商业考虑因素作出购销决定。其中，商业考虑因素包括价格、质量、可获性、适销性、运输以及其他购销条件。而且从附件九对第 17 条的注

---

〔1〕　加拿大小麦局（CWB），是加拿大政府设立的拥有对加拿大西部小麦的出口专营权和定价权的机构。该机构被赋予某些独占权和特权，如用于出口和人类消费的加拿大西部小麦的独家购销权、优惠利率贷款等，同时，该机构进口谷物的处理方法，诸如国产和进口谷物分离要求、铁路运费封顶要求、谷物生产商车皮项目等歧视性措施等，导致了给予进口产品的待遇低于给予国产产品的待遇。

〔2〕　See Panel Report, Canada-Wheat Exports and Grain Imports, WT/DS276/R, para. 3.1.

〔3〕　See Appellate Body Report, Canada-Wheat Exports and Grain Imports, WT/DS276/AB/R, paras. 85, 100, 145.

释以及 GATT 起草历史看，商业考虑并不禁止国营贸易企业对不同市场销售的产品收取不同价格，但条件是这种不同价格是出于商业原因，以满足出口市场的供求条件。[1]然而，在实践中，成员对商业考虑的理解并不完全一致，而这也成为许多争议的导火索。

在加拿大小麦进出口措施案中，美国认为，商业考虑要求 CWB 仅基于商业考虑因素进行购销活动。这意味着 CWB 在贸易活动中必须像一个私营贸易企业一样运作，既不享有政府特别权益或独占权，且受到市场约束，追求利润最大化。

而专家组拒绝了美国做出的这一解释。专家组指出，不能仅因国营贸易企业利用了其所享有的特权就认定其与商业考虑因素不符。第 17 条第 1 款（b）项的商业考虑并不禁止享有独占权或特别权益的企业行使这项权力以获得相较于其他参与竞争的商业实体所不享有的优势。对独占权或特别权益的唯一限制是，只能由商业考虑因素驱动。[2]对此，上诉机构还补充道：第 17 条仅仅禁止特定类型的歧视。美国将商业考虑条款解释为对国营贸易企业施加全面的竞争法义务并无依据。上诉机构认为，要求国营贸易企业仅基于商业考虑因素作出购销决定并不是禁止国营贸易企业使用其特权，尽管这种特权可能使私营企业处于竞争不利的地位。相反，国营贸易企业有权使用其特权，享受其带来的经济利益与竞争优势。上诉机构指出，美国对商业考虑因素的解释旨在扩大 GATT 第 17 条第 1 款对国营贸易企业的规制，而没有考虑到其他相关协定，如 SCM 协定、《农业协定》《反倾销协定》中对国营贸易企业的纪律。[3]

根据 GATT 第 17 条第 1 款（b）项以及 WTO 争端解决实践对商业考虑的澄清，国营贸易企业可基于商业考虑因素，对不同市场销售的产品收取不同价格。基于商业考虑因素的购销条件应为企业及其所有者、成员和受益人带来经济利益。[4]然而，对于"以对其受益人有利的方式行事"可能因企业而

---

〔1〕 See *Ad* Article XVII：1.

〔2〕 See Panel Report, Canada-Measures Relating to Exports of Wheat and Treatment of Imported Grain, WT/DS276/R, paras. 6. 103.

〔3〕 See Appellate Body Report, Canada Wheat Exports, paras. 149- 150.

〔4〕 See Panel Report, Canada-Measures Relating to Exports of Wheat and Treatment of Imported Grain, WT/DS276/R, paras. 6. 85-6. 87；Appellate Body Report, Canada-Measures Relating to Exports of Wheat and Treatment of Imported Grain, WT/DS276/AB/R, para. 140.

异。正如加拿大所提出的，一企业对商业考虑因素的权衡和适用取决于具体情况，包括企业的规模、经营市场特点、组织类型、财务状况和市场竞争的程度。拥有大量资产的大企业可能愿意以信贷条件出售，而小企业则不愿意。两家企业的行为都是出于商业考虑，尽管它们的行为是相反的。[1]因此，国营贸易企业是否出于商业考虑作出决策，是一个需要个案分析的问题。

综上所述，GATT 明确承认，成员有权决定在哪些产品部门实行垄断，但不能以违反 GATT 其他条款下承诺的方式实行。国营贸易企业非歧视待遇明确包含最惠国待遇，成员之间对此并无争议。而对国营贸易企业非歧视待遇是否包含国民待遇则在成员间存在很大分歧。对此，GATT/WTO 争端解决机构一直以来都没有正面回应，均以争议措施违反其他条款告终。商业考虑是构成独立于非歧视待遇的一项义务还是非歧视待遇的判断标准，将大大影响国营贸易企业在进出口贸易活动中所受约束。根据 GATT 第 17 条，商业考虑作为一项非歧视待遇的判断标准已经在 GATT/WTO 争端解决机构得到明确。不符合商业考虑并不必然导致违反非歧视待遇。成员建立或维持的国营贸易企业可以利用其享有的独占权或特别权益，即使这种独占权或特别权益使其他竞争者处于不利地位。

第二节　国有企业非歧视待遇条款的全面扩张

新一代区域自由贸易协定中国有企业非歧视条款在 WTO 涵盖协定的基础上进行了一定程度的扩张，尤其是将美国未被 WTO 争端解决机构所采纳的观点写入协定：明确将最惠国待遇和国民待遇无差别地适用于所有缔约方，并总体上为国有企业参与国际贸易活动设定更多约束。

一、国有企业非歧视待遇条款的主要变化

（一）明确承认国有企业非歧视待遇包括国民待遇

综观欧美引领的 FTAs 中的国有企业非歧视条款，主要分为以下两类："更好的待遇"（thebetterof）与"不低于待遇"（nolessfavorablethan）两种表

---

〔1〕　See Canada'sappellee's submission，WT/DS276，para. 56.

达。例如，在 NAFTA（1992）、美国—新加坡 FTA（2003）、美国—智利 FTA（2003）、美国—秘鲁 FTA（2006）以及欧盟—加拿大 CETA（2016）的国有企业条款中当中，均对非歧视待遇作出了专门"定义"：非歧视待遇指的是国民待遇与最惠国待遇中"更好的待遇"。[1] 而随着 TPP、USMCA 和欧日 EPA 的生效，对非歧视待遇的措辞则主要采取"不低于待遇"（nolessfavorablethan）的表述方式。非歧视待遇的界定也不再以"定义"的方式出现，而是直接规定在具体的条文当中。[2]

这一转变看似没有太大变化，实则不然。"更好的待遇"的标准是从正面要求国有企业在其贸易活动中给予相对方产品的待遇，在与其给予本国提供的同类产品待遇或其给予其他缔约方或非缔约方提供的同类产品待遇之间进行选择。而"不低于待遇"标准，则从反面要求国有企业在其贸易活动给予相对方产品的待遇，不得低于其给予本国、其他缔约方或非缔约方企业提供的同类产品的待遇。这一规定旨在创造一种棘轮效应。这有助于推动协定缔约方之间相互给予优惠待遇，并将优惠待遇铺开至所有缔约方，提升协定缔约方之间的区域利益。

然而，不论采取哪种表述，区域自由贸易协定中的国有企业条款，不同于 WTO 中国营贸易企业非歧视条款，一直以来都明确非歧视待遇包含最惠国待遇和国民待遇。这表明，尽管未能在国营贸易企业非歧视待遇中明确国民待遇，但是早在 NAFTA 时代，美国就开始寻找挣脱这一桎梏的方式，并在之后所缔结的 FTAs 中探索、发展、深化非歧视待遇的规制内容与范围。在欧美所引领的双边和区域 FTAs 中，承认国民待遇作为国有企业非歧视待遇的一部分已是在多边贸易体制之外达成的共识。

（二）受规制的商业活动环节从销售到购买

从 NAFTA 开始，美国与其他国家缔结的 FTAs（美国—智利 FTA、美新FTA、美韩 FTA）中国有企业非歧视待遇条款仅规制货物或服务的销售环节。

---

〔1〕美韩 FTA 是个例外，其对非歧视待遇的界定是"非歧视待遇包括国民待遇和最惠国待遇"，但没有使用"更好的待遇"（the better of）的措辞。

〔2〕例如，在 TPP 第 17.4.1 条（b）项中规定，在购买货物或服务时，(i) 给予另一缔约方企业提供的货物或服务的待遇，不低于其给予本国、其他缔约方或非缔约方的企业提供的同类货物或服务的待遇；(ii) 给予缔约方境内涵盖投资企业提供的货物或服务的待遇，不低于其给予该缔约方境内相关市场中由本国、其他缔约方或非缔约方投资者投资的企业提供的同类货物或服务的待遇。

例如，根据 NAFTA 第 1503 条，缔约方保证其国有企业在销售商品或服务时，对来自其他缔约方的投资（企业）给予非歧视待遇。而在新一代区域自由贸易协定中，国有企业非歧视待遇条款从销售环节扩展到了销售与购买环节，要求缔约方保证其境内的国有企业在购买货物或服务时，给予其他缔约方企业提供的同类货物或服务以及该缔约方境内提供同类货物或服务的企业非歧视待遇。这一规定似乎已成为国有企业非歧视待遇条款的模板，在 CETA、TPP、USMCA、欧日 EPA 等协定文本中被广为复制。[1]

（三）　规制领域从货物贸易向服务贸易与投资迈进

国有企业非歧视待遇条款从货物贸易向服务贸易与投资领域迈进。[2]国有企业非歧视待遇条款要求国有企业在服务贸易中给予另一缔约方服务提供者与服务的待遇不得低于其给予本国、其他缔约方或非缔约方的服务提供者及其提供的同类服务的待遇。并且，非歧视待遇开始向边境后延伸，即要求缔约方保证其国有企业在进行货物和服务贸易的购销活动中，对其国内企业，不论其投资者的国籍如何，给予国民待遇与最惠国待遇。

二、国有企业非歧视待遇在服务贸易与投资领域的适用

（一）　国有企业非歧视待遇适用于服务贸易的法律问题

国有企业非歧视待遇条款适用于服务贸易领域。在这方面，2016 年 9 月《服务贸易协定》（以下简称 TiSA）谈判[3]中《国有企业附件》的泄露文本引起了广泛关注。TiSA《国有企业附件》对服务贸易领域国有企业适用非歧视待遇与商业考虑专门作出规定。因此，下文将国有企业非歧视待遇条款（包括 TiSA《国有企业附件》的规定）与 GATS 中对非歧视待遇和垄断与专营服务提供商的规定进行比较，旨在揭示将非歧视待遇适用于国有企业服务贸易活动时可能存在的问题。

---

〔1〕　See CETA, Art. 18. 4; TPP, Art. 17. 4. 1（b）; USMCA, Art. 22. 4. 1（b）; EU－Japan EPA, Art. 13. 5. 1（b）.

〔2〕　参见韩立余：《国际法视野下的中国国有企业改革》，载《中国法学》2019 年第 6 期。

〔3〕　由美国、欧盟和澳大利亚等 23 个经济体组成的"服务业挚友"（RGF）集团自 2012 年年初开展的《服务贸易协定》（TiSA）谈判，初步达成《国有企业附件》，填补了这一项空缺。

GATS 针对的是政府影响服务贸易的措施。GATS 所规定的非歧视待遇是针对成员政府设立的，包括最惠国待遇与国民待遇。其中，要求各成员政府所采取的影响服务贸易的措施必须符合最惠国待遇。[1]最惠国待遇适用于所有服务贸易部门，不管成员是否承诺开放，也不管其开放程度。与 GATT 所规定的最惠国待遇仅及于产品不同，由于通常情况下服务与服务提供者不可分离，GATS 中的最惠国待遇适用于服务和服务提供者。[2]这是因为，与货物贸易不同，跨境服务提供者往往需要通过网络完成即时交付，即消费者和跨境服务提供者存在互动关系。另外，在国际服务贸易中，仅提供最惠国待遇尚不能消除贸易歧视。因为一成员在国内规制措施等方面对国外服务与服务提供者采取不同于本国同类服务及其提供者的歧视性措施，也可能会抵消最惠国待遇为进口服务及其提供者提供的公平竞争条件。当然，根据服务贸易的特殊性，GATS 中的国民待遇也做了一些重要改变。[3]服务贸易本身的复杂性和各成员服务贸易业发展的不平衡，决定了在服务贸易自由化的起始阶段不可能实施全面的国民待遇。[4]国民待遇仅作为成员具体承诺的义务，而且在例外情况下允许成员作出偏离，如 GATS 第 14 条（一般例外和安全例外）、第 13 条（政府采购例外）和第 5 条（经济一体化例外）。此外，GATS 第 8 条要求各成员确保其垄断服务提供商在提供垄断服务时不违背该成员承担的最惠国待遇和其他具体承诺，并禁止垄断服务提供商在其垄断权力范围之外的服务领域竞争时滥用其垄断地位削减该成员的具体承诺。当然，GATS 中垄断与专营服务者的规定并不必然适用于国有企业。

将国有企业非歧视待遇条款适用于服务贸易领域，是因为考虑到国有企业在服务业中普遍存在，要求其与私营服务提供者一样以价格作为竞争基础，防止其利用自身规模或滥用政府授予的优势，使其他服务提供者处于不利地位。因此，国有企业非歧视待遇条款要求：国有企业在购买服务时，给予另一缔约方服务提供者及其服务的待遇，不低于其给予本国、其他缔约方或非

---

〔1〕　See GATS, Art. 2.1.

〔2〕　参见曹建明、贺小勇：《世界贸易组织》，法律出版社 2011 年版，第 251 页。

〔3〕　约翰·H·杰克逊指出，该协定远远超过了传统 GATT 概念（如最惠国待遇、国民待遇、关税减让表等）所包含的内容，但又不得不将这些概念适用于其所面临的新情况。参见 ［美］ 约翰·H·杰克逊：《世界贸易体制——国际经济关系的法律与政策》，张乃根译，复旦大学出版社 2001 年版，第 337 页。

〔4〕　参见石静霞：《WTO 服务贸易法专论》，法律出版社 2006 年版，第 99 页。

缔约方的企业以及提供的同类服务的待遇；要求国有企业在提供服务时，给予另一缔约方企业的待遇，不低于其给予本国、其他缔约方和非缔约方企业的待遇。基本上，这与 TiSA《国有企业附件》对国有企业非歧视待遇的规定一致。[1]

除了将适用范围从垄断和专营服务提供商扩展到"政府所有或控制"的企业外，国有企业非歧视待遇考虑条款将垄断和专营服务提供商不得违背的国民待遇从一项具体承诺发展为一项普遍承诺。在 GATS 中的国民待遇仅作为具体承诺，相对应地，垄断与专营服务提供商在提供垄断服务时，也仅需遵守具体承诺。而在当前新一代区域自由贸易协定中，以 TPP 协定为例，第 10 章（跨境服务贸易）已经将国民待遇作为一项普遍义务，在市场准入方面普遍禁止服务贸易壁垒，并规定了普遍性的禁止当地存在的义务。[2]与 GATS 中的渐进式开放模式不同，缔约方对服务业的开放趋向于负面清单模式。那么，国有企业非歧视待遇条款中的国民待遇也成为一项普遍义务。这使原本在 GATS 中受到的部分侵蚀的 WTO 非歧视原则得到了一定程度的矫正。[3]在这一规定下，非歧视待遇确保了当下最优惠的待遇水平。因此，国有企业非歧视待遇条款旨在为其他缔约方服务提供者及其提供的服务提供竞争保护，使其在本国市场上享有与本国服务提供者及其同类服务相同的待遇。

由此产生的一个问题是，国有企业非歧视待遇条款是否会间接打开缔约方在跨境服务贸易章节中负面清单中的服务部门？以 TPP 协定为例，对于跨境服务贸易章节负面清单中所列不符措施，是否同样适用于国有企业非歧视待遇条款？对此，TPP 协定本身就作出了回答。国有企业议题是一项横向议题，其将受到其他章节的约束。TPP 协定第 17.2.11 条（适用范围）规定，非歧视待遇不适用于以下情形：国有企业依照下列规定购买或销售货物或服

---

〔1〕　国有企业在购买服务时，给予另一缔约方的待遇，不低于给予该缔约方、其他任何缔约方或任何非缔约方同类服务的待遇；提供服务时，给予另一缔约方的人的待遇，不低于给予该缔约方、其他任何缔约方或任何非缔约方的人的待遇；在销售货物时，给予另一缔约方的服务提供者的待遇，不低于给予该缔约方、其他任何缔约方或任何非缔约方人销售货物的待遇。See *Trade in Services Agreement Annex on State-Owned Enterprises*, at https://www.bilaterals.org/IMG/pdf/25.-annex-on-state-owned-enterprises_september-2016.pdf, last visited on Nov. 30, 2020.

〔2〕　See TPP, Art. 10.3.

〔3〕　参见周艳、李伍荣：《〈服务贸易协定〉国有企业规则及其启示》，载《国际贸易》2016 年第 10 期。

务时，（a）缔约方依照第 10.7.1 条（不符措施），按照附件 I 不符措施列表维持、继续、更新或修订的部分措施；（b）缔约方，依照第 10.7.2 条（不符措施），按附件 II 不符措施列表对有关部门、分部门或活动采取或维持的不符措施。因此，国有企业非歧视待遇条款中的国民待遇并不会侵蚀缔约方在负面清单中作出的保留。所以，国有企业给予的国民待遇同样也受到一定的限制。它既不适用于一缔约方国别例外清单中的国有企业的相关不符活动，也受制于缔约方在跨境服务贸易章节所作的负面清单承诺。

（二）非歧视待遇适用于投资领域的法律问题

正如有学者指出，NAFTA 的非歧视待遇涵盖货物和服务的销售，而 TPP、USMCA 则将非歧视待遇进一步拓展到了投资领域。[1]国有企业非歧视待遇条款要求国有企业购买货物或服务时，给予缔约方境内涵盖投资企业的待遇不得低于其给予缔约方境内相关市场中本国、任何其他缔约方或非缔约方投资者投资企业的待遇。[2]相类似的条款也出现在了 CETA、欧日 EPA 当中。然而，这些条款所涉及的投资者及其投资的待遇保护问题，本来就属于国际投资协定和 FTAs 投资章节所规制的内容。[3]例如，中欧 CAI 的国有企业国民待遇条款规定，缔约方应确保，涵盖实体在销售货物或服务时，给予另一方投资者及其在该缔约方境内设立涵盖投资企业的待遇不低于其给予本国投资者和企业的待遇。[4]那么，国际投资协定、FTAs 投资章节以及国有企业条款都对国有企业在国内运营过程中是否符合非歧视待遇作出了规制。这些条款之间的关系如何？是否会出现双重规制的情况？

1. 国有企业非歧视条款与投资章节非歧视待遇条款的不同取向

以 TPP 为例，投资章节要求对缔约方境内投资的设立、取得、扩张、管理、经营、出售或以其他方式处置投资方面，每一缔约方给予另一缔约方投资者及其涵盖投资的待遇不得低于同类情况下给予本国投资者、任何其他缔

---

〔1〕 参见李思奇、金铭：《美式国有企业规则分析及启示—— 以 NAFTA、TPP、USMCA 为例》，载《国际贸易》2019 年第 8 期。

〔2〕 See CETA, Art. 18.4; TPP, Art. 17.4.1（c）（ii）.

〔3〕 这种性质的歧视性措施可能涉及国民待遇和（或）公正和公平待遇的规定。

〔4〕 See European Commission, EU-China agreement in principle, at https://policy. trade. ec. europa. eu/eu-trade-relationships-country-and-region/countries-and-regions/china/eu-china-agreement/eu-china-agreement-principle_ en, last visited on Mar. 5, 2021.

约方或非缔约方的投资者及其涵盖投资的待遇。[1]对此，有学者作出如下评价：投资章节所规定的非歧视待遇在适用对象、适用情形及例外等方面都具备浓厚的美式 BITs 风格，[2]进一步打开了缔约方市场，并大大提高了投资保护水平。在该投资章节下，国有企业不是一个特殊对象。国有企业应享有同等情况下不低于东道国本国企业、其他缔约方企业或非缔约方企业所享有的投资待遇。因此，投资章节中的非歧视待遇是国有企业根据该章节所享有的一种权利。也即，原则上，国有企业与私营企业在东道国享受同等待遇。而国有企业非歧视待遇条款要求，国有企业在销售货物或提供服务时，给予另一缔约方投资者设立的涵盖投资企业的待遇在相同情况下不得低于本国投资者、其他缔约方投资者以及非缔约方投资者及其设立的涵盖投资企业的待遇。也就是说，国有企业非歧视条款为国有企业运营行为施加了一种额外义务。因此，可以说新一代区域自由贸易协定的国有企业非歧视待遇条款开始向边境后延伸。这一规定不仅能使来自其他缔约方的投资者在该缔约方境内的涵盖投资能够获得参与交易的机会和更公平的竞争环境，更重要的是能限制国有企业之间通过交易进行的利益传递。

2. 国有企业非歧视条款与国际投资协定非歧视条款之间缺乏协调机制

随着国际投资协定的增多，协定之间本就对类似义务缺乏协调。[3]尽管美式投资协定与欧式投资协定之间的差异在不断缩小，但仍然在东道国义务承担主体、非歧视待遇例外等方面存在不同。[4]遗憾的是，国有企业非歧视待遇条款向投资的扩展适用未能提供相应的协调。

第一，不管是美式投资协定还是欧式投资协定，国有企业作为协定义务主体的身份逐渐获得认同。[5]以美式投资协定为例，尽管美国《双边投资保

---

〔1〕 See TPP, Art. 9. 4 and Art. 9. 5.

〔2〕 参见毛志远:《美国 TPP 国企条款提案对投资国民待遇的减损》，载《国际经贸探索》2014年第1期。

〔3〕 See Wolfgang Alschner, Dmitriy Skougarevskiy, "The New Gold Standard? Empirically Situating the Trans-Pacific Partnership in the Investment Treaty Universe", *The Journal of World Investment and Trade*, Vol. 17, 2016, p. 339.

〔4〕 参见张斌:《国际投资协定中的国有企业条款：美欧模式演变与比较》，载《国际商务研究》2021年第2期。

〔5〕 See European Commission, *EU-Vietnam Investment Protection Agreement*, at https://policy. trade. ec. europa. eu/eu-trade-relationships-country-and-region/countries-and-regions/vietnam/eu-vietnam-agreement_ en, last visited on July 12, 2020.

护协定 2004 年范本》仅提及条款义务适用于受政府授予职权的国有企业，未对政府职权作出准确界定，但之后的美国《双边投资协定 2012 年范本》（以下简称 BIT2012）在脚注中明确，"授权"指的是"向国有企业或其他人转移政府权力，或授权国有企业或其他人行使政府权力的立法许可、政府命令、指令或其他行动"。[1]这表明，若东道国国有企业获得政府授权，其行为将受到 BIT2012 中 A 节项下义务的约束。[2]BIT2012 中关于国有企业和"授权"的修改旨在针对国家主导型经济体，[3]将条约义务的适用范围条款从东道国政府延伸至国有企业。

第二，就非歧视待遇而言，美式投资协定采取的是准入前国民待遇。协定将知识产权、政府与国有企业补贴、地方政府、特定部门的中央政府与区域政府等列入国民待遇的例外。而欧式投资协定采取的是准入后国民待遇，并未专设例外。但其国民待遇条款的适用范围中将政府与国有企业补贴，以及特定的部门排除在外。[4]例外的不同将导致非歧视待遇范围的差异。当国有企业的行为同时违反区域自由贸易协定的非歧视待遇条款与国际投资协定的非歧视待遇条款时，有可能引发双重规制或相互矛盾的规制，使整个国际投资环境变得不可预期。

综上所述，新一代区域自由贸易协定中全面的非歧视待遇条款延续了美式 FTAs 中的一贯思路，回应了其在多边框架下提出但未被接受的单方诉求。研究发现，尽管在适用的交易类型上可能存在差异，但其对非歧视待遇的规定一直以来都是包括最惠国待遇和国民待遇。而且当前国有企业非歧视待遇条款适用于货物贸易、服务贸易与投资领域。然而，当国有企业非歧视待遇条款扩展至投资领域时，由于缺乏与国际投资协定的协调适用规定，易引发适用争议。

---

〔1〕 See 2012 U. S. Model Bilateral Investment Treaty, at https://investmentpolicy. unctad. org/international-investment- agreements/treaty-files/2870/download, last visited on Oct. 17, 2020.

〔2〕 参见沈铭辉：《美国双边投资协定与 TPP 投资条款的比较分析——兼论对中美 BIT 谈判的借鉴》，载《国际经济合作》2014 年第 3 期。

〔3〕 参见祁欢、阎聪：《2012 美国 BIT 范本对中美 BIT 谈判之影响的再研究》，载《山西大学学报（哲学社会科学版）》2015 年第 1 期。

〔4〕 See EU-Singapore Investment Protection Agreement and EU-Vietnam Investment Protection Agreement.

第三节　国有企业商业考虑条款的独立适用

TPP 协定首次将原来仅适用于指定垄断企业的商业考虑条款延伸适用于国有企业，[1]并将商业考虑作为独立于非歧视待遇的义务施加于国有企业。TPP 协定将商业考虑条款置于非歧视待遇条款之前，便开宗明义地明确了商业考虑义务的独立性与重要性。显然，这是美国将加拿大小麦进出口措施案中未被上诉机构采纳的主张"将商业考虑解释为对国营企业参与国际商业活动施加类似竞争法的义务"写入协议。[2]如此一来，当国有企业参与国际竞争活动时，就必须像私营企业一样，遵循相关商业或行业中正常的商业惯例。

一、商业考虑条款的缘起、演变与实践

早在多边贸易体制之初，商业考虑条款就被美国作为国有企业主导国家参与体制的基本原则。[3]该原则要求国营贸易根据市场经济原则，以私营贸易企业方式运作。[4]美国建议文本第 26 条和伦敦会议草案第 31 条表明，国营贸易企业商业考虑条款旨在将其等同于关税减让的最惠国待遇。即若缔约方的国营贸易购销决定基于商业考虑因素，也就意味着其承担了最惠国待遇。[5]而至今为止，多边贸易体制对商业考虑条款的认定仍然维持在加拿大小麦进出口措施案的上诉机构报告中。该案上诉机构裁定，商业考虑条款并不为国营贸易企业确立独立义务。另一方面，商业考虑条款在 FTAs 中也有所发展，尤其是将商业考虑独立于非歧视待遇条款，适用于国有企业。

---

〔1〕 NAFTA 及之后美国签订的 FTA 中，大多对指定垄断企业施加商业考虑的义务，而且对于商业考虑的定义也规定在指定垄断企业条款中。See US-Singapore FTA, Art. 12. 8（8）；US-Chile FTA, Art. 16. 9；US-Australia FTA, Art. 14. 12（5）；US-Peru FTA, Art. 13. 11；US-Colombia FTA, Art. 13. 11；US-South Korea FTA, Art. 16. 9.

〔2〕 参见刘雪红：《国有企业的商业化塑造——由欧美新区域贸易协定竞争中立规则引发的思考》，载《法商研究》2019 年第 2 期。

〔3〕 参见张斌：《国有企业商业考虑原则：规则演变与实践》，载《上海对外经贸大学学报》2020 年第 4 期。

〔4〕 See Foreign Relations of the United States, at http://digital. library. wisc. edu/1711. dl/FRUS, last visited on July 4, 2020.

〔5〕 See Report of the First Session of the Preparatory Committee of the UN Conference on Trade and Employment, at https://docs. wto. org/gattdocs/q/UN/EPCT/33. PDF, last visited on Jan. 16, 2020.

（一）商业考虑条款的适用对象

NAFTA 第 15 章（竞争政策、垄断和国有企业）加入了商业考虑条款。此时，商业考虑条款的适用对象仅限于指定垄断与政府垄断企业，并不适用于国有企业的购销行为。而且，NAFTA 后所缔结的大多数美式 FTAs，如美国-智利 FTA、美国-秘鲁 FTA、美国-哥伦比亚 FTA、美澳 FTA、美韩 FTA 也采取了相类似的规定。且商业考虑的定义也是直接规定在指定垄断与政府垄断企业条款中，只有美新 FTA 第 12.3 条将这一义务适用于国有企业。而这也为新一代区域自由贸易协定国有企业商业考虑条款的独立适用提供了良好铺垫。

此外，值得注意的是，在多边层面，乌拉圭回合 SCM 协定附件一出口补贴例示清单（d）项纳入了商业考虑：政府或其机构通过政府授权的计划，直接或间接提供进口的或国内的货物或服务，用于生产出口货物，其条件比提供类似的或直接竞争的货物或服务用于生产国内消费的货物的条件更优惠，如果这种条件比世界市场上其他出口商可获得的商业条件更优惠。将"可获得的商业条件"解释为：选择国内产品和进口产品的方面没有限制，仅依据商业考虑。这表明，商业考虑条款的适用范围已不限于国营贸易企业，而且也包括向出口商提供货物或服务的政府及其代理机构。这一点同样体现在 SCM 协定第 14 条（d）[1]当中。也就是说，政府或"公共机构"提供的货物或服务，或购买货物时从交易对手处获得的报酬是否符合商业考虑因素，从而判断是否存在利益。这表明，商业考虑已经成为衡量市场基准的标尺。

（二）商业考虑条款的基本内涵

NAFTA 第 15 章要求指定垄断与政府垄断企业在相关市场上购买或销售垄断货物或服务时，完全按照商业考虑行事，包括价格、质量、供应、适销性、运输和其他购销条件。其中，按照商业考虑行事指的是与相关行业或产业中私营企业的正常商业惯例相一致。之后美国缔结的 FTAs 指定垄断与政府垄断企业条款中商业考虑的定义也基本上采用了上述界定。[2]

---

　　〔1〕将价格、质量、可获性、适销性、运输与其他购销条件等商业考虑因素，作为判断政府提供货物或服务或购买货物时所获报酬是否适当的条件。See SCMA Art. 14（d）.

　　〔2〕See NAFTA, Art. 1502, Art. 1505；US-Singapore FTA, Art. 12. 8（8）；US-Chile FTA, Art. 16. 9；US-Australia FTA, Art. 14. 12（5）；US-Peru FTA, Art. 13. 11；US-Colombia FTA, Art. 13. 11；US-South Korea FTA, Art. 16. 9.

　　另外，同样不能忽视的是，尽管 WTO 争端解决机制否定了商业考虑作为一项适用于国营贸易企业的独立义务，但这并不妨碍其对商业考虑作出解释。在加拿大小麦进出口措施案中，商业考虑被解释为，有关贸易与商业的考虑或纯粹将购销行为作为商业事项的考虑。专家组注意到，在 GATT 第 17 条中商业考虑后面直接跟的是"包括价格、质量、可获性、适销性、运输以及其他购销条件"。因此，若国营贸易企业的购销决定完全基于价格、质量、可获性等因素，其行为就是基于纯粹的商业事项的考虑。专家组得出结论，要求国营贸易企业仅基于商业考虑作出购销决定，应对企业及其所有者、成员和受益人带来经济利益。[1]这一解释也得到了上诉机构的认同：商业考虑要求国营贸易企业"以对其受益人有利的方式行事"。这要求逐案分析，涉及企业和相关市场的各个方面。[2]如前文所述，对于"以对其受益人有利的方式行事"可能因企业规模、经营市场的特点、组织类型、财务状况以及市场竞争程度等而异。不同的企业在面对同一交易行为时，可能做出完全不同的选择，而这背后都是出其自身的商业考虑。此外，基于商业考虑因素的行为是否可以解释为"完全不受政府影响，符合相关行业或产业私营企业的一般商业行为"？相类似地，在对国有企业从事商业活动的界定中也面临着相同的解释困境，即要求企业自主定价是否意味着完全不受政府影响？

二、国有企业商业考虑条款的主要特征与发展趋势

　　美新 FTA 将商业考虑条款与非歧视待遇条款并列，使商业考虑独立适用于国有企业的购销行为。在此基础上，新一代区域自由贸易协定将商业考虑条款置于非歧视待遇条款之前，[3]着重强调商业考虑对国有企业行为的重要性。这表明，商业考虑作为国有企业商业活动中需要遵守的一项核心义务，已经在美国、欧盟、日本等发达经济体之间达成初步共识。

---

〔1〕 See Panel Report, Canada-Measures Relating to Exports of Wheat and Treatment of Imported Grain, WT/DS276/R, paras. 6.85-6.87.

〔2〕 See Appellate Body Report, Canada-Measures Relating to Exports of Wheat and Treatment of Imported Grain, WT/DS276/AB/R, paras. 140, 144.

〔3〕 See CETA, Art. 18.4 and Art. 18.5; TPP, Art. 17.4.1; USMCA, Art. 22.4.1; EU-Japan EPA, Art. 13.5.1.

（一）商业考虑条款对非歧视待遇条款的减损

正如前文所述，国营贸易企业在购销活动中给予的最惠国待遇与成员给予的最惠国待遇并非完全一致。GATT 允许国营贸易企业根据商业考虑因素对非歧视待遇作出一定的、有限的减损。一个国营贸易出口企业可以出于商业考虑在不同的出口市场对同一货物收取不同价格。[1]而相较之下，新一代区域自由贸易协定允许国有企业根据商业考虑对非歧视待遇作出更大程度的减损。例如，TPP、USMCA 和欧日 EPA 均规定，国有企业可以基于不同的条件（包括与价格相关的条件）购买或销售货物或服务，甚至拒绝向一实体购买或销售货物与服务，只要这种差别待遇或拒绝的决定符合商业考虑因素。[2]因此，新一代区域自由贸易协定进一步强化了对国有企业的商业化塑造，更加尊重国有企业作为一个市场主体的商业决定。

（二）商业考虑条款的约束力有所减弱

各缔约方在适用商业考虑义务时享有很大的自由裁量权。新一代区域自由贸易协定要求国有企业购买或销售货物时基于商业考虑，去掉了原来在 GATT 第 17 条第 1 款（b）项和美新 FTA 中的仅基于或完全基于商业考虑中的"solely"这一限定词。[3]其实，在 TPP 协定谈判阶段，就有人提出，要求各缔约方确保国有企业按照商业考虑行事是不够的，主张纳入更加强有力的竞争中立原则。而且 TPP 协定对商业考虑的表述过于模糊。各缔约方可以辩称商业考虑不需要完全由市场驱动来规避这一要求。[4]然而，最终不论是 TPP 还是其他新一代区域自由贸易协定中的商业考虑条款均将"solely"去掉了。在这种情况下，对于是否基于商业考虑，缔约方保留了较大的解释空间。

---

[1] 根据对 GATT 第 17 条解释与补充性规定，本条规定不排除国营贸易企业对在不同市场销售的产品收取不同价格，但条件是这种不同价格是出于商业原因，以满足出口市场的供求条件。See *Ad Article XVII*.

[2] See TPP, Art. 17.4.3; USMCA, Art. 22.4.3; EU-Japan EPA, Art. 13.5.2; EU-China CAI, Art. 3 bis.

[3] See CETA, Art. 18.5.1; TPP, Art. 17.4.1（a）; USMCA, Art. 22.4.1（a）; EU-Japan EPA, Art. 13.5.1（a）; EU-China CAI, Art. 3 bis.

[4] US Coalition of Services Industries and US Chamber of Commerce, State-Owned Enterprises: Correcting a 21st Century Market Distortion（20 July 2011）, at https://www.esf.be/new/wp-content/uploads/2011/09/Global-Services-Summit-2011-Paper-on-21st-Century-Trade-Issues.pdf, last visited on Jan. 15, 2020.

因此，国有企业商业考虑条款的约束力到底如何，其是否被允许具有如此宽泛的灵活性，还有待于进一步的澄清。

（三）商业考虑内涵的不断完善

TPP 协定国有企业条款在定义中整合了 NAFTA 第 1502 条和第 1505 条对商业考虑的相关表述，将商业考虑明确界定为相关行业或产业私营企业商业决策中通常考虑的价格、质量、可获性、适销性、运输和其他购销条件及其他因素。CETA 与 USMCA 几乎照搬了上述对商业考虑的界定。[1]而欧日 EPA 则对上述界定又作了补充，将之定义为相关行业或产业私营企业根据市场经济原则进行商业决策所通常考虑的价格、质量、可获性、适销性、运输和其他购销条件及其他因素。[2]

另外，中欧 CAI 对商业考虑的定义为价格、质量、可得性、适销性、运输以及其他购销条件，或者企业在相关业务或行业的商业决策中通常会考虑的其他因素，这些因素以利润为基础，并受市场力量的约束。[3]不同于之前的界定，中欧 CAI 对商业考虑的界定摒除了对企业所有制的要求。中欧 CAI 还对商业考虑因素做出进一步解释，即以营利为目的，受市场力量约束的实体在决策中通常考虑的因素。如前所述，商业考虑已经逐渐成为衡量补贴利益市场基准的标尺，而中欧 CAI 中作出的这一界定实际上摒弃了在反补贴调查中判断补贴利益时对国家占主导支配地位市场的歧视。

第四节　国有企业双重身份属性下的不同义务

承担行政管理职能的国有企业参与市场竞争时，必然扮演着双重身份。一方面，国有企业作为参与市场竞争、从事市场经营活动行为的经营者，与其他市场竞争者处于平等竞争地位；另一方面，国有企业作为承担行政管理职能的管理者，又与其他竞争者处于管理与被管理的不平等地位。在这种平等与不平等的身份转换中，当前规则能否保障国有企业不会滥用行政权力以使其自身或其他关联企业处于市场竞争的优势地位，以谋求更多的经济利益？

---

〔1〕　See CETA, Art. 18. 5; USMCA, Art. 22. 1 and Art. 22. 4.

〔2〕　See EU-Japan EPA, Art. 13. 1 (c).

〔3〕　See EU-China Investment Negotiations, Art. 2.

一、国有企业非歧视待遇条款为国有企业设定准政府义务

国有企业非歧视条款是对国有企业作为"市场管理者"或者说"公共产品提供者"而非"市场参与者"的行为准则,[1]与国有企业行为是否扭曲贸易并无直接关系。

首先,国有企业不同于国营贸易企业。GATT 第 17 条第 1 款中国营贸易企业的非歧视待遇是为了防止成员利用国营贸易企业规避其在市场准入方面的减让承诺。其中,国家企业是从事采购或销售的任何政府机构,而被授予独占权或特别权益的企业指的是享有政府给予的独占权或特别权益且其贸易活动受到政府控制的企业[2]。因此,将国营贸易企业的行为归于政府是符合国际法归因规则的。而在 FTAs 国有企业非歧视条款中的国有企业,指的是主要从事商业活动的、由政府所有或控制的企业。这一界定所强调的不过是企业实体与政府之间存在一定的联系,但这一联系并非基于政府授予独占权或特别权益。而且,国有企业也并不一定被授予并行使政府权力。在国际法层面考虑一个非主权实体的行为是否可以归因于国家或政府时,并非考察国家是否控制非主权实体,而是考察非主权实体是否被赋予或实施政府权力。[3]值得注意的是,在 TPP 协定之前,大多数 FTAs 中要求国有企业遵守非歧视待遇的前提是该国有企业行使政府权力。因此,当前国有企业条款将国有企业的行为直接归于缔约方的做法有待进一步讨论。

其次,国际社会之所以对国有企业参与国际竞争表示担忧的主要原因在于其强大的对外议价权。GATT 之所以规制国营贸易企业,是因为国营贸易企业的规模决定了它能够拥有相当的对外议价权,[4]即通过购销活动影响国际贸易的水平与方向。相类似地,国有企业不可避免地会受到本国政府政策的指导或影响。而这也是国家为何要设立或维持国有企业的最根本原因。随着

---

〔1〕 参见赵海乐:《是国际造法还是国家间契约——"竞争中立"国际规则形成之惑》,载《安徽大学学报(哲学社会科学版)》2015 年第 1 期。

〔2〕 Ad Article XVII Paragraph 1(a)提出,政府为确保对外贸易业务的质量和效率标准而采取的措施,或为开发国家自然资源而给予的特权,但不授权政府对有关企业的贸易活动实行控制,不构成"独占权或特别权益"。

〔3〕 参见韩立余:《国际法视野下的中国国有企业改革》,载《中国法学》2019 年第 6 期。

〔4〕 参见赵海乐:《多边贸易体制下国营贸易企业的多重义务研究——以加拿大的国际司法实践为例》,载《世界贸易组织动态与研究》2012 年第 1 期。

越来越多国有企业不断渗透进入国际市场，政府对国有企业的这种影响力不仅仅及于国内市场，也可能及于国际市场。为了减少这种影响力，国有企业在贸易活动中必须给予相对方非歧视待遇，即承担缔约方政府所承担的义务，才能最大程度地减少对国际贸易和市场的扭曲。

而大型国有企业，虽然可能并不享有政府授予的独占权或特别权益，但往往拥有与指定垄断企业一样的、相当大的对外议价权。具体来讲，要求国有企业遵守非歧视待遇条款，类似于反垄断法对"滥用市场支配地位"的规则，尤其是对"价格歧视"的规制。从立法目的上看，这一条款可以与国有企业可能面临的反垄断法上的"价格卡特尔"调查一起，归结于立法者对国有企业的规模与影响力的担忧。

二、国有企业商业考虑条款是市场参与者的行为准则

国有企业商业考虑条款属于国有企业作为市场参与者所需要遵守的行为准则，能促进国有企业在市场上像私营企业一样行事。表面上，商业考虑条款是对国有企业提出运营要求。但其贯彻落实更多的是需要政府抑制干预冲动，实质上也是要求政府不干预企业经营行为、不对国有企业施加政治任务。[1]因此，从根本上说，商业考虑条款是要求政府减少对国有企业商业活动的不当干预。政府不得要求国有企业去履行或完成与相关行业中私营企业基于商业因素的行为不相符合的政治任务，真正实现运营阶段的政企分离。尽管这并未提及竞争中立，但是商业考虑条款旨在去除国有企业因公影响，营造公平竞争的环境，体现了竞争中立的内在要求。

三、对身份冲突的协调与适用

非歧视待遇与商业考虑条款既对国有企业作为市场管理者提出要求，又对国有企业作为市场参与者提出要求。准政府义务与市场参与者的义务，源于国有企业的双重属性，即公共属性与商业属性。而双重身份属性也是国有企业监管难题所在。因此，为了避免发生身份冲突，国有企业非歧视待遇和商业考虑条款势必要对两种身份要求所涉及的领域作出划分。

---

〔1〕　参见刘雪红：《国有企业的商业化塑造——由欧美新区域贸易协定竞争中立规则引发的思考》，载《法商研究》2019 年第 2 期。

商业考虑在 GATT 第 17 条第 1 款中作为非歧视待遇的一项标准，只有在判断是否违反非歧视待遇时才予以考虑。GATT 第 17 条不排除国营贸易企业对在不同市场销售的产品收取不同的价格，但条件是这种价格差异是出于商业原因，以满足出口市场的供求条件。[1]GATT 第 17 条第 1 款要求国营贸易企业遵守的非歧视待遇，与要求 WTO 成员遵守的非歧视待遇相比，更加灵活。换言之，国营贸易企业作为一个企业，在涉及进出口的贸易活动中被允许出于自身商业利益、基于商业考虑因素，而作出不同的决策（包括价格）。

相类似地，国有企业非歧视待遇条款不阻止国有企业基于不同的条件（如价格）购买或销售货物或服务，也不阻止国有企业拒绝购买或销售货物或服务，只要这种差别待遇是符合商业考虑因素的。[2]与国营贸易企业非歧视待遇条款相比，该条款的适用范围从货物贸易拓展到了服务贸易；不仅涉及销售环节，也涉及购买环节；甚至允许国有企业基于商业考虑因素而拒绝交易。因此，相较之下，国有企业非歧视待遇条款更加具有灵活性，可依商业考虑因素在更大程度上减损非歧视待遇的要求。

因此，非歧视待遇与商业考虑条款对身份冲突所引发的争议所作的主要处理：首先，将商业考虑义务置于非歧视待遇之前，即要求国有企业在参与国际贸易活动中像私营企业一样行事，不得利用其因政府所有而享有的不正当竞争优势；其次，在国际贸易活动中，国有企业基于商业考虑因素给予差别待遇并不视为违反非歧视待遇；最后，当国有企业根据公共服务指令提供或购买货物或服务时，只需以非歧视的方式进行，而无需遵守商业考虑义务。

本章小结

国有企业非歧视待遇和商业考虑条款是基于竞争中立为国有企业参与商业活动制定的核心义务，也是研究国有企业条款的重点。第一，非歧视待遇与商业考虑的关系。GATT 第 17 条第 1 款中（b）项的表述以及 GATT/WTO 争端解决实践表明，商业考虑是附属于非歧视待遇的一项标准，并不构成约束国营贸易企业的独立义务。WTO 并不旨在对国营贸易企业施加全面的竞争

---

〔1〕 See Interpretative Note *Ad* Article XVII from Annex I to paragraph 1.
〔2〕 See TPP, Art. 17. 4. 3; USMCA, Art. 22. 4. 3; EU-Japan EPA, Art. 13. 5. 2.

义务，也不禁止其使用独占权或特别权益，只需国营贸易企业给予相对方的企业公平参与竞争的机会。第二，非歧视待遇是否包含国民待遇的问题。对此，GATT/WTO 从未作出明确回应，仅承认最惠国待遇。新一代区域自由贸易协定中的国有企业非歧视待遇与商业考虑条款不仅将商业考虑独立于非歧视待遇，作为国有企业需要遵守的独立义务，而且实现了对非歧视待遇的全面扩张，主要包括明确规定国有企业非歧视待遇包含国民待遇，并且将适用范围从货物贸易扩展到了服务贸易与投资、受规制的交易环节不仅包括销售活动，也包括购买活动。

然而，本章也指出，国有企业非歧视待遇条款中所设义务属于准政府义务、市场管理者义务，国有企业商业考虑条款中的义务属于市场参与者需要遵守的义务，两者是否存在冲突？在具体适用时，国有企业基于商业考虑因素给予差别待遇并不视为违反非歧视待遇；当国有企业根据公共服务指令提供或购买货物或服务时，只需以非歧视的方式进行，而无需遵守商业考虑义务。因此，国有企业非歧视待遇与商业考虑条款可以视为为双重属性的国有企业参与商业活动提供了一种可能的监管方法。但这也确实对国有企业参与商业活动提出了更高的要求。

非商业援助条款对 SCM 协定的重塑

尽管美国与欧盟均想要塑造更为严格的补贴规则，如在区域自由贸易协定中增加禁止性补贴的类型、将补贴规则的适用从货物贸易扩展至服务贸易与投资，但针对"国有企业与补贴"议题，美式贸易协定与欧式贸易协定采取两种不同的规制模式：欧式贸易协定坚持将补贴规则放在补贴章节，与国有企业条款分立。欧式补贴规则相对宽松，侧重于作框架性规定。而美式国有企业条款纳入了补贴规则，为国有企业量身定制了非商业援助条款，旨在对政府向国有企业提供非商业援助的行为和政府通过国有企业向其他国有企业提供非商业援助的行为予以规制。这似乎与竞争中立所倡导的"政府不能运用其立法权或财政权力使国有企业在商业活动中与私营企业竞争时获得某些优势"是一致的。

第一节　非商业援助条款主要规定与适用

非商业援助条款在很大程度上仿照了 SCM 协定相关条款的规定，如 SCM 协定第 1 条（补贴的定义）、第 6 条（严重侵害）以及第 7 条（损害）等，并主要在以下两个方面作出重构：抛开 SCM 协定以及若干上诉机构报告中对"公共机构"的认定方法，直接要求国有企业承担"公共机构"的义务；将可诉补贴限制在以国有企业作为接受者的补贴，创设向国有企业提供的补贴专向性测试。

一、非商业援助条款与 SCM 协定相关条款的关系

非商业援助条款要求缔约方应保证，缔约方、其国家企业或国有企业不

得向国有企业的下列活动，直接或间接提供非商业援助，对另一缔约方的利益造成不利影响：（a）国有企业生产或销售货物；（b）国有企业从缔约方境内向另一缔约方提供服务；（c）通过在另一缔约方境内或任何其他缔约方境内的涵盖投资企业，在另一缔约方境内提供服务。[1]该条款与第 17.1 条对非商业援助的界定、第 17.7 条中的不利影响和第 17.8 条规定的损害等共同形成了国有企业非商业援助规制闭环，多方面限制国有企业的国际贸易与投资活动。

（一）非商业援助对补贴法律构成要素的模仿

非商业援助指的是政府仅因其对国有企业的所有权或控制权而对国有企业提供的援助。该定义包含以下两个法律要素：其一是"援助"，是指资金的直接转移，或资金或债务的潜在直接转移，如拨款或免除债务；贷款、贷款保证或其他种类融资，其条件优于企业可获得的商业条件；与私人投资者的通常投资实践不一致的股本投资，包括提供风险投资；或提供除一般基础设施之外的货物或服务，其条件优于该企业可以获得的商业条件。对"援助"的规定一方面列举了援助的类型，另一方面包含了比较的市场基准。这实质上是将 SCM 协定判断是否存在补贴时应考虑的两个法律要素[2]，即财政资助和授予一项利益相融合。[3]因此，非商业援助中的"援助"可理解为 SCM 协定项下的"补贴"。其二是仅因政府对国有企业的所有权或控制权。这指的是缔约方、缔约方国家企业或国有企业明确将援助限于缔约方国有企业；或提供的援助主要为缔约方国有企业使用；或对缔约方国有企业提供不成比例的大量援助；或提供援助时通过行使自由裁量权偏惠缔约方国有企业。[4]因此，仅因政府对国有企业的所有权或控制，基本上等同于对补贴专向性的判断。非商业援助可认为等于 SCM 协定下的"可诉补贴"。

（二）非商业援助造成的不利影响

非商业援助条款并不禁止缔约方向国有企业提供非商业援助，而是禁止

---

〔1〕　See TPP, Art. 17.6.

〔2〕　See SCMA, Art. 1.

〔3〕　See Mikyung Yun, "An Analysis of the New Trade Regime for State-Owned Enterprises under the Trans-Pacific Partnership Agreement", *Journal of East Asian Economic Integration*, Vol. 20, 2016, p. 12.

〔4〕　See TPP, Art. 17.1.

这种非商业援助对其他缔约方造成不利影响或者对其他缔约方的国内产业造成损害。其中，不利影响指的是在该缔约方市场、其他缔约方市场以及非缔约方市场产生市场占据和价格影响两种情形。[1]下文以货物贸易为例，将TPP非商业援助不利影响条款其与SCM协定相关规定进行比较。

1. 市场占据

市场占据，即产生替代或阻碍的效果，主要表现为市场份额发生巨大变化。市场占据主要涉及三个市场，该缔约方（提供非商业援助的缔约方）的市场、另一缔约方市场和非缔约方市场。以下将假设提供非商业援助的缔约方为A，其他缔约方为B、C，非缔约方为D，对非商业援助导致的不利影响作出具体说明。

第一，在A国市场上，替代或阻碍B国同类货物的进口或B国投资者在A国境内的涵盖投资企业生产的同类货物的销售。换言之，在A国市场上，接受非商业援助的A国国有企业所生产的货物在A国市场份额上升，导致B国、C国企业或B国、C国投资者在A国投资的企业生产的货物在A国市场份额下降。与SCM的不利影响相比，新增了一种"严重侵害"的情形，即其他缔约方投资者在A国境内投资企业生产的同类货物，旨在保护A国境内B国、C国投资者设立的涵盖投资及其生产与销售的同类货物。第二，在B国市场上，替代或阻碍C国同类货物进入B国，或者替代或阻碍B国境内所有涵盖投资生产的同类货物的销售。也就是说，B国对接受非商业援助的A国国有企业生产的货物的进口，导致了B国对C国同类货物进口市场份额下降，或B国境内企业生产的同类货物所占市场份额下降。第三，在非缔约方D国的市场上，对A国国有企业所生产的货物的进口，替代或阻碍B国或C国的同类货物的进口。其中，第二种与第三种情形模仿了SCM协定第6.3条（c）项规定，即替代或阻碍另一成员同类货物在第三国市场的进入。[2]这一规定将其他缔约方企业的萧条归罪于接受非商业援助的国有企业头上。

2. 价格影响

价格影响指的是获得非商业援助的国有企业所生产或提供的货物在同一市场上导致其他缔约方同类产品价格大幅下降。SCM协定第6.3条（c）规

定，在同一市场中，补贴导致了另一成员的同类产品的价格大幅降低，或对价格构成了实质性的压制，或使另一成员的同类产品的销售量大幅减少。如何理解同一市场，在美国陆地棉补贴案中，上诉机构认为，只要两种产品参与实际或潜在的竞争，就处于同一市场，并不限制地理范围。既可以是国内市场，也可以是国际市场。[1]而非商业援助中的价格影响仅涉及两个市场，A 国（提供非商业援助缔约方）的市场和非缔约方 D 国市场。价格影响并未涉及其他缔约方市场。

第一，在 A 国市场上，获得非商业援助的国有企业生产和销售的货物，与来自 B 国、C 国的同类货物进口，或与来自 B 国、C 国投资者在 A 国设立的投资企业的同类货物相比，存在大幅价格压低、价格下降或销售损失。第二，在非缔约方 D 国市场上，对接受非商业援助的 A 国国有企业的进口，与来自 B 国、C 国同类货物进口在同一市场中价格相比，存在大幅价格压低、价格下降或销售损失等。[2]

总体上，与 SCM 协定中的不利影响相比，非商业援助条款规定了更多可提起反补贴申诉的情形：当接受非商业援助的国有企业在国内市场上销售货物时，不得抢占国内市场上其他缔约方投资者投资企业所生产的货物的市场份额，不得使后者遭受大幅压价、跌价或销售损失；而当接受非商业援助的国有企业走出国门，将货物出口到另一缔约方境内时，不得抢占另一缔约方境内生产同类货物的投资企业货物的市场份额，但不包括价格影响。也就是说，非商业援助条款确保了缔约方投资者在任一缔约方境内涵盖投资企业生产或销售的同类货物免受接受非商业援助国有企业的低价竞争。值得关注的是，非商业援助条款所提供的这一保护机制仅限于缔约方境内，因此可能产生投资转移效应，导致缔约方在非缔约方境内的投资转移至其他缔约方境内。

（三）非商业援助造成的损害

尽管非商业援助条款对"损害"的规定在很大程度上模仿了 SCM 协定中对"损害"的规定，但两者并不完全相同。SCM 协定中"损害"是由进口导

---

〔1〕　See Appellate Body Report, United States—Subsidies on Upland Cotton, WT/DS267/AB/R, para. 408.

〔2〕　See TPP, Art. 17. 7. 1（c）.

致的，而非商业援助中的"损害"是由国有企业在该缔约方境内的投资企业（国有企业）所生产或销售货物导致的。

1. 对国内产业的损害

TPP 协定第 17.8.1 条规定，应根据确切证据认定国内损害，并对以下因素进行客观评估：接受非商业援助的国有企业投资的产量、对国内产业生产与销售同类货物的价格影响、对生产该同类货物的国内产业的影响。[1]

此处，值得注意的是，尽管非商业援助条款对"国内产业"的界定与 SCM 协定和《反倾销协定》第 4 条相类似，[2]但缺乏对"同类产品"的关键界定。"同类产品"是澄清"国内产业"的前提。[3]"同类产品"的范围决定了需接受调查的国内生产者范围和损害大小。对"同类产品"和"国内产业"宽泛界定将很可能导致反补贴措施的滥用。[4]非商业援助条款对"同类产品"的沉默，将"同类产品"的界定交由调查机构自由裁量，将引发很大的不确定性。

2. 因果关系的证明

TPP 协定第 17.8.4 条规定，必须证明，涵盖投资生产或销售的货物，通过非商业援助的影响，造成了本条意义上的损害。对涵盖投资生产和销售货物与国内产业损害之间的因果关系的证明，应基于对所有相关证据的审查。只需证明非商业援助是造成国内产业损害的其中一个原因，因果关系即成立。任何已知的、同一时间损害国内产业的、涵盖投资生产货物之外的因素，都应审查；这些其他因素造成的损害，不得归因于接受非商业援助的涵盖投资生产和销售的货物。[5]这些规定与 SCM 协定第 15 条几乎完全一致。而尽管 SCM 协定对因果关系的分析提出了要求，但未明确标准和方法。在韩国商船案中，专家组就曾明确，每个案例都具备自身特点，因果关系的分析必须是逐案进行。仅依靠一种方法是不足以完成所有情形下的因果关系分析的。[6]可以预见的是，在今后可能发生的非商业援助争议中，TPP 协定将很大程度

---

[1] See TPP, Art. 17.8.1.

[2] See TPP, Art. 17.6.3, note 19.

[3] 参见单一：《WTO 框架下补贴与反补贴法律制度与实务》，法律出版社 2009 年版，第 221 页。

[4] 参见邓德雄：《国外对华反补贴研究——政策转变、影响及对策》，中国商务出版社 2010 年版，第 180~181 页。

[5] See TPP, Art. 17.8.4.

[6] See Panel Report, Korea-Commercial Vessels, WT/DS273/R, para. 7.619.

上参考 WTO 司法实践中为判断补贴与不利影响存在因果关系所发展出来的方法，如真正和实质联系测试、若非测试。[1]

综上所述，接受了非商业援助的国有企业不管是在其国内市场上销售、还是向其他缔约方出口，抑或是在其他缔约方境内设立涵盖投资从事商业活动，将受到全面限制。

（四）非商业援助条款与 SCM 协定的适用缺乏协调

SCM 协定与非商业援助条款的共同目标是规范政府对参与市场的企业实体的支持。非商业援助条款模仿了 SCM 协定的相关规定，直接规制国有企业之间的关系及其相互提供支持的情形。从这一角度而言，非商业援助条款对 SCM 协定作出了有力补充，有助于确保全球市场的公平。另外，非商业援助条款对 SCM 协定的相关规定作出了改变与重塑。那么，应如何适用非商业援助条款与 SCM 协定之间不一致的规定。因属于例外情形而不受非商业援助条款的规制的行为，如经济危机情形下提供非商业援助的例外，可能并不被 SCM 协定所允许。[2]目前看来，非商业援助条款对此并未作出任何协调适用。

在这种情形下，出于趋利避害等原因，企业实体可能会作出以下选择，从而不再属于国有企业条款的规制对象：有些企业将减少政府所有权或控制权，成为更加商业化的实体；有些公共企业则可能往另外的一个极端发展，即加强政府影响或控制，去承担更多的公共职能，减少从事商业的营利活动。然而，更多的企业可能再无法向这两个极端发展。因此，很有必要对非商业援助条款与 SCM 协定的适用作出进一步的协调，使规则更加合理，避免同一行为受到双重规制或陷入相互矛盾的规制局面。

二、非商业援助条款的适用领域

正如前文所述，SCM 协定仅能对国有企业的行为作出有限规制，并未直

---

〔1〕　参见欧福永、罗文正：《试析 WTO〈补贴与反补贴措施协定〉中的严重侵害实体规则》，载《时代法学》2018 年第 6 期。

〔2〕　事实上，SCM 协定不包含任何的例外条款，甚至否定了 GATT 第 20 条的例外。See Steve Charnovitz, *Green Subsidies and the WTO*, at https://documents1.worldbank.org/curated/ru/607731468331864128/pdf/WPS7060.pdf, last visited on Mar. 13, 2021.

接对国有企业与政府之间存在的各种联系予以规制。[1]而 TPP 与 USMCA 中的非商业援助条款对此作出了重大突破，直接规制国有企业与政府之间的关系以及可能产生的后果。

（一）以"活动"替代"交易"

SCM 协定第 3 条（禁止性补贴）、第 5 条（不利影响）、第 6 条（严重侵害）以及第 15 条（损害的确定）的规定都包含了"交易"要件，即补贴对贸易的影响，需要通过"交易"加以体现。例如，SCM 协定第 15.1 条规定，为 GATT 第 6 条的目的确定损害应以积极的证据为基础，并客观审查：（a）补贴进口数量与补贴进口对国内同类货物市场价格的影响；（b）进口对国内此类货物生产者的影响。而非商业援助条款不再要求发生"交易"，而是仅以"活动"即可对国内市场或其他缔约方市场造成影响。TPP 协定第 17.6 条和第 17.7 条的规定，通过商业活动对另一缔约方造成不利影响可以是"生产活动"，也可以是"销售活动"。这是对接受非商业援助的国有企业予以提前规制。

（二）将补贴与反补贴规则适用于服务贸易与投资

作为世界范围内规范服务贸易具有里程碑意义的协定，GATS 对服务贸易补贴的规定非常简单，无法有效规制那些具有贸易扭曲作用的不当补贴。[2]尽管 WTO 成员间早就对此展开了探讨，但至今为止尚未取得任何实质性的进展。对何为"服务贸易补贴"及"扭曲贸易的服务贸易补贴"等关键性概念，未能达成一致。[3]尽管有 SCM 协定与《农业协定》可资借鉴，但是由于服务提供的特殊性，边境对于服务进出口并无实质性意义。SCM 协定以货

---

〔1〕 See Jaemin Lee, "Trade Agreements' New Frontier Regulation of State-Owned Enterprises and Outstanding Systemic Challenges", *Asian Journal of WTO and International Health Law and Policy*, Vol. 14, 2019, p. 55.

〔2〕 GATS 第 15 条是唯一明确提及补贴问题的条款。但它仅是一个"最大努力"条款。更重要的是，在双方未能达成共同接受的解决办法时，该款并没有授权成员将争端提交 WTO 争端解决机制；当一成员选择将补贴仅授予国内服务商时，第 2 条（最惠国待遇）的约束作用就不复存在了；由于各成员在 GATS 项下承担的自由化义务不同，其承诺表中的国民待遇义务的范围、程度、限制条件也各不相同。而实践中大多数成员均将服务补贴列为限制之列。因此第 17 条（国民待遇）的作用也不大。最后，GATS 第 23 条虽然规定了非违约之诉，但申诉方几乎不可能完成举证责任。

〔3〕 参见艾素君：《WTO 框架下服务贸易补贴的立法构想》，载《上海大学学报（社会科学版）》2012 年第 2 期。

物跨境为基础的补贴分类不能完全适用于服务贸易。此外，成员之间就能否从公共政策目标、可允许的补贴类型、专向性等角度判断贸易扭曲尚不明确。[1]事实证明，WTO 成员也不太可能就服务贸易补贴的多边纪律达成共识。[2]

　　非商业援助条款对此作出大胆尝试，将补贴规则从货物贸易移植到了服务贸易。非商业援助条款中未对"相同服务"或"相同服务提供者"作出专门界定，将很有可能参照 GATS 中所采用的界定。[3]非商业援助条款对政府或国有企业向以跨境提供或商业存在方式提供服务的国有企业提供非商业援助进行规制，但排除了接受非商业援助的国有企业在非商业援助提供国境内提供服务的情形。[4]一方面，非商业援助条款对 WTO 中关于服务贸易补贴谈判中的相关争议予以回应，如服务贸易补贴的定义；另一方面，非商业援助条款也回避了当前难以解决或达成一致的问题，例如，如何对商业存在模式提供服务的国有企业实施反补贴措施，采取了缔约方能够接受的方式逐步对服务贸易补贴规则作出探索。

　　就投资领域而言，非商业援助被界定为"凭借政府对国有企业的所有权或控制而给予该国有企业的援助"。此处的国有企业不仅指国内企业，也包括通过国有企业海外投资设立的涵盖投资企业，拓展了 SCM 协定将补贴界定为"在一成员领土内"由政府或任何公共机构提供的财政资助的这一范围。[5]换言之，若一缔约方向其国有企业提供非商业援助，该国有企业通过商业存在的方式在另一缔约方境内提供货物或服务，对另一缔约方造成不利影响，

---

　　[1]　参见石静霞：《WTO 服务贸易法专论》，法律出版社 2006 年版，第 369 页。

　　[2]　See Pierre Sauvé and Marta Soprana, *Learning by Not Doing: Subsidy Disciplines in Services Trade*, E15 Task Force on Rethinking International Subsidies Disciplines-Think Piece, at https://www.wti.org/media/filer_public/fa/32/fa32afa5-17d8-4e35-a93f-07d39bca94b8/e15_subsidies_sauve_and_soprana_final.pdf, last visited on Dec. 10, 2020.

　　[3]　尽管 GATS 对相同服务的认定未作出明确规定，但在实践中形成了相对使用较为普遍的分类制度，即 1991 年服务谈判小组（GNC）编制的"服务部门分类表"（Service Sectoral Classification，W/120）。当然也并非所有成员都采用 W/120。另外，最终用途也可以用作判断服务是否属于同类的重要因素。对相同服务提供者，GATS 也为明确规定，在实践中认为影响服务提供者是否相同的因素除了是否提供相同类别的服务之外，还包括其他因素，如相关实体的历史、规模、雇佣人数、技术力量以及业务范围等。参见曹建明、贺小勇：《世界贸易组织》，法律出版社 2011 年版，第 249~251 页。

　　[4]　See TPP, Art. 17. 6 and Art. 17. 7.

　　[5]　参见徐昕：《国有企业国际规则的新发展——内容评述、影响预判、对策研究》，载《上海对外经贸大学学报》2017 年第 1 期。

并不属于 SCM 协定的规制范围，却可能落入非商业援助的规制范围。另外，在国内市场上，若非商业援助使国有企业在国内市场上处于竞争优势地位，损害了同一市场上外国投资者的利益的情形，也将受非商业援助条款的规制。而这显然触及了国际投资保护协定所要解决的问题。国际投资协定旨在为外国投资者提供一个稳定、透明和具有可预见性的投资环境，促进国际投资的发展。然而，现实是，由于不同国家在经济发展水平、社会制度等方面的差异，寻求国际投资协定一致性与发展中经济体政策灵活性之间的平衡是一个巨大挑战。[1]国际投资协定对此本就缺乏协调，[2]而非商业援助条款对投资领域的扩展显然加剧了这一问题。

WTO 并非一个投资体制，没有专门就投资补贴作出规定。而非商业援助条款却将国际投资中产生的不利影响及对国内产业造成的损害直接归于非商业援助与接受非商业援助的国有企业。若一缔约方国有企业在另一缔约方境内投资设立生产企业，且其产量存在绝对或相对增长，这势必会影响当地该产品的市场价格。此时，根据非商业援助与损害条款，就可轻易判定其损害了另一缔约方的国内产业。相类似地，当一缔约方国有企业在另一缔约方境内以商业存在模式提供服务时，其对该另一缔约方所造成的不利影响可能归咎于接受非商业援助的国有企业。然而，这一规定存在诸多不明确之处。例如，在未阐明接受非商业援助的国有企业与涵盖投资企业之间的利益传递情况下就直接将不利影响直接归于国有企业，有待进一步解释。[3]

尽管非商业援助条款对于确保市场的公平竞争而言是有必要的，但不可否认的是，其可能会减损缔约方国有企业在跨境服务贸易章节以及投资章节本应享受的待遇。即随着跨境服务贸易章节和投资章节采取负面清单的模式开放服务与投资领域，非商业援助条款的这一规定将对国有企业跨境提供的服务以及采取商业存在的方式提供服务产生限制作用。尽管根据非商业援助条款，规制的前提是存在国有企业享有非商业援助。但现实中，作为政府资

---

〔1〕 参见李国学：《WTO 能够制定全球统一的国际投资协议吗?》，载《国际经济评论》2008 年第 3 期。

〔2〕 See Wolfgang Alschner, Dmitriy Skougarevskiy, "The New Gold Standard? Empirically Situating the Trans-Pacific Partnership in the Investment Treaty Universe", *The Journal of World Investment and Trade*, Vol. 17, 2016, p. 339.

〔3〕 See Mikyung Yun, "An Analysis of the New Trade Regime for State-Owned Enterprises under the Trans-Pacific Partnership Agreement", *Journal of East Asian Economic Integration*, Vol. 20, 2016, p. 13.

源的主要使用者，很有可能的是，国有企业确实获得了这种非商业援助。[1]
所以，在一定程度上非商业援助条款将限制国有企业对外提供服务，加大国
有企业海外投资的成本。

　　欧盟主导的 FTAs，如欧盟-新西兰 FTA、欧盟-澳大利亚 FTA、欧日 EPA 与
CETA 均未纳入非商业援助条款，而是在补贴章节中作出了相类似的规定。[2]但
这并不表示，欧盟不关注国有企业与补贴的议题。欧盟认为，来自其母国的
不当补贴为收购欧盟企业提供便利，影响其他未受补贴的企业和投资者的决
策，损害内部市场公平竞争。对此，WTO 所能提供的救济十分有限。更重要
的是，随着越来越多有实力的非欧盟投资者进入欧盟内部市场，受欧盟投资
者的要求和压力，欧盟需要对相关产业进行保护。当前，贸易救济措施仅涉
及解决进口的补贴货物，并未涵盖服务贸易、投资或其他金融类领域。非欧
盟国家政府为进入欧盟市场的企业提供的各类补贴，将对欧盟内部市场的公
平竞争造成扭曲。欧盟既有的竞争法体系与贸易政策尽管可以在一定程度上
解决外国补贴的影响，但仍不可避免地存在监管漏洞。

　　因此，2020 年 6 月欧盟委员会发布的《关于在外国补贴方面创造公平竞
争环境的白皮书》对外国补贴行为对欧盟内部市场的扭曲作出分析，并就对
外国补贴行为的立法规制公开征求意见。[3]2022 年 11 月 10 日欧洲议会表决
通过《关于外国补贴扭曲欧盟内部市场的条例》（以下简称《外国补贴条
例》），直接针对非欧盟国家向在欧盟境内开展经济活动的企业提供的补贴，
并且不再限于货物贸易，而是扩展到服务贸易、投资和公共采购领域。对外国
补贴的规制逐渐成为当前补贴规则的另一个重要发展趋势。

　　欧盟越来越愿意利用其庞大的内部市场，通过所谓的布鲁塞尔效应，迫使

---

〔1〕　参见韩立余：《TPP 国有企业规则及其影响》，载《国家行政学院学报》2016 年第 1 期。

〔2〕　补贴是指符合世贸组织 SCM 协定第 1.1 条规定的条件的措施，而不论其是否给予提供货物
或服务的企业。See Initial text proposals tabled by the EU side, *EU−New Zealand Trade Agreement negotia-*
tions, at https://policy. trade. ec. europa. eu/eu − trade − relationships − country − and − region/countries − and −
regions/new−zealand/eu−new−zealand−agreement/documents_ en, last visited on Dec. 12, 2020.

〔3〕　See European Commission, *White Paper on Levelling the Playing Field as Regards Foreign Subsidies*,
at https://eur−lex. europa. eu/legal − content/EN/TXT/PDF/? uri = CELEX：52020DC0253, last visited on
Mar. 17, 2021.

其他国家和跨国公司遵守欧盟的规则与标准。[1]成员国政府提供的国家援助可能会对市场竞争态势产生实质性影响，因此 TFEU 第 107~109 条对国家援助问题作出规定。[2]对非欧盟国家提供的支持却不存在类似的控制，这使没有获得外国补贴、在欧盟从事经济活动的企业处于不利的竞争地位。由于外国补贴对内部市场的潜在扭曲影响与国家援助相似，所以国家援助的救济措施工具箱能为救济外国补贴造成的扭曲提供参考。有鉴于此，《外国补贴条例》的规定在很多方面模仿了国家援助规则。然而，《外国补贴条例》可能与WTO 法律体系不符，可能违反对外资的非歧视待遇承诺。欧委会在外国补贴的调查中自由裁量权的扩张将有损欧盟营商环境。

具体而言，一方面，《外国补贴条例》对补贴采取了宽泛界定。除政府机构外，国有企业、国有银行等具有国资背景的经营者所实施的财务支持行为都可能被认定为外国补贴。另一方面，《外国补贴条例》尚未明确扭曲的判断标准。对此，审查机关将享有较大的自由裁量权。[3]更重要的是，虽然欧盟委员会提出对外国补贴的监管将同等适用于所有接受外国补贴的主体，但在反馈意见中，有不少利益相关方都专门提及了中国投资者，尤其是中国的国有企业。然而，也必须指出的是，当前《外国补贴条例》所提议的审查机制中的监管对象、程序设计、实施效果和欧盟现有的国家援助制度、贸易救济制度、合并控制制度、外资审查制度等都存在重叠或交叉，因此，下一步还需要考虑《外国补贴条例》与现有监管制度的衔接和协调。但无论如何，对外国补贴的审查将直接增加作为投资者与经营者的国有企业的成本，加剧投资环境的不确定性。

第二节　SCM 协定中与国有企业相关的主要争议

一、"公共机构" 的法律标准

"公共机构"作为补贴提供主体到底需要满足哪些要件？"公共机构"与

---

〔1〕　See Bradford, Anu. *The Brussels Effect: How the European Union Rules the World*?, Oxford University Press, 2020.

〔2〕　参见孔少飞:《欧盟的国家援助制度及其借鉴》，载《欧洲研究》2006 年第 3 期。

〔3〕　参见陈瑶:《欧盟对外国补贴的规制》，载《国际商务研究》2023 年第 4 期。

国有企业的关系是什么？国家或政府完全所有或占多数股权的企业与银行应如何定性？是否可以直接将国有企业和国有商业银行推定为"公共机构"，还是需要调查机构积极收集证据加以证明？如何在调查机构和应诉方之间分配举证责任？这些都是当前"公共机构"法律标准需要回应的争议。

（一）SCM 协定本身并未提供认定标准

根据 SCM 协定第 1.1（a）（1）条，补贴的提供者有政府、公共机构和私营主体三类。其中，政府构成当然的补贴提供主体。与此相比，对作为补贴提供主体的"公共机构"认定则显得尤为棘手。WTO 涵盖协定对"公共机构"均缺乏明确的定义和判断标准，而且国际法对之也无普遍接受的界定。

1. SCM 协定首次提出补贴定义

作为乌拉圭回合谈判的一项重大成果，SCM 首次对补贴作出规范界定。[1]补贴定义的国际法意义在于防范成员在补贴的问题上采取主观态度或肆意行事，同时要求成员按照 SCM 协定所规定的补贴定义来维护自己的利益。[2]SCM 协定第 1.1（a）（1）条规定，在一成员境内，存在由政府、任何公共机构或受委托或指示的私营主体提供的财政资助，或存在 GATT1994 第 16 条意义上的任何形式的收入或价格支持，且授予一项利益，则视为存在补贴。虽然这一定义本身不能解释何为"公共机构"，但其认可"公共机构"与部分私营主体也可以是补贴的提供主体。换言之，SCM 协定不仅考虑到政府可能通过"公共机构"提供补贴的行为，还考虑到政府可能会利用"私营主体"来提供补贴，从而规避 SCM 协定下义务。

2. 国有企业是"公共机构"还是"私营主体"

在 SCM 协定下，对作为补贴提供主体的"公共机构"与"私营主体"的证明，调查机构所需要承担的举证责任是不同的。若国有企业被认定为"公共机构"，则此时调查机构无需额外证明。若国有企业未被认定为"公共机构"，则其是否构成适格补贴提供主体，取决于调查机构能否证明其行为受

---

〔1〕 参见曹建明、贺小勇：《世界贸易组织》，法律出版社 2011 年版，第 174~175 页。
〔2〕 参见白巴根：《"国有企业"是否构成"公共机构"？——"美国对华反倾销和反补贴调查案"上诉机构观点质疑》，载《法治湖南与区域治理研究》2011 年第 5 期。

"委托或指示"。[1]

SCM 协定利用两个层面的区分标准，确定适用具体的条约义务。一是主体性质。将其补贴提供主体分为"政府"、"公共机构"和"私营主体"三类。二是行为性质。"私营主体"被政府"委托或指示"的行为和其他行为，需要遵守不同的法律义务。根据主体性质，由于缺乏对"公共机构"的准确界定，"公共机构"与"私营主体"之间的界限并不清晰。以中国国有企业为例，当一个企业完全或部分为国家所有，且其行为直接受到政府部门的监督时，该企业很难被认定为"私营主体"。但从国有企业所采用的现代企业管理架构，所从事的商业行为，利用市场制度来追求利润最大化等方面看，则又更加接近于私营主体的行为。若依主体进行定性，国有企业应承担和政府一样的法律义务；但若依行为性质进行定性，则国有企业的部分行为应当和私营主体承担一样的法律义务。因此，国有企业是介于 SCM 协定中"公共机构"与"私营主体"之间的一种实体。

SCM 协定的目的是较为准确地捕捉到真正的"补贴"并且加以规制。仅以企业主体的所有权结构来界定主体的性质，则忽略了主体在行为层面的特点。这种从主体层面的定性可能会将一些非出于"补贴"目的，也不一定造成"补贴"效果的行为认定为补贴。这将与现有补贴规则的目标相背离。因此，SCM 协定对于那些介于"公共机构"与"私营主体"之间的实体缺乏明确规定。而这也成为司法实践中"公共机构"认定争议不断的主要原因。

（二）政府控制说与政府权力说的对立焦点

SCM 协定将"公共机构"作为补贴提供主体，但对何为"公共机构"并未提供明确的判断标准。因此，在涉及国有企业的争议中，如何解释"公共机构"的问题成为专家组和上诉机构面临的一个尤为棘手的难题。对此，WTO 争端解决实践发展出了两种认定方法：政府控制说与政府权力说。政府控制说指的是，若一实体受到政府控制，则该实体构成"公共机构"。这是专家组在"韩国商用船舶案"提出的认定标准。该案专家组裁定，认定某一实体为"公共机构"的法律标准是该实体由政府控制。根据韩国政府享有该进

---

〔1〕 See Ru Ding, "'Public Body' or Not: Chinese State-Owned Enterprises", *Journal of World Trade*, Vol. 48, 2014, p. 169.

出口银行的全部所有权，控制其 CEO 与管理层的任免、指示和监督其融资活动与经营业务、政府确定经营方案等事实，专家组将韩国进出口银行认定为 SCM 协定第 1.1（a）（1）条项下的"公共机构"。[1]对此，韩国和欧盟均未提出上诉。然而，对于政府对企业的控制需要达到何种程度才能将企业认定为"公共机构"仍存在不同观点。一种观点认为，政府对一企业的所有权或多数股份本身就是这种控制的充分证据，此时该企业就是"公共机构"。[2]另一种观点则认为，政府对企业的多数股权对认定其是否构成"公共机构"仅仅是相关的，并非决定性的。必须有其他证据表明控制权，才能证明一个实体是"公共机构"。[3]

而政府权力说要求一实体"享有并行使政府权力"才构成"公共机构"。[4]仅根据政府拥有企业多数股权这一事实，调查机构不能将该企业实体认定为适格的补贴提供者，而是要对企业与政府的关系、企业是否被赋予政府权力等方面综合考虑。[5]在中美双反措施案中[6]，上诉机构首次提出并运用了"政府权力"认定标准对"公共机构"加以阐明与澄清。

1. 首次提出"政府权力"作为"公共机构"的认定标准

在该案中，对中国国有企业或国有商业银行是否当然构成 SCM 协定下补贴提供主体，中美双方展开了争辩。[7]中国认为，"公共机构"应当是得到

---

〔1〕　See Panel Report, Korea-Measures Affecting Trade in Commercial Vessels, WT/DS273/R, para. 7. 50.

〔2〕　See Panel Report, United States-Definitive Anti-Dumping and Countervailing Duties on Certain Products from China, WT/DS379/R, para. 8. 134.

〔3〕　澳大利亚作为本案第三方支持了这一观点。See Panel Report, United States-Definitive Anti-Dumping and Countervailing Duties on Certain Products from China, WT/DS379/R, para. 8. 43.

〔4〕　See Appellate Body Report, United States-Definitive Anti-Dumping and Countervailing Duties on Certain Products from China, WT/DS379/AB/R, para. 317.

〔5〕　参见陈卫东：《中美围绕国有企业的补贴提供者身份之争：以 WTO 相关案例为重点》，载《当代法学》2017 年第 3 期。

〔6〕　2007 年 7 月、8 月，美国商务部对标准钢管、矩形钢管、复合编织袋和非道路用轮胎四种产品展开反倾销和反补贴调查，并最终发布了反倾销和反补贴终裁裁决。2008 年 9 月，中国提出与美国就其对中国产品征收最终反倾销税和反补贴税的问题进行磋商。磋商未果后，2009 年 3 月成立专家组对该案进行审理。中国共提出 14 项诉请，其中就包括美国商务部对中国进行的四项反补贴调查决定中将"中国的国有企业与国有商业银行认定为公共机构"这一决定，请求专家组裁判美国的决定违反了其在 SCM 协定中第 1.1（a）（1）条项下的义务。

〔7〕　参见龚柏华：《国有企业是否当然为〈补贴与反补贴协定〉第 1.1 条意义上"公共机构"辨析——兼评美国对来自中国某些产品最终反倾销和反补贴税措施 WTO 争端案》，载《国际商务研究》2010 年第 6 期。

政府授权、行使政府职能的机构。而美国商务部未能分析相关数据，直接推定一些国有企业及国有商业银行构成"公共机构"的做法不符合 SCM 协定第 1 条。结合文本、上下文以及协定宗旨与目的，专家组提出，不应当对 SCM 协定作过于狭义的解释，防止成员逃避 SCM 协定项下的义务。专家组认为，对 SCM 协定第 1.1 条的解释并不能将一整类由政府所控制实体实施的政府性质的非商业行为完全排除在 SCM 协定纪律之外。将"公共机构"解释为政府机构或行使政府职能的机构，与 SCM 协定的目的与宗旨严重不符。[1]"公共机构"的认定标准是"政府对该实体的控制"，而政府享有多数所有权是政府控制的决定性证据。只有这样解释，才能保证不管实体采取什么形式，控制这些实体的政府都能够对这些实体与 SCM 协定相关的行为负责。最后，专家组提出，对国有企业或国有银行与政府之间没有联系的举证责任应当由被调查成员和企业实体来承担。

上诉机构对专家组的认定进行了纠偏，认定美国商务部"所有权方法"不符合对"公共机构"的恰当理解。美国商务部在调查中对国有企业的裁定也不符合 SCM 协定第 1.1（a）（1）条。要判断特定行为是否为"公共机构"的行为，必须评估该实体的核心特点及其与狭义政府之间的关系，尤其是该实体是否被授予或行使政府职权。本案中美国商务部主要依赖所有权这一要素作出"公共机构"的认定。

对此，上诉机构提出，所有权本身不足以证明政府对实体实施"有意义的控制"，也无法证明该实体被授权并行使政府职权。[2]此外，上诉机构还推翻了专家组作出的加重应诉方举证责任的裁定。

然而，上诉机构采取的"政府权力"认定标准一经提出，便引发了争议。有学者提出，"政府权力"的法律标准过于模糊，实操性不强。[3]将包括国有企业在内的所有政府控制的实体，直接视为"公共机构"的做法更为可行，也更能抓住问题的本质。既然 SCM 协定考虑到了政府借私营主体之手提供补

---

〔1〕　See Panel Report, United States－Definitive Anti－Dumping and Countervailing Duties on Certain Products from China, WT/DS379/R, paras. 8. 76, 8. 82.

〔2〕　See Appellate Body Report, United States－Definitive Anti－Dumping and Countervailing Duties on Certain Products from China, WT/DS379/AB/R, paras. 346, 318.

〔3〕　See Michel Cartland, et al. , "Is Something Going Wrong in the WTO Dispute Settlement?", *Journal of World Trade*, Vol. 46, 2012, p. 1006.

贴来躲避义务的可能，而国有企业作为被政府所有的实体，其政府的"指示"或"委托"不言自明。从建立国有企业的目的，宪法对国有企业的性质界定等角度，有学者提出，国有企业存在的根本意义在于，国有企业是为公共利益，为整个国家的经济与社会发展服务的实体。国有企业履行公共职能，就是对公共资源进行再分配。因此，当前中美之间就国有企业是否构成"公共机构"的争论属于对补贴提供者的争议，并无必要。[1]这是因为，"公共机构"仅是认定补贴存在的其中一个条件。

只有当一财政资助同时满足利益、专向性等其他条件时，受到不利影响的成员才能采取行动。特别是，"利益"才是判断一个实体的行为或措施是否符合市场要求的关键。真正的商业机构都是尊重市场运行机制的。因此，采取"政府控制"的标准认定"公共机构"并不会引发调查机构和被调查方之间的权利义务失衡。相反，上诉机构将相关实体政府权力的举证责任分配给进口方调查机构的行为，实际上是将天平的一端偏向了补贴成员政府。[2]

另外，值得注意的是，上诉机构对其提出的"有意义的控制"这项证据并未阐明，实际上并未彻底否定国有企业构成"公共机构"的可能性。那么，如何判断涉案实体受到政府"有意义的控制"，成为"公共机构"认定中的另一个需要解决的问题。

2. "政府权力说"的再次确认与"有意义的控制"

在尚未明确"政府权力"内涵的情况下，上诉机构在中美双反措施案中，又留下了"有意义的控制"这一缺口。在否定了"政府控制说"后，上诉机构多次运用"有意义的控制"概念。上诉机构指出，在特定情况下，若有证据表明政府从多方面对一实体进行控制，且这种控制以一种有意义的方式行使，那么可以将这种控制作为该实体拥有且行使政府权力的证据。[3]这表明，上诉机构并未完全放弃"政府控制说"，且试图将其中某些要素纳入"政府权力说"的分析中。

---

〔1〕　参见白巴根：《"国有企业"是否构成"公共机构"？——"美国对华反倾销和反补贴调查案"上诉机构观点质疑》，载《法治湖南与区域治理研究》2011 年第 5 期。

〔2〕　See Joost Pauwelyn, "Treaty Interpretation or Activism? Comment on the AB Report on United States-Ads and CVDs on Certain Products from China", *World Trade Review*, Vol. 12, 2013, p. 240.

〔3〕　See Appellate Body Report, United States-Definitive Anti-Dumping and Countervailing Duties on Certain Products from China, WT/DS379/AB/R, para. 318.

而这也成为美国对来自印度某些热轧碳钢扁钢产品反补贴措施案的导火索。在该案中，印度认为美国商务部对"公共机构"的裁定过多依赖了印度政府在国家矿业发展公司的股权这一事实，而未能考察该公司是否满足履行政府功能和实施政府权力。而美国则辩称，"公共机构"指的是被政府控制，以至于政府能将其资源当作自己的资源使用的实体。专家组认为，对"有意义的控制"的判断需结合政府对实体享有的股权以及其他政府控制标志加以综合衡量。[1]最终，专家组裁定，美国商务部将国家矿业发展公司认定为"公共机构"的决定符合SCM协定第1.1（a）（1）条的规定。在该案中，专家组将"有意义的控制"直接等同于"拥有或实施政府权力"。

对此，上诉机构首先否认了印度提出的一个实体必须有权"委托或指示"私营主体履行SCM协定第1.1（a）（1）（i）-（iii）条所确定的职能，才能构成"公共机构"。并且上诉机构还否定了美方在专家组审理阶段所主张的"公共机构"认定标准。[2]其次，上诉机构对"有意义的控制"做出了特别澄清和说明：要严格区分构成"公共机构"的实体性标准与证据性标准。"有意义的控制"本身并非认定标准，仅是证明一实体"拥有并行使政府权力"这一"公共机构"认定标准的证据要素之一。专家组混淆了"政府控制"与"有意义的控制"，既未对印度政府是否控制国家矿业发展公司及其行为进行分析，也未对美国商务部作出的国家矿业发展公司构成"公共机构"的决定予以评估。最后，上诉机构重申道：一实体的行为是否构成"公共机构"的行为，必须根据其自身的特点，适当考虑其核心特征和功能、与政府的关系以及该实体所处国家的法律与经济环境。[3]一般来说，SCM协定第1.1（a）条项下的"公共机构"行使的公共职权来自法律授权。但除此之外，也可能存在事实上的授权，因此需要考虑不同类型的相关证据，如WTO成员政府职能的范围与分类，以及该实体所行使的职能或行为是否属于其法律制度中通常归为政府行为的类别。正如世界上不存在两个完全相同的政府，"公共机

---

〔1〕 See Panel Report, United States-Countervailing Measures on Certain Hot-Rolled Carbon Steel Flat Products from India, WT/DS436/R, paras. 7.68, 7.71, 7.276.

〔2〕 美国提出的"公共机构"应当包括政府控制的实体，政府可以将这些实体的资源当作自己的资源使用。See United States' other appellant's submission, para. 52.

〔3〕 See Appellate Body Report, United States-Countervailing Measures on Certain Hot-Rolled Carbon Steel Flat Products from India, WT/DS436/AB/R, paras. 4.37, 4.29.

构"的确切轮廓和特点也取决于实体、国家和个案情况。

综上所述，印美热轧碳钢案上诉机构的裁决再次确认了"政府权力"这一"公共机构"认定标准[1]，并进一步明确：所有者权益与政府有权指定董事会成员均属于"控制的形式标志"；"有意义的控制"仅是判断"公共机构"的证据性标准；列举了判断"公共机构"的更大范围的证据种类等。尽管上述澄清使得"公共机构"认定标准变得逐渐清晰，但也必须承认，"政府权力"这一标准仍然存在很多不确定性。例如，上诉机构承认了"有意义的控制"与"政府权力"之间存在某种内在联系，但尚未明确"有意义的控制"对"政府权力"证明力。[2]另外，仍未能明确关键概念，[3]如政府权力、政府职能的具体内涵。这些都还有待 WTO 争端解决机构在实践中继续审查和加以完善。

3. "政府权力说"标准面临泛化

中国认为美国未能执行 DS437 的裁决，因此提起了执行之诉。本案中，中美双方及专家组均认同"政府权力"是"公共机构"的认定标准。中国认为，根据之前上诉机构的观点，"政府权力"的标准要求调查机关在一实体的争议行为与其履行政府权力之间建立明确的逻辑关系；而美国则认为，"政府权力"认定标准的本质并不在于一实体的行为是否为政府性的，而在于从事争议行为的实体是否为政府性的。最终，专家组与上诉机构均认可了美国"129 程序"中将国有企业视为"公共机构"的做法。一实体的争议行为是否与"政府职权"之间存在明确的逻辑关系并不重要，重要的是实施该争议行为的实体的核心特征及其政府之间的关系。换言之，一旦一实体被认定为"公

---

〔1〕　几乎同时进行的中美反补贴措施案中再次确认了"政府权力说"作为"公共机构"的认定标准。构成"公共机构"的关键在于"实施政府职能"，调查机构应分析涉案实体的核心特征与政府的关系。所有权与控制都不足以确定一实体构成"公共机构"，而是需要进一步考察与论证。而美国商务部作出的决定主要依据的是企业国有资产比例占多数的事实，并没有分析其他因素，因此美国调查机构作出的认定不符合 SCM 协定第 1.1（a）（1）条。See Panel Report, United States-Countervailing Duty Measures on Certain Products from China, WT/DS437/R, paras. 7.64-7.75.

〔2〕　See Ru Ding, "'Public Body' or Not: Chinese State-Owned Enterprises", *Journal of World Trade*, Vol. 48, 2014, p. 180.

〔3〕　See Gregory Messenger, "The Public-Private Distinction at the World Trade Organization: Fundamental Challenges to Determining the Meaning of 'Public Body'", *International Journal of Constitutional Law*, Vol. 15, 2017, pp. 60-61.

共机构",那么其所有的行为都可以归于政府。[1]美国商务部对"有意义的控制"的分析足以反映出涉案企业的核心特征、企业与政府的关系,以及企业所在国的法律和经济环境。也就是说,SCM 协定并不要求调查机构在所有案件中,对识别的一项政府职权与争议的财政资助之间存在特定联系作出认定。

美国《公共机构备忘录》将政府占多数股权的国有企业推定为公共机构。[2]对此,专家组认为,该备忘录仅是商务部在调查时可供参考与依赖的资源,并未实质上限制商务部的自由裁量权,因此并不违反 SCM 协定第 1.1(a)(1)条。[3]而基于对"政府权力"认定标准的理解,中国在上诉中提出,当一实体所履行的政府职能可能与其争议行为无关时,该备忘录可能会限制商务部作出与 SCM 协定第 1.1(a)(1)条相符的裁定。对此,上诉机构认为中国对"政府权力"认定标准的理解并不准确,故无需再对这一请求进行分析,最终认定中国未能证明《公共机构备忘录》与 SCM 协定第 1.1(a)(1)条不符。[4]

由此可以看出,SCM 协定第 1 条将"公共机构"与狭义的政府统称为政府,意味着它们的基本特征具有足够的共同性或重叠性。尽管上诉机构曾在中美双反措施案中以"拥有、行使或被赋予政府权力"为标准对一实体是否构成"公共机构"作出界定,[5]然而现实中,对"公共机构"的判断本身具有很强的灵活性。通过梳理上诉机构对"公共机构"的解释,可以发现,尽管上诉机构将一实体"拥有、行使或被授予政府权力"作为确定其是否构成"公共机构"的必要因素,但是同时也会在解释中增加若干削弱该因素作用的标准,如将"有意义的控制"作为证据要素。在中美反补贴措施执行之诉中,

---

[1]　See Appellate Body Report, United States-Countervailing Duty Measures on Certain Products from China (Recourse to Article 21.5 of DSU by China), WT/DS437/AB/RW, paras. 5.77-5.82, 5.99-5.100.

[2]　在厨房货架案中首次确立了这一可反驳的推定。See Panel Report, United States-Countervailing Duty Measures on Certain Products from China (Recourse to Article 21.5 of the DSU By China), WT/DS437/R, para. 7.5.5.

[3]　See Panel Report, United States-Countervailing Duty Measures on Certain Products from China (Recourse to Article 21.5 of DSU by China), WT/DS437/RW, para. 7.142.

[4]　See Appellate Body Report, United States-Countervailing Duty Measures on Certain Products from China (Recourse to Article 21.5 of DSU by China), WT/DS437/AB/RW, paras. 121-126.

[5]　See Appellate Body Report, United States-Definitive Anti-Dumping and Countervailing Duties on Certain Products from China, WT/DS379/AB/R, paras. 288, 318.

上诉机构甚至提出，对"公共机构"的认定并不在于一实体的争议行为是否与"政府职能"之间存在明确的逻辑关系，而在于实施该争议行为的实体，其核心特征与政府之间的关系。一旦一实体被认定为"公共机构"，其所有行为均可归于政府，而不论其行为是否与该政府职能或权力相关。这一认定方法赋予进口成员调查机构很大的自由裁量与解释空间。如此一来，一方面，由于 WTO 各成员对"政府权力"标准持不同理解，实践中各成员的调查机构对一实体是否构成"公共机构"可能得出截然相反的结论；另一方面，为了保护国内产业，发达成员利用其丰富的立法经验与高超的应诉技巧，更加倾向于将争议实体，尤其是国有企业直接认定为"公共机构"，导致反补贴措施的滥用。

二、补贴利益的外部基准的适用

SCM 协定对补贴的认定，采取了两个相互独立的法律测试：第一，一项活动是否属于政府性质；第二，该项活动是否符合市场基准，即"利益"的认定。

（一）补贴利益与财政资助的关系

根据 SCM 协定第 1.1（b）条，"授予一项利益"是判断补贴是否存在的第二项因素。"财政资助"与"授予一项利益"两个独立分离的概念，共同决定一项补贴的存在。[1]存在"财政资助"并不必然构成补贴，只有当"财政资助"的存在为接受者带来了"利益"时，才可认定该财政资助构成一项补贴。"财政资助"是"利益"的前提条件，但"利益"并非"财政资助"的必然结果。实践中，"财政资助"并不一定会给接受者带来"利益"，可能产生小于、大于或等于"财政资助"本身金额的"利益"。[2]只有当两个要素同时满足时，补贴才成立。

（二）将市场作为利益比较基准

补贴利益到底指什么？上诉机构在加拿大民用航空器案中提出的一个观点，

---

〔1〕专家组将利益解释为证明存在财政资助的一种方式，认为财政资助不是潜在的直接转让资金的行为，原因在于巴西政府并没有获利。这一观点遭到了上诉机构的驳斥。See Appellate Body Report, Brazil-Export Financing Program for Aircraft, WT/DS46/AB/R, para. 157.

〔2〕参见邓德雄：《国外对华反补贴研究——政策转变、影响及对策》，中国商务出版社 2010 年版，第 35~36 页。

对补贴利益的认定产生了深远影响，并在后续发生的争端中被反复引用〔1〕：SCM 协定第 1.1（b）条中的"利益"暗含某种比较。而市场为此提供了适当基准。通过确定接受者获得的财政资助的条件优于市场中接受者可获得条件，可以得出一项财政资助的贸易扭曲潜力。〔2〕因此，市场基准有助于确定是否授予"利益"，从而确定补贴是否存在。〔3〕

1. 以市场为前提确定"利益"

SCM 协定并未对"利益"一词再作任何注释。一般认为，"利益"指的是受补贴方从某项财政资助中取得了它从市场上不能取得的好处。〔4〕SCM 协定第 1 条补贴定义中的"利益"与第 14 条中的"利益"是同一概念。SCM 协定第 14 条（以补贴接受者所获利益计算补贴金额）为如何计算"利益"提供了指引：其中，就股本、贷款和贷款担保等补贴而言，（a）（b）（c）三项规定，可与"常规做法""可比商业"相比较计算补贴金额；而针对政府提供货物或服务、购买货物这一类型的财政资助，SCM 协定第 14 条（d）项则更是明确规定采用市场作为比较基准，适当报酬应按有关货物或服务在提供成员或购买成员现行市场情况相比较后确定。应当说，第 14 条中 4 项指引的措辞本身都蕴含着市场。计算补贴利益和补贴数额的方法都需要从"利益"出发，而市场又是判定"利益"存在与否的逻辑基础。因此，市场是蕴含于第 14 条的基本适用前提，〔5〕被喻为反补贴措施案件中的"水平线"。〔6〕

SCM 协定旨在"成员寻求对补贴的更多约束与寻求对反补贴措施的更多约束之间，维持一种微妙的平衡"。〔7〕一方面，SCM 协定防止成员通过补贴将利益传递给企业；另一方面，SCM 协定防止成员滥用反补贴措施来抵消进

---

〔1〕 See E. g., Appellate Body Report, United States-Final Anti-Dumping Measures on Stainless Steel from Mexico, WT/DS344/AB/R, para. 161.

〔2〕 See Appellate Body Report, Canada-Measures Affecting the Export of Civilian Aircraft, WT/DS70/AB/R, para. 157.

〔3〕 参见彭岳：《论反补贴税法中的两类规则：以 WTO 协定和美国法为对象》，载《国际法研究》2015 年第 5 期。

〔4〕 参见曹建明、贺小勇：《世界贸易组织》，法律出版社 2011 年版，第 174 页。

〔5〕 参见甘瑛：《WTO〈补贴与反补贴措施协定〉第 14 条的适用前提之辩——以对外贸易补贴利益与数额计算基础即"市场"为核心》，载《政治与法律》2013 年第 11 期。

〔6〕 See Panel Report, Korea-Commercial Vessels, WT/DS273/R, para. 7. 183.

〔7〕 See Appellate Body Report, US-Countervailing Duty Investigation on DRAMS, WT/DS296/AB/R, para. 115.

口企业的比较优势。而市场基准是维持这一平衡的关键所在。尽管如此，市场这一前提本身就是一个极为复杂的问题。尤其是，应如何选择市场基准，SCM 协定第 14 条对外部基准的可适用性只作了一些原则性规定。具体的计算方法和价格比较基准由成员国内法律法规予以确定。只要求进口成员调查机构在适用这些法律法规时保持透明并予以充分说明即可。[1]中美双反措施案上诉机构提出，若因政府作为主要供应者使国内市场价格遭受扭曲，则可拒绝使用国内价格作为比较基准。[2]客观上，这一允许"外部基准"的裁定为各成员反补贴调查机构留下了巨大的自由裁量空间。在对华发起的多项反补贴调查中，进口成员调查机构纷纷选择适用外部基准，导致中国企业常常被课以高额反补贴税。[3]

2. 市场基准选择顺位

在确定是否存在"利益"时，调查机构需要对市场作出选择。根据 SCM 协定第 14 条的规定，是否存在顺位的先后？若政府补贴行为已扭曲了补贴提供国国内市场，进口方调查机构能否直接选择国外市场或者构建的市场作为基准？在美国对加拿大软木产品反补贴措施案（以下简称"第四软木案"）中专家组和上诉机构对这一条款作了相反的解释。

加拿大政府授予砍伐许可证并收取费用，允许软木商砍伐属于政府所有的林木。美国软木产业则认为，政府的这一行为实际上是以低于市场伐木费用的方式向软木商提供补贴。美国商务部根据《1988 年反补贴条例》中规定的"三种顺位"对加拿大政府提供货物所获费用与市场条件相比是否属于获得"适当报酬"作出分析。[4]美国商务部认为加拿大政府提供的货物构成了

---

〔1〕　参见李本、姚云灿：《美国对华"双反"措施中外部基准规则的适用问题》，载《国际商务研究》2016 年第 4 期。

〔2〕　See Appellate Body Report, United States-Definitive Anti-Dumping and Countervailing Duties on Certain Products from China, WT/DS379/AB/R, paras. 489-490.

〔3〕　参见陈卫东：《从中美"双反措施案"看外部基准的适用》，载《法学》2012 年第 2 期。

〔4〕　根据 19 C. F. R. 351. 511（a）的规定，美国商务部按照以下顺序来确定"市场"：第一顺位的市场是受调查国的国内私营市场。当受调查国政府是货物或服务的唯一提供者，或占据重要比例，或政府的市场地位明显扭曲了货物市场价格的形成的话，那么就不能采用这一市场基准；第二顺位的市场是"国内买方可以获得的国际市场"，这一国际市场价格并不一定是特定生产商的实际交易价格。若国际市场价格不存在，或者国内买方不可获得，那么就需要考虑采用第三顺序的市场：如果受调查国的政府定价符合市场原则（主要考虑因素为政府价格形成方法、成本、可能的价格歧视），可以采用该价格，否则就需要寻找"与被经济发展水平相近的具有可比性的国家或地区的市场"。

市场的主要部分，并最终以加拿大私营市场遭受扭曲为由拒绝采用，并在此基础上认为美国木材与加拿大木材具有可比性，选择美国市场价格来计算补贴数额。[1]

以此为由，加拿大将该争议诉诸 WTO。加拿大主张，第 14 条（d）项中的市场应是货物提供成员的现行市场。对此，专家组认为可根据协定上下文所使用的措辞得出起草者的意图。对政府提供的股权资金，第 14 条明确要求与受调查成员境内私营投资者的通常投资做法进行比较。[2]基于此，专家组认为，在政府提供货物的情况下，若起草者允许调查机构选择受调查成员之外市场，完全可以予以明确。这一立法沉默表明，在政府提供货物的情况下，作为比较的市场基准应当是"受调查成员的现行国内市场"。即便该供求关系受政府参与市场影响，该市场仍是第 14 条意义上的市场。[3]尽管承认美国的做法符合一定的经济学逻辑，但是专家组仍然选择对该条款作严格的文义解释。即不管现实市场是否受到政府补贴行为影响，调查机构都仅能将补贴成员国内市场作为基准确定利益。

然而，这一裁定遭到了上诉机构的否定。从协议的宗旨与目的出发，上诉机构认为若采用专家组对第 14 条（d）项的解释，将导致计算得出的补贴利益数额过低，且无法完全消除补贴对受损害成员的影响。同样，根据对第 14 条所使用措辞的分析，上诉机构得出了与专家组截然相反的结论。上诉机构认为，起草者并未明确排除"提供成员私营市场"之外的其他可能，只要调查机构所选市场与补贴成员现行市场条件相关。尽管上诉机构确认了"提供补贴成员市场"之外市场的可选性，但同时也指出，第 14 条（d）项隐含不同市场之间的选择顺序。原则上，调查机构应首先考虑补贴提供成员国内市场价格。只有当国内市场价格被证明因政府在市场中的主导支配地位而受扭曲，如政府是唯一供货商或政府对所有该类货物实行价格控制，即政府成为事实上有效价格制定者，而私人供货商仅是价格接受者时，调查机构才可

---

[1] See Issues and Decision Memorandum: Final Results of the Countervailing Duty Investigation of Certain Softwood Lumber Products from Canada [C-122-839], at https://enforcement. trade. gov/download/section129/canada-softwood-lumber-sec129-determination-12-06-2004. pdf, last visited on Apr. 22, 2020.

[2] See SCMA, Art. 14 (a), (b) and (c).

[3] See Panel Report, United States-Final Countervailing Duty Determination with Respect to Certain Softwood Lumber from Canada, WT/DS257/R, paras. 7. 48, 7. 51 and 7. 60.

以选择其他市场。换言之，上诉机构将第 14 条（d）项中的市场理解为"未受政府补贴行为扭曲的市场"。这是因为，只有未受政府补贴行为扭曲的市场才能有效分配资源。通过测量与这种市场的偏离程度，补贴利益才能被确定。[1]并非所有的市场都能作为基准市场。若市场被政府的财政资助所扭曲，以这种市场为基准将无法测量补贴对贸易的扭曲。[2]当证明由于政府占市场主导地位扭曲了补贴提供成员的私营市场，且所选择的替代基准与该补贴提供成员的现行市场相关，调查机构就可以适用外部基准。然而，这种解释势必引起争议。第一，如何证明补贴成员的国内市场是受扭曲的市场？第二，在证明补贴提供成员国内市场价格遭受扭曲后，调查机构又应当如何选择替代市场？对此，上诉机构根本没有提供任何具体指导。而事实上，有学者指出，由于市场是开放且相互影响的，世界上根本就不存在不受任何干预的市场或未受扭曲的市场。[3]

3. 市场扭曲的判断标准：政府主导地位的权重

第四软木案开启了适用外部基准的先例，而中美双反措施案则进一步对其进行了拓展与深化。以中国政府对经济的介入为由，美国商务部拒绝采用中国提供的市场数据，如私营企业销售价格与银行利率，作为衡量利益存在与否与利益计算的基准。中国认为，美国此举违反了 SCM 协定第 14 条（d）项。

仅凭政府对经济的控制这一因素能否足以认定市场扭曲成为适用外部基准的核心争议。在第四软木案中，上诉机构认为政府为重要供货商的事实本身不足以认定市场受到扭曲。而是需要逐案分析，并综合考虑政府市场份额因素以外的其他证据。在中美双反措施案中，上诉机构不认同"政府主导本身确立市场扭曲"的观点，进一步确立了"以政府的市场占有和控制力"来认定市场扭曲的原则。一方面，政府作为主导提供者不是市场扭曲的充分证据，但仍是主要证据；另一方面，其他证据具有多大的权重取决于政府主导

---

〔1〕　See Appellate Body Report, United States-Final Countervailing Duty Determination with Respect to Certain Softwood Lumber from Canada, WT/DS257/AB/R, paras. 89-90, 99 and 102.

〔2〕　See Petros C. Mavroidis, et al., *The Law and Economics of Contingent Protection in the WTO*, Edward Elgar, 2008, p. 344.

〔3〕　参见余劲松、任强：《论"产能过剩"与反补贴协定冲突》，载《政法论丛》2017 年第 5 期。

的程度。[1]但是，上述原则无异于通过政府主导本身来认定市场是否存在扭曲：因为政府占有市场比例越高，其他因素的相关度就越低；政府占有市场比例越低，其他因素的相关度就越高。

4. 替代基准所需要具备的条件

目前看来，调查机构在具体案件中选择外部基准时被赋予较大的自由裁量权与灵活性。以政府贷款替代基准为例，在中美双反措施案中，专家组与上诉机构均接受了"接近于"的标准。上诉机构首次对 SCM 协定第 14 条（b）项作出解释，提出第 14 条并没有为调查机构在特定情况下适用外部基准作出任何限制。但该外部基准必须与"公司可实际从市场获得可比商业贷款"近似。然而，上诉机构并未对"公司可实际从市场获得的可比商业贷款"以及"近似"作进一步的解释。上诉机构仅仅作如下说明：根据第 14 条（b）项选择基准涉及逐步寻找可比的商业贷款，从最接近被调查贷款的商业贷款开始（向同一借款人提供的贷款，在时间、结构、期限、规模和货币方面与被调查贷款几乎相同），然后转向不太相似的商业贷款，同时对其进行调整，以确保与被调查贷款的可比性。[2]这实际上是延续了上诉机构在第四软木案中对第 14 条（d）项确认的要求。即在调查机构不使用补贴提供成员市场上的私人价格的情况下，它仍应选择一种与提供成员的现行市场条件有关或与之相关的方法来计算利益。

综上所述，目前仍存在争议的是：政府主导市场本身是否可以构成市场扭曲从而满足适用外部基准的要求？以及调查机构应如何选择替代基准？

欧美等发达经济体试图通过"市场扭曲"概念来处理这一问题。若一项制度"扭曲"了市场的竞争条件，它很有可能被认为是"不公平的"，并引发合法的反应行动。然而，"贸易扭曲"或"市场扭曲"的概念，与非市场经济制度的概念类似，仅仅是一种工具，旨在约束全新的、不同的或不熟悉的市场形式，或者用来中和来自地缘政治对手的竞争威胁。由此可能导致的结果是，抑制体制性试验，以歧视性甚至惩罚性的方式对待非正统体制。其实，"市场扭曲"的概念并非一个新概念。在 WTO 法律体系中，"市场扭曲"

---

〔1〕 See Appellate Body Report, United States-Definitive Anti-Dumping and Countervailing Duties on Certain Products from China, WT/DS379/AB/R, paras. 446-447, 453-455.

〔2〕 See Appellate Body Report, United States-Definitive Anti-Dumping and Countervailing Duties on Certain Products from China, WT/DS379/AB/R, paras. 486.

的概念早已被纳入贸易救济规则当中。出口成员的"市场扭曲"可以间接触发对从该成员出口产品征税的权利，且有可能影响计算关税的方式。这是因为，有些形式的成员政府行为被视为扭曲了国内市场，为出口创造了"不公平"的竞争优势，因此其他成员政府有理由对其征税以抵消这种优势。

然而，有些特定的成员政府行为既没有被明文禁止，也无法触发其他成员对其征税的权利。这些政府行为属于市场活动的背景制度条件，可由各成员根据国情自行采取。自主设置市场的背景制度条件是每个成员的制度性权利。[1]所以，为了对上述两种情况作出区分，必须明确何为"市场扭曲"。广义来说，当某一政府行为对市场行为、价格或结果的影响与"市场决定"的情况不同时，就可以认为该行为导致了"市场扭曲"。而由于采取的标准不同，对于一项给定的措施，根据其对市场行为的影响，强制程度或者该措施的意图等，得出的结论可能各异。那么，到底应当采取哪种标准来确定一项政府措施是否具有"市场扭曲"作用？有学者指出，不论采取何种标准判断政府行为是否具有扭曲作用，其背后都反映了人们对特定市场制度特征（模式）的偏好和认知。从根本上说，体制多样性是一个元体制问题。WTO 成员可以合法地为自己的市场建立体制条件。对"市场扭曲"与作为成员市场背景体制条件的政府措施作出明确区分。由调查当局来对外国政府措施定性，而 DSB 仅评估调查当局对其决定的解释是否合理和充分。[2]若一项政府措施被适当地定性为背景体制条件，调查当局就不能将其作为价格扭曲的证据。

正如有学者指出的，美国在利用外部基准方面已经实现了一种贸易法上的精致平衡。[3]总体上，将"市场扭曲"这一不确定的标准作为拒绝适用补贴国国内市场价格不利于国有经济占比较高的发展中成员。而调查机构在选择外部基准时享有较大的灵活性，可能导致外部基准的滥用。

---

[1] See Andrew Lang, "Heterodox Markets and 'Market Distortions' in the Global Trading System", *Journal of International Economic Law*, Vol. 22, 2019, p. 4.

[2] 专家组的职能是评估调查当局对其决定的解释是否合理和充分，方法是根据有关各方提出的事实和解释，深入地对该解释进行批判性审查。

[3] See Wentong Zheng, "Trade Law's Responses to the Rise of China", *Berkeley Journal of International Law*, Vol. 34, 2016, p. 116.

三、补贴专向性的判断

为规范成员的补贴措施与反补贴措施，GATT 提供了两种机制：第一，第 6 条界定反补贴方式规范成员的反补贴措施；第二，第 16 条界定合法补贴的条件调整成员的补贴措施。[1]然而，这两种机制对国际贸易中的补贴与反补贴行为的规范仅具有有限作用。SCM 协定首次对补贴作出规范界定，并纳入了美国行政与反补贴税法中的"专向性"概念，是乌拉圭回合谈判的又一项重大成果。[2]"专向性"概念的引入可防止因宽泛认定补贴而导致某些成员任意扩大反补贴措施调查范围的贸易保护主义倾向。

（一）SCM 协定中对补贴专向性的规定及其意义

SCM 协定第 1.2 条规定，只有当补贴具有专向性时，WTO 成员才可以采取行动。[3]SCM 协定第 2.1 条将补贴的专向性分为企业专向性（补贴某一或几个特定企业）、产业专向性（补贴某一或几个特定产业部门）、地区专向性（补贴其领土内特定地区的生产者）以及推定或拟制专向性（禁止性补贴，与出口实绩或进口替代产品相联系的补贴）。[4]一旦补贴授予当局或其据以行动的立法将补贴的授予明确限于上述任何一种，则该补贴具有专向性。若补贴授予当局或其据以行动的立法对获得补贴的主体资格和数额规定了客观标准或条件，且主体一旦满足便能自动获得补贴，则该补贴不具有专向性。相关的标准或条件需在法律、法规或其他官方文件中明确，以便核实。[5]

SCM 协定以补贴是否具有专向性作为核心标准，旗帜鲜明地将"专向性补贴"作为打击或反对的重点。这是因为，依据经济学上的"扭曲理论"，[6]如

---

〔1〕 参见 ［美］约翰·H·杰克逊：《世界贸易体制—— 国际经济关系的法律与政策》，张乃根译，复旦大学出版社 2001 年版，第 326 页。

〔2〕 参见曹建明、贺小勇：《世界贸易组织》，法律出版社 2011 年版，第 174~175 页。

〔3〕 See SCMA, Art. 1. 2.

〔4〕 参见陈利强：《〈补贴与反补贴措施协定〉之专向性问题初探》，载《西北大学学报（哲学社会科学版）》2008 年第 3 期。

〔5〕 See SCMA, Art. 2. 1 （a）and （b）.

〔6〕 国内有学者指出，"专向性"与"扭曲作用"实际上是两个相互联系的概念，前者是法律术语，后者是经济学术语，专向性标准事实上是区分补贴是否具有扭曲作用的标准。参见甘瑛：《国际货物贸易中的补贴与反补贴法律问题研究》，法律出版社 2005 年版，第 72 页。

果一个补贴是"普遍可得"的，那么其对国际贸易的扭曲作用几乎不计。然而，对于一项补贴要达到何种"普遍可得"的程度才能不具有贸易扭曲作用是不确定的。[1]

而 SCM 协定并未对此作出界定。因此，这一要素只能交由反补贴案件中调查机构以及具体争议案件中的专家组和上诉机构自行判断。

随着反补贴措施的打击，具有法律上专向性的补贴变得越来越少。相反，补贴方式变得隐蔽。有些补贴从表面上看，获取条件似乎客观中立，不具有专向性，但是实际运作中具有事实上的专向性。例如，加拿大各省允诺的"采伐权"允许企业将树木从政府财产转变为非政府财产的做法，尽管对所有人都开放，但实际上只有少数产业可以从中获利。如此一来，很多产业经济部门都可以抓住获益的机会来利用补贴政策发展特定产业。

SCM 协定也注意到了这一问题，因此在第 2.1 条（c）项规定，尽管某一补贴适用（a）项与（b）项的原则被判断为不具有专向性，但有理由使人相信，其实际上具有专向性，则应考虑以下因素：补贴被授予有限数量的某些企业；或某些企业是补贴的主要获得者；或某些企业不成比例地获得大量补贴；或授予机关在作出授予补贴的决定时行使自由裁量权。在援用本款规定时应考虑到补贴授予当局管辖范围内经济活动多样化的程度，以及实施补贴计划的持续时间。根据上诉机构在欧盟民用航空器案中的观点，这几项因素是共同适用的。[2]

然而，从某种意义上说，现实中并不存在一种"非专向性补贴"能够统一地适用于社会上所有部门。以国内税为例，税收递减的特权面向所有可以从中获利的人，但是事实上利用较多资本的厂商比其他小企业获利更多。而一般认为，这种税收措施不具有"专向性"。[3]

（二）WTO 司法实践中对补贴"专向性"的判断

审查一成员授予的补贴是否具有专向性的关键在于补贴对象的范围。

---

〔1〕　See Rambod Behboodi, *Industrial Subsidies and Frictions in World Trade: Trade Policy or Trade Politics?*, Routledge, 1994, p. 138.

〔2〕　See Appellate Body Report, EU and Certain Member States—Measures Affecting Trade in Large Civil Aircraft, WT/DS316/AB/R, para. 945.

〔3〕　参见李本：《WTO 框架下的补贴与反补贴协定研究》，华东政法学院 2004 年博士学位论文。

SCM 协定并未明确界定"特定企业"的范围，也未对如何理解这一概念给出任何指导性文件。[1]判断某一项补贴的接受者是否构成"专向性"标准下的"特定企业"需要个案判断与解释。[2]

然而，WTO 司法实践对此问题也未有明确结论。目前，WTO 成员间只是形成了一种普遍性的认知，即补贴对象范围越窄，就越容易被认定为专向性补贴；反之则被认定为专向性补贴的可能性就越小。[3]例如，欧盟通过各种方式对航空业、钢铁业、造船业、合成纤维及汽车行业提供资金。又如，在欧盟诉美国大飞机补贴案中，美国商务部从实施"先进技术计划"到成立专家组为止，对电子产品、计算机硬件、通信、材料等多个领域共补贴了 700 多个项目，而非仅限于航空制造业。因而该补贴项目最终被认定为不具有专向性。[4]这些做法已经成为规避补贴专向性规则的典范。

第三节　非商业援助条款对主要争议的回应

非商业援助条款暗含了对国有企业的不利推定：由于透明度的缺失，政府常常以一种不为人知的方式授予国有企业补贴，而且享有政府授予不正当补贴的国有企业更有可能从事反竞争活动。因此，需要制定规则对国有企业施加更为严格的义务，审查政府与国有企业以及国有企业之间的交易。下文将就非商业援助条款如何对上述争议作出回应进行分析并提出可能存在的问题。

一、以"政府所有或控制"的企业替代"公共机构"

正如美国反补贴税措施执行一案中的上诉机构成员一份单独意见所表述

---

〔1〕　参见张目强：《〈补贴与反补贴措施协定〉中的补贴专向性》，载《政法论坛》2012 年第 2 期。

〔2〕　See Julia Ya Qin, "WTO Regulation of Subsidies to State-Owned Enterprises (SOEs) -A Critical Appraisal of the China Accession Protocol", *Journal of International Economic Law*, Vol. 7, No. 4., 2004, p. 890.

〔3〕　参见张超汉、刘静：《WTO 框架下美国大飞机补贴实证研究—— 以"欧盟诉美国大飞机补贴案"为例》，载《国际经贸探索》2020 年第 4 期。

〔4〕　See Panel Report, United States-Measures Affecting Trade in Large Civil Aircraft, WT/DS353/R, para. 7. 1244.

的，对于何为"公共机构"，大多数人都在重复一个不明确且不准确的标准。该上诉机构成员认为，对"公共机构"的标准进行明确阐述，很有必要。[1]且不论上诉机构是否应该对"公共机构"进行更加积极的司法认定，这份意见充分表明，"公共机构"的法律标准仍然是一个极具争议的问题。在涉及国有企业的情形下，到底应采取什么样的标准判断一个实体是否构成"公共机构"？

对此，美国、日本、欧盟都认为 WTO 上诉机构在若干报告中对"公共机构"的解释破坏了 WTO 补贴规则的有效性，并提出确定一个实体是否构成"公共机构"时无需认定该实体"拥有并行使政府权力"。[2]三方在《制定更有力的工业补贴规则》的目标中提出"要更好应对公共机构和国有企业"。这一表述将"公共机构"和"国有企业"等同化，并希望引导规则向将"国有企业"视为"公共机构"的方向发展。[3]类似立场也体现在相关 WTO 改革提议当中，如欧盟主张进一步澄清和阐明"公共机构"的内涵与外延，从而更好地涵盖国有企业。[4]然而，从当前 FTAs 看，仅有美国主导的 TPP 与 USMCA 对这一问题作出了直接回应。而欧盟所主导的欧日 EPA 与 CETA 仍然在补贴章节讨论国有企业相关问题。

（一）非商业援助条款将"国有企业"等同于"公共机构"

非商业援助条款仅规制向国有企业提供的补贴，对传统国有企业条款作出重大改变，为国有企业创设全新的权利与义务。[5]非商业援助条款不再使用"公共机构"的概念，而是直接将国有企业作为补贴提供者，试图在涉及

〔1〕 See Appellate Body Report, United States-Countervailing Duty Measures on Certain Products from China（Recourse to Article 21.5 of the DSU by China）, WT/DS437/AB/RW, para 5.243.

〔2〕 See Joint Statement of the Trilateral Meeting of the Trade Ministers of Japan, the United States and the European Union, at https://ustr.gov/about-us/policy-offices/press-office/press-releases/2020/january/joint-statement-trilateral-meeting-trade-ministers-japan-united-states-and-european-union, last visited on Jan. 15, 2020.

〔3〕 See Joint Statement on Trilateral Meeting of the Trade Ministers of the United States, Japan, and the European Union, at https://ustr.gov/about-us/policy-offices/press-office/press-releases/2018/may/joint-statement-trilateral-meeting, last visited on Oct. 16, 2020.

〔4〕 See European Commission, EU Concept Paper on WTO Reform, at https://www.wita.org/atp-research/eu-concept-paper-on-wto-reform/, last visited on May 14, 2019.

〔5〕 参见韩立余：《TPP 国有企业规则及其影响》，载《国家行政学院学报》2016 年第 1 期。

国有企业的交易中，为"公共机构"的争议画上句号。

根据TPP协定第17.6.2条规定，每一缔约方应保证，其国家企业和国有企业不通过对任何国有企业提供针对下述事项的非商业性援助的方式，对另一缔约方的利益造成不利影响：第一，国有企业生产或销售货物；第二，国有企业从该缔约方境内向另一缔约方提供服务；第三，通过在另一缔约方境内或任何其他缔约方境内的涵盖投资企业，在另一缔约方境内提供服务。非商业援助条款中不再出现"公共机构"的概念，而是将国家企业和国有企业等同于SCM协定第1条中的"公共机构"，与缔约方政府并列，直接作为非商业援助的提供者。换言之，非商业援助条款可能导致提供原材料、能源、半成品、上游产品的国有企业直接被认定为非商业援助的提供者，限制这些国有企业向下游国有企业提供货物或服务方面的优惠待遇。[1]

（二）非商业援助条款的"国有企业"可能包括SCM协定下的私营企业

美日欧第三次联合声明提出要讨论"如何应对非公共机构主体受到政府影响而扰乱市场的行为"。[2]以SCM协定为基础，那些未被SCM协定"公共机构"概念所涵盖的国有企业，也需要受到类似约束。而且对于那些传统上不被认为是国有企业的实体，只要认定政府有效控制了这些企业，就应当受到相类似的约束。[3]

而非商业援助条款为实现上述目标提供了一种可能途径。根据非商业援助条款，缔约方不得通过国有企业向从事货物生产或销售、服务跨境提供，或以商业存在的形式提供服务的国有企业提供非商业援助。正如第二章所述，符合协定定义的国有企业需要同时具备主体特征与行为特征。其中主体特征要求政府对该实体具有一定程度的控制，既可以因所有权而控制企业，也可以以其他方式控制企业。其中，政府对企业享有50%以上的所有权便可满足国有企业主体特征。在确定一缔约方是否拥有这种控制权时，应逐案考虑所

〔1〕参见刘瑛：《〈跨太平洋伙伴关系协定〉国有企业章节的中国应对》，载《东方法学》2016年第5期。

〔2〕See Joint Statement on Trilateral Meeting of the Trade Ministers of the United States, Japan, and the European Union, Paris, at https://ustr. gov/about-us/policy-offices/press-office/press-releases/2018/may/joint-statement-trilateral-meeting, last visited on Oct. 16, 2020.

〔3〕参见白洁、苏庆义：《〈美墨加协定〉：特征、影响及中国应对》，载《国际经济评论》2020年第6期。

有相关法律和事实要素，包括决定或指导商业运作的权力，如重大开支或投资、发行股票或重大债务、企业重组、合并或解散。结合国有企业定义，非商业援助条款实际上允许调查机构仅以多数所有权这一单一要素认定国有企业，进而使之承担类似于"公共机构"的义务；而且当政府不占多数所有权时，通过政府对企业重要事项的控制亦可满足"控制"要素，进而要求该企业承担类似于"公共机构"的义务。也就是说，非商业援助条款直接越过了"国有企业是否构成'公共机构'"的争议，将本来由"公共机构"所承担的义务直接施加于国有企业。

此外，这一定义将导致未受到政府"委托或指示"的私营企业，因符合"控制"要件而被轻易认定为"国有企业"，进一步减轻了调查机构的举证责任。这是因为，且不论上诉机构所提出的"国有企业的行为是否要与其被授予政府权力具有直接的逻辑联系才能构成公共机构"判断是否准确，[1] 根据 SCM 协定第 1 条，若要将一私营企业的财政资助行为归于政府，需要证明其行为受到了政府的"委托或指示"。然而，根据非商业援助条款，一旦一私营企业受到了一定程度的政府控制，就无需再证明其行为是否受到政府的"委托或指示"。这与美国在国内调查中产生的《公共机构备忘录》中的结论如出一辙，认为"若美国商务部认为政府有效控制了没有政府股份的企业和政府关联的企业，这些企业也可以被视为公共机构"。[2] 结合这一备忘录，可以推测，非商业援助条款旨在针对中国的一般企业。尽管这些企业很难与"公共机构"建立概念上的关联，但美国仍然希望规制政府对一般企业的影响和控制。

二、扩大补贴利益外部基准的适用范围

非商业援助条款仅在非商业援助的定义中对"利益"有所提及。除此之外，再无其他规定要求对存在"利益"作出证明。非商业援助条款之所以这样规定，实际上是将利益基准的确定更多地交由调查机构作出选择。

(一) 简化了是否"授予一项利益"的判断

非商业援助条款对"援助"的定义结合了 SCM 协定第 1 条与第 14 条的

---

〔1〕 仅强调政府与实体的联系来决定实体所需要承担的义务，忽略了该实体行为层面的特点。

〔2〕 See *The Public Bodies Memorandum*, May 2012, p. 38.

规定，列举了援助的类型的同时，也内置了一个比较的市场基准。[1]这是将SCM协定判断是否存在补贴时应考虑的两个法律要素即财政资助和授予一项利益相融合。从这一角度上说，非商业援助中的"援助"指的就是SCM协定中的补贴。正如有学者指出的，如此规定就无需再单独考虑"利益"因素了，[2]对"援助"本身的列举已包含了"利益"要求。

SCM协定第14条的标题为"以接受补贴者所获利益计算补贴的金额"。作为反补贴多边纪律的关键要素，利益既是判定一项财政资助是否构成补贴的必要条件，也是计算反补贴税率的依据。[3]对"利益"的判定可以看作对国有企业额外获得的竞争优势的量化。然而，"利益"是否存在需要比较。对"利益"的判断反映了补贴中财政资助对市场的扭曲作用，而"利益"的大小则体现了对市场扭曲作用的程度。[4]因此，"利益"判断需要一个可比较的市场基准。

（二）对外部基准问题模糊化处理

如上文所述，非商业援助本身就包含了比较的市场基准。"援助"的定义是对SCM协定第14条有选择的移植。对股本资金而言，定义仅规定"与私人投资者的通常投资实践不一致"，省略了SCM协定第14条中的"该成员境内"；对贷款与贷款担保而言，该定义并未直接提及市场，仅仅规定"条件比企业可获得的商业条件更加优惠"；对政府提供除一般基础设施外的货物与服务而言，该定义则省略了"政府购买货物的情形"，且未直接提及国内市场或其他市场的价格作为比较基准。

---

〔1〕 See Mikyung Yun, "An Analysis of the New Trade Regime for State-Owned Enterprises under the Trans-Pacific Partnership Agreement", *East Asian Economic Review*, Vol. 20, No. 1., 2016, p. 12.

〔2〕 参见韩立余：《TPP国有企业规则及其影响》，载《国家行政学院学报》2016年第1期。

〔3〕 SCM协定第19.2条规定："宜允许在所有成员领土内征税，如果足以消除对国内产业的损害，反补贴税小于补贴的全部金额是可取的"；第19.3条规定："如对任何产品征收反补贴税，则应对已被认定接受补贴和造成损害的所有来源的此种进口产品根据每一案件的情况在非歧视基础上收取适当金额的反补贴税。"第19.4条："该补贴的金额以补贴出口产品的单位补贴结算。"

〔4〕 专家组在加拿大航空器案中认为判断补贴接受主体是否享有这种优势需要确定财政资助的存在是否使接受主体获得了比没有财政资助下更有优势的地位。只有在财政资助使接受主体获得了优势地位的前提下，才可认为存在"利益"。而衡量是否存在优势地位的标准就是市场，也就是说要看财政资助接受主体是否获得了比市场条件更加优惠的待遇。See Panel Report, Canada-Measures Affecting the Export of Civilian Aircraft, WT/DS70/R, para. 9. 112.

可以发现，不管是对于股本资金、贷款或贷款担保，还是政府提供除一般基础设施外的货物与服务的情形，非商业援助条款均未直接排除适用外部基准的可能性。这将导致，是否拒绝非商业援助提供缔约方的国内市场价格以及选择哪种替代基准，很大程度上取决于进口缔约方国内法规定与调查机构的自由裁量。

三、向国有企业提供的补贴专向性测试

非商业援助条款为以国有企业为接受者的补贴设计了更为宽松的专向性的认定测试。对补贴专向性测试，非商业援助条款主要规定在非商业援助定义当中，即"仅因政府对国有企业的所有权或控制权"。与 SCM 协定第 2 条相类似，专向性包括法律上的专向性和事实上的专向性。"仅因政府对国有企业的所有权或控制权"列出了四种被认定为具有专向性的情形。[1]其中，后面三种情形属于事实上的专向性。与 SCM 协定相比，这一专向性测试的不同之处在于：第一，补贴接受者从"特定企业"改为"国有企业"，为"特定企业"创设了一种 SCM 协定并未明确的判断标准，即企业中政府享有的所有权或控制权；第二，SCM 协定对事实上专向性的判断需要综合考察以下因素：是否只是数量有限的某些特定企业获得补贴、补贴是否主要授予某些特定企业、是否有大量不成比例的补贴被授予某些特定企业、补贴授予当局决定补贴的自由裁量权的行使形式等，而非商业援助中只需要满足其中一项即可构成事实上专向性。因此，以国有企业为接受者的补贴更易被认定为构成非商业援助中的事实上专向性。

相类似地，当前新一代区域自由贸易协定中所增加的几类禁止性补贴也体现了这一立场。尽管 TPP 非商业援助条款中并未涉及禁止性补贴，但 USMCA 中的非商业援助条款列出了几类以国有企业作为补贴接受者的禁止性补贴：禁止国有企业向无资信保障[2]的国有企业提供贷款或贷款担保；禁止向无可靠重组计划的破产国有企业提供非商业援助；禁止将国有企业的未偿

---

〔1〕　See TPP, Art. 17.1.

〔2〕　无资信保障指的是，在商定融资条件时，国有企业的财务状况将使其无法从常规商业渠道（银行贷款和非投机级债券发行）获得长期融资。为了确定一个国有企业是否有资信保障，必须逐一考虑所有相关的法律和事实要素。这些要素可能包括债权人是否有合理的保证，能从企业的现金流和资产中及时获得偿债。

债务转化为权益。[1]尽管欧日 EPA 并未设置专门针对国有企业的补贴条款，但其第 12.7 条也列举了两类对贸易和投资有重大负面影响的禁止性补贴：第一，要求政府或"公共机构"为企业的债务或负债提供无限担保（无限制数额和期限）的法律或其他安排；第二，在企业没有制定可靠重组计划的情况下，为陷入困境或破产的企业重组提供的补贴。企业得到临时流动资金支持后，应在合理时间内制定重组计划。[2]此外，美日欧三方在第七次联合声明就扩大禁止性补贴的范围达成共识，拟增加几种禁止性补贴类型：无限担保；在缺乏可靠重组计划条件下，对经济困难或资不抵债企业提供的补贴；向无法从独立商业来源获得长期融资或投资的企业提供补贴，这些企业在产能过剩的部门或行业经营；某些债务的直接免除。[3]尽管仅有 USMCA 中的非商业援助条款明确针对国有企业，美日欧三方声明和欧日 EPA 中的禁止性补贴旨在针对规模较大、对国际贸易与投资产生重大负面影响的企业。而国有企业是潜在的受规制对象，尤其是中国国有企业的产能过剩一直以来都是西方国家所关注的一个问题。禁止性补贴对国际贸易的影响最为严重且直接，被视为具有拟制专向性，因此应尽快消除这种补贴对国际贸易的不利影响。将向国有企业提供的部分补贴归入禁止性补贴，为这类补贴的救济提供更加便利的救济程序。显然，这一专门针对国有企业补贴的规制趋势已然打破了 SCM协定在规制国有企业时所保持的精致平衡。[4]

第四节　非商业援助条款应体现政府补贴中立

非商业援助条款所构建的规则体系已经从以货物为核心转向以国有企业

---

〔1〕　参见王晨曦：《美国主导的国有企业国际造法：历史进程、核心内容及应对策略》，载《南京理工大学学报（社会科学版）》2021 年第 1 期。

〔2〕　本条中任何规定都不妨碍缔约方以贷款担保或贷款形式提供临时流动性支持的方式提供补贴，其数额仅限于在制定重组或清算计划所需的时间内使企业继续经营所需的数额。See EU‐Japan EPA, Art. 12.7, note 1.

〔3〕　See Joint Statement of the Trilateral Meeting of the Trade Ministers of Japan, the United States and the European Union, Office of the United States Trade Representotive, at https://ustr. gov/about‐us/policy‐of-fices/press‐office/press‐releases/2020/january/joint‐ statement‐trilateral‐meeting‐trade‐ministers‐japan‐u-nited‐states‐and‐european‐union, last visited on Jan. 15, 2020.

〔4〕　See Appellate Body Report, United States‐Countervailing Duty Investigation on Dynamic Random Ac-cess Memory Semiconductors（DRAMS）from Korea, WT/DS296/AB/R, para. 115.

为核心。围绕国有企业设计的非商业援助条款，不仅关注国有企业的货物或服务贸易，还关注国有企业通过投资的方式，对国内市场或其他缔约方市场造成竞争扭曲影响。因此，非商业援助条款借鉴竞争中立原则，从源头切断政府对因所有权或控制权而给予国有企业的不当补贴，其中主要突出的是政府补贴中立。然而，也有学者指出，对 TPP 国有企业条款的实施，尤其是对非商业援助条款的实施，实际上可能会让美国等发达经济体的私营企业替代国有企业在国际贸易中所占的市场份额。一种有利于国有企业的、受管理的市场可能会被另一种市场所取代。在后面一种市场中，美国的私营企业是曾经占据垄断或寡头垄断地位的巨头。国际贸易规则在创造公平竞争环境的过程中，始终受到这种担忧的困扰。[1]

一、政府补贴中立的必要性

竞争中立要求政府在干预市场时必须遵循交易机会、经营负担与投资回报三个方向的中立。[2]其中的投资回报要求政府对市场的干预应当公平地影响所有参与市场资源配置企业的投资回报。在市场经济中，商业化运作的企业争取交易机会、承受经营负担以获得投资回报。而能否获得投资回报以及回报率的高低，将对一个企业在市场竞争中的命运具有决定性作用。企业的投资回报率主要取决于各自的技术革新速度、成本管控绩效、市场营销能力等内在因素。除此之外，企业还可能受到政府干预这一外在因素的影响。其中，政府补贴是企业从市场之外获得投资回报的另一个重要途径。能否获得补贴、获得补贴数额以及获得补贴的行业份额比等都将影响一个企业在市场竞争中的生存与发展。因此，对于政府而言，在使用公共财政向企业提供补贴时，需公平地面向所有市场主体，要求凡是符合公平条件的经营者均能获得政府补贴，也即坚持政府补贴中立。

当然，政府补贴中立也是 SCM 协定的应有之义。补贴作为一国实现经济社会目标的重要政策工具而被国际社会承认。但人为干预资源配置可能对他国利益乃至国际贸易造成负面影响，WTO 体制必须在维护一个成员实施补贴

---

[1]　See Raj Bhala, "Exposing the Forgotten TPP Chapter: Chapter 17 as a Model for Future International Trade Disciplines on SOEs", *Manchester Journal of International Economic Law*, Vol. 14, No. 1., 2017, p. 11.

[2]　参见丁茂中:《我国竞争中立政策的引入及实施》，载《法学》2015 年第 9 期。

的必要政策空间与另一成员有效遏制不公平贸易之间保持平衡。[1]依补贴对国际贸易的不同影响，SCM 协定将补贴分为禁止性补贴、可诉补贴与不可诉补贴三大类。[2]其中不可诉补贴在 WTO 体制下是"合法的"补贴，不受反补贴纪律约束。其中，不具有专向性的补贴要求补贴的分配标准必须是中立的、非歧视的和以整个经济为基础的，不对任何部门加以区分。当然，某些补贴虽然具有专向性，但也是不可申诉的，包括研发补贴、对落后地区的补贴、环保补贴等。[3]因此，补贴专向性是一个可最大限度降低反补贴税法滥用的有效工具，[4]被 WTO 纳入国际反补贴的多边法律框架之中，作为筛选可诉性补贴与不可诉补贴的过滤器。

因此，不管是竞争中立，还是 WTO 体制中为在补贴与反补贴措施之间建立一种平衡而提出的"补贴专向性"，都要求政府所提供的补贴必须中立，才能最大限度地减少对国际贸易产生的不利影响。

二、非商业援助条款与补贴中立要求的偏差

政府补贴中立要求政府在使用公共财政对企业进行补贴过程中保证公平，凡是符合补贴授予条件的经营者都应当能够获得政府补贴。换言之，补贴中立要求补贴的对象中立、授予补贴的标准与方式中立。[5]

非商业援助的概念，如上文所述，基本上等同于 SCM 协定中的一种特殊的可诉补贴。归纳起来，非商业援助条款要求，政府或国有企业不得仅因政府对国有企业的所有权或控制而向国有企业提供援助。其中"仅因政府对国有企业的所有权或控制"是专门为以国有企业作为补贴接受者而设计的专向性测试。与 SCM 协定的专向性测试相比，非商业援助的专向性测试除了将"特定企业"替换为"国有企业"之外，在对事实上的专向性判断中也存在

---

[1] See Steven McGuire, "Between Pragmatism and Principle: Legalization, Political Economy and the WTO's Subsidy Agreement", *International Trade Journal*, Vol. 16, No. 3., 2002, pp. 326-327.

[2] 参见曹建明、贺小勇：《世界贸易组织》，法律出版社 2011 年版，第 175~181 页。

[3] 尽管 SCM 协定第 31 条规定的"SCM 协定有关不可诉补贴的规定临时适用 5 年"已到期，此后这些不可诉补贴转变为可诉补贴，但实践中各成员并未对这些原来的不可诉补贴采取反补贴措施。

[4] See Christoph Lehmann, "The Definition of Domestic Subsidy under United States Countervailing Duty Law", *Texas International Law Journal*, Vol. 22, 1987, p. 65.

[5] 参见丁茂中：《竞争中立政策研究》，法律出版社 2018 年版，第 99~108 页。

根本差别。尽管其在措辞上尽可能地模仿了 SCM 协定第 2.1 条（c）项中对事实上的专向性判断的规定，但 SCM 协定第 2.1 条（c）项要求对有限数量的某些企业使用补贴计划、某些企业主要使用补贴、给予某些企业不成比例的大量补贴以及授予机关在作出授予补贴的决定时不适当地行使裁量权等因素进行综合考虑，而非商业援助的定义则仅要求满足其中一个因素即可被认定为具有事实上专向性。

如何界定"特定企业"，SCM 协定是沉默的，且 WTO 争端解决机构也未能在司法实践中作出明确解释。[1] 而非商业援助以"国有企业"替换"特定企业"的专向性测试，人为地创设了国有企业与其他企业之间的分野。这一规定无异于禁止政府向国有企业提供补贴，不论这一补贴是不是因其与政府的联系而获得的。这与竞争中立所规制的国有企业获得的政府给予的不正当优势并不完全一致。在现实中，国有企业与私营企业一样，也可能因为符合补贴的授予标准与要求而获得政府补贴。而非商业援助通过宽泛圈定出于政府所有权或控制权的原因，将国有企业获得的所有补贴都纳入到规制范围。这体现了一种认知或观点：国有企业作为接受者的补贴，与非国有企业作为接受者的补贴相比，更加能够扭曲贸易和市场。然而，这一观点缺乏经济学逻辑的支持。补贴所具有的贸易扭曲作用，[2] 是补贴本身造成的效果或影响，并不在于接受者的地位或所有制结构。那些持"国有企业比私营企业更加低效"观点的人应该同样会得出"国有企业利用补贴的效率比私营企业利用补贴的效率更低"的结论。那么，同一项补贴给国有企业带来的利益相较于私营企业更少，由此造成的贸易扭曲作用也更少。

而且，非商业援助使得一项对国有企业的补贴更加容易被认定为具有专向性。对此，有学者曾提出一个假设：若一政府的补贴项目是对那些每年雇佣一定比例下岗工人的企业减免税收，正常情况下，这一补贴项目应当不具有法律上的专向性，因为这一补贴项目提出了一个特定的、客观的、适用于

---

〔1〕　See Julia Ya Qin, "WTO Regulation of Subsidies to State-Owned Enterprises（SOEs）-A Critical Appraisal of the China Accession Protocol", *Journal of International Economic Law*, Vol. 7, No. 4., 2004, p. 890.

〔2〕　补贴在美国往往被视为非法扭曲国际贸易的工具，而在其他国家，产业补贴往往被视为国内政策的合法工具。See Michael J. Trebilcock, et al., *The Regulation of International Trade*, Routledge, 2013, p. 364.

所有企业的标准。如果要认定该补贴项目具有事实上的专向性，那么就需要综合考虑 SCM 协定第 2.1 条（c）项中的四个要素。而根据非商业援助的规定，调查机构只需要对补贴接受者的所有权或控制权进行调查。若大多数的补贴接受者碰巧是国有企业，那么这一补贴项目就会被认定具有事实上专向性。为了防止这种情况发生，政府是否需要在给予补贴时，对补贴接受者作出衡量，要求政府所有或控制的国有企业不得作为补贴接受者？这将剥夺国有企业作为补贴接受者的资格，与补贴中立所要求的对象中立、授予补贴的标准和方式中立不相符合。

三、对仅因政府所有权或控制权的补贴与其他补贴作出区分

非商业援助条款是为国有企业作为接受者而设计的补贴规则，是对国有企业的特殊规制。国有企业所享有的政府补贴可以分为因政府所有权或控制权而享有的补贴与其他补贴。从竞争中立的角度看，非商业援助条款应"捕捉"那些真正因政府所有权或控制权而授予国有企业的补贴，而将国有企业获得的其他政府补贴交由 SCM 协定判定。目前看来，非商业援助条款并未实现这一目标。在这种规制下，很多不具有补贴目的、也不一定造成市场扭曲不利影响的补贴，将被视为具有事实上的专向性而受到非商业援助条款的规制。这对于以国有经济为主的发展中国家而言，是具有歧视性的。

另外，非商业援助条款也未能很好地考虑到国有企业可能承担的一些政策目标。在很多情形下，国有企业需要基于非商业考虑以实现政府的社会目标，而同时政府会为此提供相应补偿。非商业援助条款仅基于国有企业从事商业活动以及接受政府补贴这两大事实便允许进口缔约方采取反补贴措施，对政府补贴的来源或目的在所不论。对既从事商业活动、又提供公共服务的国有企业而言，当政府向其提供某种形式的补贴时，应分开设立商业活动和非商业活动的成本、资产账户，避免国有企业交叉补贴导致市场扭曲，消除国家所有权带来的成本优势或劣势。只有这样，才能推动国有企业逐步成为独立的市场主体，实现国有企业与市场经济深度融合。

本章小结

非商业援助条款为 TPP 协定首创、专门针对国有企业制定的补贴规则，

并得到 USMCA 的复制与发展。通过对 SCM 协定相关规定的模仿，非商业援助条款打造了国有企业特殊补贴规则，并且将规则适用范围从货物贸易拓展到了服务贸易与投资。非商业援助条款对 SCM 协定中与国有企业相关的争议作出了回应：第一，在涉及国有企业的交易中，非商业援助条款绕过 SCM 协定下对"公共机构"的认定问题，直接将国有企业作为补贴提供者；第二，非商业援助简化了是否"授予一项利益"的判断，模糊处理利益比较的基准问题，赋予缔约方调查机构在拒绝使用补贴授予缔约方的国内价格以及选择替代的外部基准方面更多的自由裁量权；第三，非商业援助条款将 SCM 协定下对补贴专向性的判断中的"特定企业"变更为"国家所有或控制"的企业。此外，非商业援助条款还简化了对不利影响与损害、因果关系的认定等。总体上，非商业援助条款强化了对国有企业商业活动的约束，减轻了调查机构的举证责任。但是，非商业援助条款缺乏对关键性术语的界定，降低了适用的可预期性。

从价值层面考量，一方面，非商业援助条款要求政府在授予补贴时保持中立；但是另一方面，非商业援助条款中对补贴专向性的判断又与补贴中立存在偏差。

区别对待以国有企业作为接受者的补贴与以私营企业作为接受者的补贴，缺乏合理性与经济学理论支持。非商业援助条款未能"捕捉"那些真正因政府所有权或控制权而授予国有企业的补贴，也未能很好地考虑到国有企业可能承担的一些政策目标。相较之下，CETA 与欧日 EPA 则坚持在补贴规则章节下通过"公共机构"来规制国有企业作为补贴提供主体的行为，且并没有将国有企业作为补贴接受者而歧视对待，更具合理性。

我国参与国有企业条款谈判的法律建议

随着竞争中立的推广，国有企业条款在区域自由贸易协定中不断完善。以 TPP 协定为代表的新一代区域自由贸易协定中的高标准国有企业条款中对国有企业的界定、非歧视待遇与商业考虑条款以及非商业援助条款对中国的国有企业参与竞争活动以及中国政府对市场的干预提出了很大挑战。不论是在加入 TPP 协定的进程中，还是在参与并主导 WTO 现代化改革过程中，中国都需要直面国有企业国际规制问题，提出国有企业条款中国方案，积极参与国际谈判。

第一节　国有企业条款与我国市场经济体制的关系

新一代区域自由贸易协定中的国有企业条款将对不同经济体产生程度不同的影响。由于国家制度以及发展阶段的不同，基于竞争中立的国有企业条款将对欧美等发达经济体影响较小，对发展中经济体却会产生极高的制度变革成本。[1]出于各种政治、经济和社会的原因，中国的私有化程度不高，国有经济占比较高。[2]特别是，中国仍需要依靠国有企业承担经济和社会的发展重任。国有企业条款很有可能成为中国发挥后发优势的障碍和参与国际竞争的新规则壁垒，对中国构成较为严峻的现实挑战。然而，从另一方面讲，

---

〔1〕　参见唐宜红、姚曦：《混合所有制与竞争中立规则——TPP 对我国国有企业改革的挑战与启示》，载《人民论坛·学术前沿》2015 年第 23 期。

〔2〕　See OECD, *State-owned Enterprises as Global Competitors a Challenge or an Opportunity?*, OECD Publishing, 2016, p. 20.

国有企业条款所蕴含的竞争中立，关乎政府如何处理与市场的关系，是每一个实行市场经济体制的国家和地区经济内在的基本需求，也是这些国家和地区的政府在处理与市场关系时最基本的原则和立场。[1]

一、与我国社会主义经济体制改革并无矛盾

总体上，国有企业条款与我国新一轮经济体制改革的方向并无矛盾。[2]尽管国有企业条款有其不利之面，但客观看来，不管是在 TPP 还是在 USMCA 中都有一条至关重要的规则，即"本章中任何内容不得解释为阻止缔约方建立或维持国有企业"。换言之，国有企业条款并未否定国有企业存在的合理性，也未否定各国政府设立和维持国有企业的权利。事实上，以竞争中立为基础的部分国有企业条款符合市场经济发展的客观规律，有利于提升国有企业自身实力。我国经济体制改革将鼓励非公有制经济发展、建设公平合理的市场竞争环境作为重要目标。2019 年，在《中共中央、国务院关于营造更好发展环境支持民营企业改革发展的意见》中进一步提出，应当"坚持公平竞争，对各类市场主体一视同仁，营造公平竞争的市场环境、政策环境、法治环境，确保权利平等、机会平等、规则平等"。

（一）改革目标：创造公平竞争的发展环境

国有企业和私营企业公平竞争，本就契合中国多种所有制经济共同发展的基本经济制度，本就是"毫不动摇地鼓励、支持、引导非公有制经济发展"的题中应有之义。[3]党的十八届三中全会决定"全面深化改革"，提出"市场决定资源配置"的新论断，对公平竞争的重视程度被提高到历史新高度，体现了对中国特色社会主义规律认识的新水平，为我国供给侧结构性改革和发展模式转型指明了政治方向。[4]习近平总书记指出，面对新形势新任务新

---

〔1〕　参见孙晋：《新时代确立竞争政策基础性地位的现实意义及其法律实现——兼议〈反垄断法〉的修改》，载《政法论坛》2019 年第 2 期。

〔2〕　参见张琳、东艳：《主要发达经济体推进"竞争中立"原则的实践与比较》，载《上海对外经贸大学学报》2015 年第 4 期。

〔3〕　参见项安波：《借鉴竞争中立原则应对 TPP 国企条款挑战》，载《中国经济时报》2016 年 6 月 22 日，第 5 版。

〔4〕　参见孙晋：《习近平法治思想中的公平竞争法治观》，载 https://pinglun. youth. cn/ll/202101/t20210106_ 12651351. htm，最后访问日期：2021 年 2 月 22 日。

要求，全面深化改革，关键是要进一步形成公平竞争的发展环境。政府的职责与作用主要是保障公平竞争，加强市场监管，维护市场秩序。在党的十九大报告中，习近平总书记指出，清理废除妨碍统一市场和公平竞争的各种规定和做法。[1]这是"使市场在资源配置中起决定性作用、提高资源配置效率和公平性"的重要举措。2020年7月，习近平总书记在企业家座谈会上的讲话中再次提出，要依法平等保护国有、民营、外资等各种所有制企业产权和自主经营权，完善各类市场主体公平竞争的法治环境。[2]这说明了我国主张通过平等保护和政府中立监管，实现公平竞争发展。这与国有企业条款所基于的竞争中立最核心的关注，即政府应如何对待国有企业与其他市场主体相一致。这与竞争中立要求在竞争法面前所有的企业一律平等，[3]抑制国有企业享有的不正当竞争优势[4]也是相吻合的。

（二）改革方向：厘清政府与市场的边界

改革开放40多年来取得巨大成就，一个关键经验就是坚持立足国情发展中国特色社会主义市场经济，不断理顺政府和市场的关系，使市场在资源配置中起决定性作用，更好发挥政府作用。这是社会主义市场经济发展的一般规律，也是习近平新时代中国特色社会主义思想的重要内容，更是实现高质量发展必须坚持的基本方法。[5]

处理好政府和市场的关系，就需要厘清政府与市场发挥作用的边界，使市场通过价值规律、竞争规律、供求规律等在资源配置中起决定性作用。[6]在我国，国有企业具有"顶天"作用，即在高铁、探月、深海勘探等高精尖

---

〔1〕 参见习近平：《决胜全面建成小康社会 夺取新时代中国特色社会主义伟大胜利——在中国共产党第十九次全国代表大会上的报告》，载 https://www.gov.cn/zhuanti/2017－10/27/content_5234876.htm，最后访问日期：2020年9月1日。

〔2〕 参见习近平：《在企业家座谈会上的讲话》，载 http://www.qstheory.cn/yaowen/2020-07/21/c_1126267637.htm，最后访问日期：2020年9月21日。

〔3〕 参见时建中：《论竞争政策在经济政策体系中的地位——兼论反垄断法在管制型产业的适用》，载《价格理论与实践》2014年第7期。

〔4〕 参见胡改蓉：《竞争中立对我国国有企业的影响及法制应对》，载《法律科学（西北政法大学学报）》2014年第6期。

〔5〕 参见胡金焱：《厘清市场和政府的边界 建设现代化经济体系》，载 https://www.thepaper.cn/newsDetail_forward_6320709，最后访问日期：2020年3月25日。

〔6〕 参见周子勋：《处理好政府和市场关系》，载 http://theory.people.com.cn/n1/2017/0322/c40531-29160457.html，最后访问日期：2020年1月20日。

领域作出成就，也具有"立地"作用，兜底保障民生问题。然而，在"天"与"地"之间，是市场经济大展身手的空间，繁荣市场、充分竞争、打破垄断，才能极大发展民营经济、优化社会资源配置，实现市场决定资源配置的目标。[1]为此，2020年4月中共中央、国务院在《关于构建更加完善的要素市场化配置体制机制的意见》中提出要"推动政府定价机制由制定具体价格水平向制定定价规则转变"。这表明政府将从"定价格"向"定规则"转变，体现出最大程度发挥市场决定价格的改革方向。在遵循市场规律的同时，正确界定"有形之手"和"无形之手"发挥作用的边界，将为深化中国特色社会主义市场经济体制建设带来长远影响。

相应地，国有企业条款要求国有企业在购销活动中应基于商业考虑。表面上，这是对国有企业的要求，但其贯彻落实同样需要政府抑制干预冲动，实质上也是对政府提出了不干预企业经营行为、不对国有企业施加政治任务的要求。[2]商业考虑条款被明确作为国有企业参与商业活动的行为准则，旨在促进国有企业在市场上像私营企业一样行事。国有企业商业考虑条款有助于国有企业回归企业本性，追求利润最大化，也符合市场经济基本规律。实际上，这对找准政府与市场相互补位、协调配合的结合点提出要求，促进"有为政府"和"有效市场"的实现。

（三）改革手段：推进资本要素市场化配置

党的十九大明确将要素市场化配置作为经济体制改革的两个重点之一。推进要素市场制度建设，实现要素价格市场决定、流动自主有序、配置高效公平。进入高质量发展时期，推进资本要素市场化配置尤为重要。

相对应地，国有企业非商业援助条款要求政府不得仅因其对国有企业的所有权或控制权而授予补贴，旨在减少政府对国有企业的过度补贴，为非国有企业创造更多获得资源、生存与发展的机会。因此，在使不同所有制、不同规模的市场主体能够以更加公平、符合市场化的方式获得融资方面，国有企业非商业援助条款与推进资本要素市场化配置是一致的。

---

〔1〕　参见孙晋：《竞争性国有企业改革路径法律研究——基于竞争中立原则的视角》，人民出版社2020年版，第51页。

〔2〕　参见刘雪红：《国有企业的商业化塑造——由欧美新区域贸易协定竞争中立规则引发的思考》，载《法商研究》2019年第2期。

二、与我国国有企业改革的目标与方向相一致

自 2012 年 11 月党的十八大以来，党中央对深化国有企业改革作出了一系列重大部署。2015 年 8 月《中共中央、国务院关于深化国有企业改革的指导意见》提出要分类推进国有企业改革。同年 9 月，《国务院关于国有企业发展混合所有制经济的意见》提出要推进国有企业混合所有制改革，促进各种所有制经济共同发展。2017 年 10 月，党的十九大报告提出要完善各类国有资产管理体制，改革国有资本授权经营体制，加快国有经济布局优化、结构调整、战略性重组，促进国有资产保值增值，推动国有资本做强做优做大，有效防止国有资产流失。为此，2018 年 7 月，《国务院关于推进国有资本投资、运营公司改革试点的实施意见》提出要改组组建国有资本投资、运营公司。政府从主要"管资产"转为主要"管资本"，一步厘清了政府和市场的关系。

随着李克强总理在 2019 年政府工作报告中提出竞争中性原则[1]，在 2019 年中国发展高层论坛中，竞争中性一度成为高频词汇。[2]在首届进博会上时任国家市场监管总局局长张茅表示，今后将采取竞争中立政策，对内资和外资、国有企业和民营企业、大企业和中小企业一视同仁，营造公平竞争的市场环境。从中可以看出，国家决策层越来越重视竞争中立，并由此指导国有企业改革已是不争的事实。

第一，中国的国情决定了中国必然发展国有企业。作为后发国家，纯粹依靠市场自发力量或私营企业，在短时间内难以赶上发达国家。国有企业是国有经济的重要组成部分，而国有经济又是公有制经济的重要组成部分。习近平总书记提出，公有制主体地位不能动摇，国有经济主导作用不能动摇。而且国有企业也是贯彻新发展理念、全面深化改革的重要力量。国有企业条款中基本上都承认缔约方有权建立和维持国有企业。国有企业条款旨在消除国有企业的因公优势，而非国有企业本身。

第二，国有企业条款中国有企业定义可为我国国有企业混合所有制改革与分类改革提供借鉴。2015 年 8 月中共中央、国务院公布的《关于深化国有

---

[1] "竞争中立"与"竞争中性"仅属于翻译上的不同，均为 Competitive Neutrality。

[2]《2019 年中国发展高层论坛》，载 https://www.cdf.org.cn/cdf2019/ltjb/index.htm#content，最后访问日期：2021 年 2 月 22 日。

企业改革的指导意见》将国有企业划分为不同类别。根据国有资本的战略定位和发展目标，不同国有企业在经济社会发展中的作用、现状和发展需要，国有企业被分为商业类和公益类。[1]2015 年 9 月《国务院关于国有企业发展混合所有制经济的意见》提出，一方面，分类推进主业处于充分竞争行业和领域的商业类国有企业、主业处于重要行业和关键领域的商业类国有企业以及公益类国有企业进行混合所有制改革；另一方面，鼓励各类资本，如非公有制资本、外资等参与国有企业混合所有制改革。按 2020 年 5 月公布的《中共中央、国务院关于新时代加快完善社会主义市场经济体制的意见》，对充分竞争领域的国有企业，改革方向是强化国有资本收益功能，可行途径包括资本化、证券化、优先股、骨干员工持股等。那么，如按此方向加大力度，国有股东可以按财务性持股的原则集中追求国有资本收益率，逐步退居少数股东地位，不再持有多数股权、控制性表决权，也不再任命董事会或与之相当的管理机构的多数席位。据此，分类改革与混合所有制改革可能使一部分国有企业不再属于国有企业条款的规制对象。

总体上，国有企业条款与我国推进国有企业改革、支持不同所有制企业发展、建设现代化经济体系的精神是一致的。然而，在推进国有企业混合所有制改革的过程中可能存在一些阻碍，如国有产权受到侵犯、国有资产严重流失。对此，国有企业非歧视待遇与商业考虑条款、非商业援助条款，可以在一定程度上发挥对国有企业的交易的监督作用。例如，当国有企业之间进行交易时，商业考虑条款和非商业援助条款可以用来判断其交易是否与市场基准相符合。又如，根据国有企业非歧视待遇条款，在国有企业作为买卖一方的交易中，外国企业可以要求享受不低于该国有企业所在缔约方境内国有企业的待遇，从而为国有企业之间的交易增加一种外部监督。

第二节　我国就国有企业作出的对外承诺

鉴于中国经济对国有企业的依赖，准确认识并分析国有企业条款对国有

---

〔1〕　商业类国有企业包括主业处于充分竞争行业和领域的商业类国有企业与主业处于关系国家安全、国民经济命脉的重要行业和关键领域、主要承担重大专项任务的商业类国有企业。

企业的约束是中国能否接受、如何接受国有企业条款的前提。接下来，根据目前为止中国已经对外作出的关于国有企业的承诺，包括《入世议定书》及《中华人民共和国加入世界贸易组织工作组报告》（以下简称《入世工作组报告》）中的承诺，中国对外签订的双边或区域自由贸易协定以及刚刚与欧盟达成的 CAI 中对国有企业作出的承诺，本书将找出其与当前国有企业条款之间的差距，并在此基础上提出哪些国有企业条款是中国可以接受的，哪些国有企业条款是不能接受的。

一、我国入世时对国有企业的承诺

根据《WTO 协定》第 12 条（准入）的规定，一国家可以通过与 WTO 其他成员商定条件加入 WTO，[1]且未对可商定条件作出任何限制。为了满足谈判过程中主要贸易力量的特殊利益，申请入世的国家可能需要作出一些仅适用于该国的承诺。实质上，申请入世的国家与 WTO 现有成员并不处于平等地位，因为现有成员是审定其资格的"裁判"。[2]因而，一国所作入世承诺可以看作该国加入 WTO 的门票与入场券。从法律上说，《入世议定书》将对《WTO 协定》作出修订，是《WTO 协定》的一部分。[3]

《入世议定书》及《入世工作组报告》中既有超 WTO 条款，也有负 WTO 条款。超 WTO 条款超出了 WTO 涵盖协定为成员所设的义务，涉及国内经济改革、外国直接投资、税收政策、知识产权保护等方面。[4]而负 WTO 条款则需要准成员放弃其基于 WTO 涵盖协定的权利，如特殊的反倾销、反补贴、保障措施的条款。这些条款要求中国遵守额外的、更为严格的行为准则。值得注意的是，如下所述，中国在入世时就国有企业作出了许多承诺。这些承诺

---

〔1〕 See WTO Agreement Art. XII: 1.

〔2〕 See Julia Ya Qin, "WTO Regulation of Subsidies to State-Owned Enterprises（SOEs）-A Critical Appraisal of the China Accession Protocol", *Journal of International Economic Law*, Vol. 7, No. 4., 2004, pp. 912-913.

〔3〕 尽管严格意义上说，《入世议定书》是一成员与 WTO 之间的协议，并非新加入成员与原来成员之间的协议。See Claus-Dieter Ehlermann, Lothar Ehring, "Decision-Making in the World Trade Organization: Is the Consensus Practice of the World Trade Organization Adequate for Making, Revising and Implementing Rules on International Trade?", *Journal of International Economic Law*, Vol. 8, 2005, p. 57.

〔4〕 参见彭德雷:《"超 WTO 条款"法律适用研究: 基于中国"稀土案"的考察》，载《国际经贸探索》2015 年第 1 期。

与国有企业条款之间是否存在联系？国有企业条款是否在这些承诺的基础上对中国的国有企业提出了新的要求？

（一）对国有企业的界定

无论是《入世议定书》还是《入世工作组报告》，均未对国有企业作出界定。

在《入世议定书》中共有 4 处出现国有企业。其中，第 3 条（非歧视）中出现 1 处，[1] 其余 3 处均被规定在第 10.2 条（补贴专向性）[2] 当中。而在《入世工作组报告》中，情况更为复杂。"国有企业"类似词汇共计 20 处，[3] 如"国有企业"、"国有和国家投资企业"以及"国有银行"。

但是，应当认为，《入世议定书》与《入世工作组报告》中的"国有企业"与国营贸易企业应属于不同范围。《入世议定书》与《入世工作组报告》将"国有企业"与国营贸易企业视为两个不同类型的实体，对其规定的侧重点不同。若干提及"国有企业"的规定涉及补贴相关问题，对"公共机构""利益"作出规定。[4] 而提及"国营贸易企业"的规定则几乎都与其进出口贸易权相关[5]。此外，尽管在《入世议定书》中并未出现国家投资企业的措辞，但是在《入世工作组报告》中，"国有企业"又与国家投资企业相并列。有鉴于此，可以合理推测，《入世议定书》中的"国有企业"包括国家所有和国家控股的企业。[6] 虽然《入世议定书》并未对"国有企业"一词作出界定，但能从其表述中推断，国家所有权是判断是否构成"国有企业"的一项标准。若国家占一企业全部或多数所有权的，则该企业是《入世议定书》下的"国有企业"。然而，对于国家非因所有权而控制的企业是否构成"国有企业"，以及控制达到何种程度时才能将该企业视为"国有企业"，《入世议

---

〔1〕　国家和地方各级主管机关以及公有或国有企业在包括运输、能源、基础电信、其他生产设施和要素等领域所供应的货物和服务的价格和可用性，给予外国个人、企业和外商投资企业的待遇不得低于给予其他个人和企业的待遇。

〔2〕　当在国有企业是此类补贴的主要接受者或国有企业接受此类补贴的数量异常之大的情况下，对国有企业提供的补贴将被视为专向性补贴。

〔3〕　参见《入世工作组报告》第 6 段、第 15 段、第 43~47 段、第 110 段、第 172~173 段。

〔4〕　参见《入世议定书》第 10 条和《入世工作组报告》第 43 段、第 172 段。

〔5〕　参见《入世议定书》第 6 条和《入世工作组报告》第 84 段。

〔6〕　See Julia Ya Qin, "WTO Regulation of Subsidies to State-Owned Enterprises（SOEs）-A Critical Appraisal of the China Accession Protocol", *Journal of International Economic Law*, Vol. 7, No. 4., 2004, p. 891.

定书》与《入世工作组报告》均未涉及。

（二）对国有企业与非歧视待遇的承诺

《入世议定书》与《入世工作组报告》纳入了国有企业非歧视待遇条款。《入世议定书》第 3 条（非歧视）要求国有企业在包括运输、能源、基础电信、其他生产设施和要素等领域所供应的货物和服务的价格和可获性方面，保障非歧视待遇，给予外国个人、企业和外商投资企业的待遇不得低于给予其他个人和企业的待遇。第一，《入世议定书》将 GATT 第 17 条国营贸易企业的非歧视待遇义务对象扩展到了所有国有和国家投资的企业，不管其是否参与进出口贸易；第二，《入世议定书》明确国有企业非歧视待遇包含国民待遇，《入世工作组报告》第 15 段的标题中也明确指出，非歧视待遇包括国民待遇；[1]第三，《入世议定书》要求给予外商投资企业的待遇不得低于其给予其他个人和企业的待遇，这说明非歧视待遇条款已经扩展到投资领域；第四，上述承诺仅限于货物或服务的提供，并不包括货物或服务的购买，此外，适用的部门也仅限于运输、能源、基础电信等领域。

而相较之下，新一代区域自由贸易协定下的国有企业非歧视待遇条款要求国有企业在商业活动中承担更多的义务：一方面，涉及货物或服务的提供与购买；另一方面，适用的部门并无具体限制。

（三）对国有企业商业考虑的承诺

首先，在《入世议定书》中，中国承诺，让市场来确定所有价格。市场经济的一个主要特点在于在定价上几乎没有国家干预。尽管在入世前大多数的价格管控已被移除，《入世议定书》仍将价格改革作为条约义务加以确定。根据《入世议定书》第 9 条，除了特定种类外，中国有义务"允许所有部门的货物和服务的价格由市场决定"。这一承诺代表了中国向市场经济体系转变的根本性承诺，是 WTO 纪律对中国有效适用的基础与前提。

其次，《入世议定书》与《入世工作组报告》中对国有企业商业考虑的承诺，与新一代区域自由贸易协定中的国有企业商业考虑条款相一致。第一，根据《入世议定书》与《入世工作组报告》，国有企业和国家投资企业以及

---

〔1〕 参见《入世议定书》第 3 条和《入世工作组报告》第 15 段。

国营贸易企业，依照市场经济规则运行，自主经营，自负盈亏。[1]第二，除以与《WTO 协定》相一致的方式外，中国政府承诺将不直接或间接地影响国有企业或国家投资企业的商业决定，包括购买或销售的任何货物的数量、金额或原产国，避免采取任何措施对国营贸易企业购买或销售货物的数量、价值或原产地施加指导或影响。[2]这一承诺表明，中国不仅在更大范围内对全部国有企业作出了承诺，而且中国政府旨在减少对国有企业商业运营的干涉，使有企业能够从理性人的角度，作出符合自身利益的商业决策。

再次，国有企业和国家投资企业的决定应依据《WTO 协定》所规定的商业考虑。中国将保证所有国有和国家投资企业仅依据商业考虑进行购买和销售，并在非歧视的条款和条件基础上，确保其他 WTO 成员的企业获得参与这类销售或购买的充分竞争机会。[3]根据这一承诺，"国有企业依据商业考虑作出决定的要求"并没有依附于非歧视待遇条款而存在。

最后，与新一代区域自由贸易协定中的国有企业商业考虑条款相比，中国就国有企业商业考虑所作承诺可能更严格，因为其要求国有企业仅依商业考虑进行购买与销售。换言之，这一承诺要求在国有企业作出购销决定时，不得考虑商业因素之外的其他因素，而国有企业商业考虑条款反而删除了这一严格要求。[4]

（四）对国有企业与补贴的承诺

《入世议定书》中补贴纪律尤为严格。在入世谈判时，作为世界上最大的发展中国家与最大的转型经济体，中国并没有享受到 SCM 协定与《农业协定》所提供的特殊待遇，反而作出了更多承诺。

1. 对补贴的一般承诺——不享受特殊待遇

第一，就出口补贴而言，尽管 SCM 协定第 3 条禁止成员使用出口补贴，但第 27 条为发展中成员提供了一定的特殊待遇。即自入世起，发展中成员至少享有 8 年时间，清除其所有出口补贴。[5]而中国在《入世议定书》第 10.3

---

〔1〕　参见《入世工作组报告》第 6 段和第 208 段。

〔2〕　参见《入世议定书》第 6 条与《入世工作组报告》第 46 段。

〔3〕　参见《入世工作组报告》第 45~46 段。

〔4〕　See TPP, Art. 17.4.1；USMCA, Art. 22.4.1（a）；EU-Japan EPA, Art. 13.5.1（a）.

〔5〕　相类似的规定，第 29 条为转型经济体提供 7 年时间。

条承诺，中国应自加入时起取消属于 SCM 协定第 3 条范围内的所有出口补贴，放弃了 SCM 协定为发展中成员与转型经济体提供的过渡期安排。第二，就国内补贴而言，中国不得援引 SCM 协定第 27.8 条、第 27.9 条以及第 27.13 条的发展中成员例外。[1]其中，第 27.8 条与第 27.9 条限制了可诉国内补贴的范围，而第 27.13 条则规定了私有化例外。以私有化例外为例，当发展中成员授予一项与私有化直接相关或旨在实现私有化的补贴，不管是采取直接免除债务或者其他形式，若这种补贴在 WTO 通报，仅维持一段有限的时间，且若最终国有企业被私有化，那么这种补贴在 WTO 便是不可诉的。这一条款旨在鼓励那些依赖国有企业的发展中成员对其国有部门进行私有化。而中国政府在国有企业改革进程中提供的援助，则不被允许援引这一例外。另外，中国在农业补贴方面作出了比大多数成员更多的承诺。[2]

2. 以国有企业作为接受者的补贴专向性测试

《入世议定书》第 10.2 条专门为以国有企业作为接受者的补贴规定了专向性测试，与新一代区域自由贸易协定中的国有企业非商业援助条款的规定非常类似。当国有企业是一补贴的主要接受者或国有企业不成比例地接受了这一补贴时，这一补贴将被视为具有事实上的专向性。[3]

《入世议定书》为"特定企业"的判断提供了一种标准，即当特定企业是国有企业时，补贴专向性就成立。正如上文所述，《入世议定书》并未提出国有企业定义，仅仅能确定的是"国家所有权"是判断是否构成国有企业的一项标准，即国家完全所有或占多数股权的企业是国有企业。那么，对"特定企业"的判断实际上被转化为对企业股权属性的判断。这种界定专向性的特殊标准——所有制标准仅对中国的国有企业适用。因此，在 WTO 体制下，相较于其他成员而言，我国国有企业作为接受者的补贴将受到更为严格的管制，极易受到他国的反补贴措施的打击。[4]而国有企业非商业援助条款，在《入世议定书》以"国家完全或多数所有权"作为标准的基础上，还增加了"国家通过其他方式对企业的控制"作为标准。换言之，国有企业非商业援助

---

[1] 参见《入世工作组报告》第 171 段。
[2] 参见《入世议定书》第 12.1 条和《入世工作组报告》第 235 段。
[3] 参见《入世议定书》第 10.2 条。
[4] 参见沈伟:《"竞争中性"原则下的国有企业竞争中性偏离和竞争中性化之困》，载《上海经济研究》2019 年第 5 期。

条款将"国家所有或控制"的企业自动归为一类"特定企业",更易认定专向性。

3. 补贴利益计算时的非市场经济方法

SCM 协定规定,为确定政府的财政资助是否授予利益,适用第 14 条的规定(按受益人的利益计算补贴数额)。《入世议定书》则明确承认 WTO 成员调查机构可以使用外部基准的权利。第 15 条(b)是目前为止《WTO 协定》中首个也是唯一一个明确授权使用外部基准的条款,也即在计算转型经济体提供补贴的利益时使用非市场经济方法。[1]根据这一条款,对补贴利益进行判断时,进口成员将不受上诉机构对第 14 条所作解释的约束。[2]进口成员调查机构在拒绝适用中国市场基准,选择合适的市场基准并作相应调整方面,享有更大的自由裁量权。而实践中,美国总是采取各种手段,如"不利可得事实"[3],证明中国国内的市场价格不适合作为适当基准,以扩大外部基准的适用范围。

此外,与《入世议定书》其他针对来自中国的产品的救济不同,[4]这一条款未设适用期限,即 WTO 成员可以永久性地对来自中国的产品适用外部基

---

〔1〕 中国《入世议定书》第 15 条(b)规定,在根据 SCM 协定第二、三以及五部分规定进行的程序中,处理第 14 条(a)、(b)、(c)以及(d)所述补贴时,应适用 SCM 协定有关规定。但是,如此种适用遇有特殊困难,则该进口成员可使用考虑到中国国内现有情况和条件并非总能用作适用基准这一可能性的确定和衡量补贴利益的方法。在适用此类方法时,只要可行,该进口成员在考虑使用中国以外的情况和条件之前,应对此类现有情况和条件进行调整。

〔2〕 See Julia Ya Qin, "WTO Regulation of Subsidies to State-Owned Enterprises (SOEs) —A Critical Appraisal of the China Accession Protocol", *Journal of International Economic Law*, Vol. 7, No. 4. , 2004, p. 903.

〔3〕 美国国内立法当中的"不利可得事实",即对可获得事实的不利推定。美国《1930 年关税法》第 776 条规定,如果必要的信息没有被记录在案;或者利害关系方不提交信息或不按要求提交信息或在重大程度上阻碍了反补贴调查的进行;或者尽管提交了信息,但该信息不能按照规定被证实,则调查当局应当使用其他可获得的事实;如果调查当局认为利害关系方不合作或没有尽最大努力满足调查当局对信息的要求,则调查当局可以在已获得的事实的基础上使用不利推定;"已获得的事实"包括申诉书、调查中的最终决定、先前的任何复审或裁定、记录中已有的任何信息;如果调查当局依赖的是二手信息而并非直接来源于调查或复审过程中获得的信息时,调查当局应当在可行的范围内将该信息与可合理支配的独立来源的信息进行核对。这些条文赋予美国调查当局较大的自由裁量权。See U. S. Tariff Act 1930, 776 (a), (b) and (c).

〔4〕 中国《入世议定书》第 15 条的特殊反倾销条款,第 16 条的特定产品保障措施,以及特殊纺织品保障措施条款,其有效期分别为自加入 WTO 之日起 15 年、12 年和 7 年。

准，不管中国是否取得反倾销法上的市场经济地位。[1]具体而言，在反倾销条款中，对中国适用替代基准与中国是否取得市场经济地位相关，即是否采用这种特殊做法与中国的市场条件的发展联系起来。然而，第15条（b）直接将《反倾销协定》第6条的逻辑延续到补贴纪律中，却未能对这一针对中国的永久性的歧视性规定作出任何解释。在这方面，《入世议定书》减弱了对反补贴措施的纪律。

4. 向国有企业提供补贴的通报

透明度义务对WTO补贴纪律的有效适用尤为重要。《入世议定书》要求中国向WTO通报SCM协定第1条范围内的，在中国境内授予或维持的任何补贴，并且根据第25条的要求提供信息。中国承诺遵守SCM协定，逐步取消与规则不符的补贴措施。同时，中国也保留了与规则相符的约20个补贴项目，并在《入世议定书》附件5A中列明。[2]这一规定是对中国国有企业运作缺乏透明度的应对之策。

然而，仍有工作组成员提出，中国对向国有企业提供的关于补贴的通报并不全面，例如银行系统，特别是国有银行提供的国家支持，形式为政策性贷款、未偿付本金和利率的自动滚动、冲销贷款以及选择性地使用低于市场的利息。[3]注意到收集信息的困难，中国承诺将会逐渐对补贴进行全面的通报。

（五）其他与国有企业相关的承诺

除了上述承诺外，中国《入世议定书》还有一些与国有企业相关的承诺。第一，市场准入。中国在《入世议定书》中作出了广泛的市场准入承诺。引

---

〔1〕 参见林惠玲：《美国对华产品反补贴调查外部基准适用问题述评》，载《经济问题》2019年第4期。

〔2〕 地方预算提供给某些亏损国有企业的补贴；经济特区的优惠政策；经济技术开发区的优惠政策；上海浦东经济特区的优惠政策；外资企业优惠政策；国家政策性银行贷款；扶贫的财政补贴；技术革新和研发基金；水利和防洪项目的基础设施基金；出口产品的关税和国内税退税；企业关税和进口税减免；对特殊产业部门提供的低价投入物；对某些林业企业的补贴；高科技企业优惠所得税待遇；对废物利用企业优惠所得税待遇；贫困地区企业优惠所得税待遇；技术转让企业优惠所得税待遇；受灾企业优惠所得税待遇；为失业者提供就业机会的企业的优惠所得税待遇等补贴项目。参见中国《入世议定书》附件5A（根据《补贴与反补贴措施协定》第25条作出的通知）和5B（需逐步取消的补贴）。

〔3〕 参见《入世工作组报告》第173段。

入不断提升的国外竞争力对低效率的国有企业产生压力，是中国入世的一个很重要的原因。在国有企业享有垄断权的部门，特殊的市场准入承诺有助于打破其垄断地位。例如，中国承诺将在 2006 年 12 月前向国外金融机构开放其部分银行部门。[1]在这一外部压力下，一方面，国有银行就需要加速改革成为真正的商业银行，在商业基础上运作，自负盈亏；另一方面，国有银行对国有企业的信贷也将完全按照市场条件进行。

第二，对外贸易完全自由化。尽管在中国入世之前对外贸易体系已在很大程度上去中央化，国营贸易仅仅能对贸易造成有限影响。但毋庸置疑，政府仍然控制着对外贸易权。而大多数享有这些对外贸易权的企业都是国有企业，外资企业进行贸易被限制为仅为自身生产和出口自身产品所需。中国在《入世议定书》中承诺，在中国入世 3 年内，除了附件 2 所列货物外，将允许所有中国境内企业享有货物贸易对外贸易权。根据《入世议定书》第 5 条中特殊的国民待遇条款，对外贸易权被延伸至所有国外个人或实体，不管其是否在中国投资或注册。这一承诺打开了进出口通道，强化了市场竞争，终结老旧的国营贸易体制。

第三，政府采购。中国有意成为 GPA 的参加方。中国自加入时起成为 GPA 观察员，并承诺尽快提交附录 1 出价清单，开始加入 GPA 的谈判。[2]为履行入世承诺，中国不断完善国内政府采购制度，以与 GPA 相符合。迄今为止，中国已经提交了 7 次出价清单。

二、我国参与的贸易与投资协定中对国有企业的规制现状

总的来说，中国参与的经贸协定中鲜有涉及国有企业的规定。在 FTAs 中，即使纳入了国有企业条款，其内容也较为原则，几乎不设义务。而在投资协定方面，中国在中欧 CAI 之前也并未就国有企业作出任何实质性承诺。

（一）我国参与 FTAs 中对国有企业的规制

截至目前，中国已与 26 个国家和地区签署共计 19 个 FTAs。[3]如表 5-1

---

〔1〕　参见《入世议定书》附件九（服务贸易具体承诺减让表）具体承诺 7B 银行及其他金融服务（不包括保险和证券）。

〔2〕　参见《入世工作组报告》第 339~341 段。

〔3〕　参见中国自由贸易区服务网，载 http://fta. mofcom. gov. cn/index. shtml，最后访问日期：2021 年 2 月 23 日。

所示，从可获得的信息看，中国所签署的 FTAs 中几乎都包含了竞争条款，但是总体上较为原则，并不旨在创设义务。仅有中韩 FTA 中涉及国有企业相关条款。[1] 这一规定仅适用于公用企业以及享有特殊权利或排他性权利的企业，与当前新一代区域自由贸易协定中的国有企业条款下的国有企业并不完全一致。另外，中韩 FTA 中的国有企业条款也未对国有企业创设任何实体性义务。

表 5-1　中国已签署自贸协定中的竞争条款概览

序号	自贸协定	竞争条款
1	2020.11 中国、日本、韩国、澳大利亚、新西兰及东盟十国 FTA《区域全面经济伙伴关系协定》	第 13 章（竞争）
2	2020.10 中国-柬埔寨 FTA《中华人民共和国政府和柬埔寨王国政府自由贸易协定》	/
3	2019.10 中国-毛里求斯 FTA《中华人民共和国政府和毛里求斯共和国政府自由贸易协定》	第 9 章（竞争）
4	2019.4 中国-巴基斯坦 FTA（第二阶段）《中华人民共和国政府和巴基斯坦伊斯兰共和国政府关于修订〈自由贸易协定〉的议定书》	/
	2009.2《中华人民共和国政府和巴基斯坦伊斯兰共和国政府自由贸易区服务贸易协定》	第 7 条（垄断和专营服务提供者）与第 8 条（商业惯例）
	2006.11《中华人民共和国政府和巴基斯坦伊斯兰共和国政府自由贸易协定》	第 2 条（目标）第 1 款第（4）项 为缔约双方间的贸易提供公平的竞争条件

[1]　中韩 FTA 第 14.5 条（竞争法的适用）规定：1. 本章适用于各缔约方的所有经营者。2. 本章并不妨碍一缔约方创立和保持公用企业，或者赋予企业以特殊权利或排他性权利。3. 对于公用企业，以及享有特殊权利或排他性权利的企业：（1）缔约任一方均不应该采取或维持与本章第二条所列原则不一致的措施；且（2）缔约双方应保证上述企业受本章第十三条所列的本国竞争法约束，上述原则和竞争法的实施不应在法律上或事实上阻碍上述企业执行指派给该企业的特殊任务。其中，特殊权利是指缔约一方指定或限定两个或更多企业享有提供商品或服务的权利，而此指定并非按照客观、成比例和非歧视标准确定的；或者一缔约方授予某些企业法律上或法规上的优势，而此优势将影响其他企业提供相同商品或者服务的能力。

续表

序号	自贸协定	竞争条款
5	2018.11 中国—新加坡 FTA《关于升级〈中华人民共和国政府和新加坡共和国政府自由贸易协定〉的议定书》	第 7 条 新增第 16 章（竞争）附录 7 新第 16 章（竞争）
	2008.10《中国—新加坡自由贸易协定》	第 69 条（垄断和专营服务提供者）第 70 条（商业惯例）
6	2017.12 中国—马尔代夫 FTA《中华人民共和国政府和马尔代夫共和国政府自由贸易协定》	/
7	2017.11 中国–智利 FTA（升级）《中华人民共和国政府与智利共和国政府关于修订〈自由贸易协定〉及〈自由贸易协定关于服务贸易的补充协定〉的议定书》	第 5 章（竞争）
	2005.11《中华人民共和国政府和智利共和国政府自由贸易协定》	第 2 条（目标）第 1 款第（3）项 改善自由贸易区公平竞争条件
8	2017.5 中国–格鲁吉亚 FTA《中华人民共和国政府和格鲁吉亚政府自由贸易协定》	第 10 章（竞争）
9	2015.11 中国–东盟 FTA（升级）《中华人民共和国与东南亚国家联盟关于修订〈中国—东盟全面经济合作框架协议〉及项下部分协议的议定书》	/
	2007.1《中国—东盟全面经济合作框架协议服务贸易协议》	第 7 条（垄断和专营服务提供者）第 8 条（商业惯例）
10	2015.6 中国—韩国 FTA《中华人民共和国政府和大韩民国政府自由贸易协定》	第 14 章（竞争政策）
11	2015.6 中国—澳大利亚 FTA《中华人民共和国政府和澳大利亚政府自由贸易协定》	第 16 章（一般条款与例外）第 7 条（竞争合作）
12	2013.7 中国—瑞士 FTA《中华人民共和国和瑞士联邦自由贸易协定》	第 10 章（竞争）
13	2013.4 中国—冰岛 FTA《中华人民共和国政府和冰岛政府自由贸易协定》	第 5 章（竞争）

序号	自贸协定	竞争条款
14	2010.4 中国—哥斯达黎加 FTA《中华人民共和国政府和哥斯达黎加共和国政府自由贸易协定》	第 126 条（竞争）
15	2009.4 中国—秘鲁 FTA《中华人民共和国政府与秘鲁共和国政府自由贸易协定》	第 1 条（目标）中第（3）项 促进缔约双方市场的公平竞争 第 159 条（竞争政策）
16	2008.4 中国—新西兰 FTA《中华人民共和国政府和新西兰政府自由贸易协定》	第 2 条（目标）第 1 款第（3）项 改善自由贸易区内的公平竞争条件 第 123 条（垄断和专营服务提供者）

（二）借鉴我国参与投资协定中对国有企业的规制：以中欧 CAI 国有企业条款为例

2020 年底，中国与欧盟正式宣布完成中欧投资协定的谈判，达成中欧 CAI。这是中国特色社会主义市场经济体制与其他国家不同体制探索寻求共识的一次有益尝试。其中关于国有企业的规定尤为值得关注，因为这是中国首次在国际条约层面对中国国有企业的运营和管理作出细化承诺。在一定程度上，这表明了当前中国对国有企业国际规制的立场以及所能接受的对国有企业的约束程度。从当前披露出来的内容看，有关国有企业的规定主要在中欧 CAI 第二部分投资自由化中。[1]

第一，国有企业的定义与范围。中欧 CAI 并未直接使用"国有企业"这一术语，而是使用了"涵盖实体"的表述。根据第 3 条之二第 1 款的定义，"涵盖实体"主要包括以下两类实体：缔约方政府以某种形式拥有或控制的企业和指定垄断企业[2]。就缔约方政府以某种形式拥有或控制的企业，包括两种类型：其一，缔约一方直接或间接地拥有该企业超过 50% 的股本，通过所有权益控制该企业超过 50% 的表决权，拥有任命该企业董事会或其他任何同

---

〔1〕 See European Commission, EU - China agreement in principle, at https://policy. trade. ec. europa. eu/eu-trade-relationships-country-and-region/countries-and-regions/china/eu-china-agreement/eu-china-agreement-principle_ en, last visited on Mar. 5, 2021.

〔2〕 本书仅讨论"国有企业"相关内容，因此在此不讨论指定垄断企业。

等管理机构多数成员的权利，或者可通过其他所有权益方式（包括少数股权）控制企业决策；其二，一方政府有权基于法律指示该企业的行动，或按照其法律法规对该企业行使相同水平的控制。由此可见，中欧 CAI 所定义的"涵盖实体"范围较广，不仅包括通常意义上的国有独资企业和国有控股企业，也包括政府通过持有少数股权控制其决策，或政府虽然不持有所有权益，但可依法通过指示控制其决策的企业。

在定义的基础上，中欧 CAI 第 3 条之二第 2 款进一步规定了例外来确定适用范围。其一，政府采购例外；其二，履行政府职能例外；其三，行使公共服务例外；其四，规模例外，即不适用于在过去连续三个财务年度的任何一年内，从商业活动中获得的收入低于 2 亿特别提款权的涵盖实体，这与 TPP 协定中的国有企业规模水平保持一致；其五，国别不符措施。中国在中欧 CAI 附件 I 减让表中列出了不适用该协议的相关行业内涵盖实体的相关活动；[1]其六，根据中欧 CAI 第二部分第 1 条第 2 款，该部分所有规则均不适用于视听服务与航空服务。

第二，国有企业非歧视待遇条款。缔约方应确保"涵盖实体"在购买货物或服务时，给予另一方投资者及其涵盖投资企业所提供货物或服务的待遇不低于给予本国投资者和企业所提供货物或服务的待遇，且在销售货物或服务时，给予另一方投资者及其涵盖投资企业的待遇不低于给予本国投资者和企业的待遇。作为一项投资协定，中欧 CAI 仅要求缔约方确保涵盖实体在国内运营的过程中（购买和销售货物和服务时）遵守商业考虑和非歧视待遇条款。[2]而在 TPP 协定下相应义务的适用对象还包括以跨境形式或海外投资形式向其他缔约方提供货物或服务的企业，对国有企业的运营提出了更高的要求。

第三，国有企业商业考虑条款。缔约方应确保"涵盖实体"在从事商业活动时按照商业考虑购买和销售货物或服务。但若"涵盖实体"的行为是为了满足公共服务指令，且该公共服务指令本身并不违反该条有关非歧视待遇

---

〔1〕 缔约双方还可通过将不符措施列入附件 II 减让表，排除非歧视待遇和商业考虑条款对特定部门的适用。See EU-China CAI, China's Schedule of Commitments and Reservations.

〔2〕 See EU-China CAI, Section II: Liberalization of Investment, Art. 1. 1 and Art. 3bis, note 8, https://circabc. europa. eu/ui/group/09242a36-a438-40fd-a7af-fe32e36cbd0e/library/c4cb3bca-696f-4189-b798-6fd3c85ee028/details.

的要求，则该行为不需要遵守商业考虑义务。根据中欧 CAI 第一章的定义，"商业考虑"指的是相关行业中以盈利为目标并受市场力量约束的企业在商业决策时通常考虑的因素，包括价格、质量、可获得性、适销性、运输以及其他购销条款和条件。[1]TPP 协定将国有企业购买与销售货物和服务所需遵守的"商业考虑"界定为相应行业的私营企业在商业决策中通常考虑的其他因素，而中欧 CAI 则摒除了对企业的所有制要求，将"商业考虑"定义为同一行业以盈利为目标并受市场力量约束的实体在决策中通常考虑的因素。

第四，投资补贴。如前文所述，TPP 与 USMCA 的非商业援助条款专门针对国有企业提供和接受补贴设置了纪律，即要求国有企业不得向其在其他缔约方境内的涵盖投资企业提供补贴，对另一缔约方的国内产业造成损害。在国有企业接受和提供补贴的规则方面，中欧 CAI 并未单独作出规定。

三、仍有争议的国有企业条款

当前国有企业条款中的部分内容已经逐渐形成共识，例如国有企业非歧视待遇和商业考虑的规定。但是仍有部分内容在主要经济体之间尚未达成一致意见，而且对中国的国有企业也存在较大挑战。

（一）国有企业的定义和范围

当前以列举方式作出的国有企业界定仍然存在较多争议。就国有企业定义而言，中欧 CAI 对"涵盖实体"的界定客观上吸收了 USMCA 对国有企业的概念界定，将通过间接或少数股权实现的控制权也纳入规制范围。但是，政府对企业的控制权是否可以以其他方式行使，是否可以将政府有权在法律上指导企业的行动或以其他方式行使同等程度的控制权也纳入规制范围等问题仍然未有明确规定。另外，就国有企业的范围而言，哪些例外可以被允许？当前 FTAs 国有企业条款的例外层出不穷。尤其是 TPP 中缔约方根据自身需求提出的国别例外，有针对所有国有企业的例外，有针对特定行业国有企业的例外，也有针对特定国有企业的例外，还有针对特定人群的例外。当然，对于国别例外清单的具体范围取决于谈判。

---

〔1〕 See EU-China CAI, Section Ⅰ: Objectives and General Definitions, Art. 2.

（二）国有企业与补贴

非商业援助条款中最具争议的规定在于其规避了国有企业与国有企业交易中对"公共机构"的认定。美国将其未被 WTO 争端解决机构所承认的"公共机构政府控制论"运用到判断某一实体是否构成"国有企业"中，实质上是将符合这一标准的实体等同于 SCM 协定下"公共机构"，为"公共机构"认定难题画上句号。如此一来，所有符合协定定义的国有企业都将构成潜在的"公共机构"，使国有企业因与政府之间的联系而在国际竞争中处于不利地位。这将为国有企业之间的交易增加隐性成本和不确定性。从 TPP 国别例外清单看，6 个缔约方（文莱、加拿大、马来西亚、墨西哥、新西兰、越南）对非商业援助条款中将国有企业作为补贴提供者的规定提出了各种保留，这说明非商业援助条款将国有企业直接视为"公共机构"的做法并未在缔约方之间达成一致。另外，非商业援助条款以"政府所有或控制的企业"替换了 SCM 协定中对专向性判断时的"特定企业"。

反观欧盟，其缔结 FTAs 中的国有企业条款并没有类似非商业援助的条款，而是坚持在补贴章节规制国有企业与补贴问题[1]，总体上倾向于在 WTO 框架下讨论"公共机构"的问题。而当前，"公共机构"的问题也已经成为 WTO 现代化改革议程中最具争议的议题。在欧盟缔结的 FTAs 中，补贴章节并没有将国有企业作为补贴接受者的补贴视为更具市场扭曲性而加以特殊对待。因此，对国有企业与补贴议题，中国与欧盟仍有较大求同存异的空间。

第三节　国有企业条款的中国方案

第一个全球化时代的崩溃和世界市场开放的戛然而止启示我们，全球化的成功需要有利的国际政治环境。世界经济的全球化并非自动发展的，需要各经济体之间展开合作。二战后，通过降低贸易壁垒和方便国际投资与技术

---

[1]　在欧盟-越南 FTA 中将国有企业补贴规定在竞争政策章节之中，反映出欧盟对补贴规则的宗旨是追求公平竞争的秩序。竞争政策章节的补贴规则部分的"原则"中允许缔约方可以出于公共政策目标给予企业补贴，但不得对贸易和竞争有扭曲的效果。另外，补贴规则的适用范围还有许多排除适用条款，在一定程度上减损了它对国有企业补贴的约束力。See Free Trade Agreement Between the European Union and the Socialist Republic of Vietnam, at https://eur-lex.europa.eu/legal-content/EN/TXT/PDF/? uri=OJ：L：2020：186：FULL&from=EN#page=101, last visited on Aug. 12, 2020.

流动，西欧和日本加入了世界上最主要的经济大国美国所促进的全球化行列之中。[1]美欧等经济体依靠国际规则制定权获得了主导世界政治与经济的权力。不管是在 IMF、WB 还是 WTO，美国与欧盟一直以来都在管理与规则制定层面占据主导地位。当美国与欧盟就新标准与规则达成共识时，其他国家就很难去改变传统的国际规则权力分配格局。[2]而今天，随着中国成为经济大国，加入 WTO，中国将与其他主要经济大国一道，承担维持世界经济开放和顺利运转的责任。在国有企业条款形成的进程中，中国势必要积极参与制定，争取在全球经济治理制度性权力的重要平台上求同存异，体现一个大国应有的担当。中国不能当旁观者、跟随者，而是要做参与者、引领者，在国际规则制定中发出更多中国声音、注入更多中国元素，维护和拓展我国发展利益。

多边贸易体制和区域贸易安排一直是驱动经济全球化向前发展的两个轮子。当前，WTO 陷入困境。全球贸易体系正经历自乌拉圭回合谈判以来最大的一轮重构。区域贸易安排却呈现出繁荣景象，在 WTO 之外不断产出新议题、新规则。随着美国宣布退出 TPP 协定，日本替代美国成为 TPP 协定的主导者，并在随后与欧盟达成了欧日 EPA。尽管美国退出 TPP 协定，但这并不妨碍其在国有企业条款上所施加的影响，尤其是 NAFTA 升级达成的 USMCA 中对 TPP 国有企业条款进行复制并继续加强纪律。至今为止发布的 7 次美日欧三方贸易部长联合声明，直指中国的国有企业对国际贸易与投资造成的损害。美日欧三方一方面通过形成对国有企业与工业补贴的文本，以此为基础与其他 WTO 成员进行谈判；另一方面也并不排斥在 WTO 现代化改革背景下开展合作，通过"公共机构"来处理非市场扭曲和补贴问题。三方意图通过双边、区域和多边的方式加强对国有企业不公平贸易行为的规制。尽管目前在 WTO 改革中推进加强国有企业规制难度较大，但其已经在双边与区域 FTAs 中就如何加强国有企业规制作出尝试。不可否认的是，尽管三方所主张的国有企业条款存在一些差异和不同的价值取向，但是总体上是趋同的。而且很有可能的是，欧盟与日本为了缓解其与美国在其他贸易问题上的分歧，

---

〔1〕 参见［美］罗伯特·吉尔平：《全球政治经济学：解读国际经济秩序》，杨宇光、杨炯译，上海人民出版社 2006 年版，第 3 页。

〔2〕 参见冯辉、石伟：《贸易与投资新规则视野下的竞争中立问题研究：国企改革、贸易投资新规则与国家间制度竞争》，格致出版社、上海人民出版社 2018 年版，第 103～104 页。

通过配合美国向中国施压，转移主要矛盾。[1]当前对国有企业国际规制正处于考验期，背后是规则话语权较量和利益交换。[2]随着中欧 CAI 的达成，中国已经向世界表明了对国有企业进行国际规制的立场和态度。

一、参与国有企业条款谈判的总体原则

习近平总书记指出，中国是经济全球化的积极参与者和坚定支持者，也是重要建设者与主要受益者。我国经济发展进入新常态，妥善应对我国经济社会发展中面临的困难和挑战，更加需要扩大对外开放。"机者如神，难遇易失。"中国必须审时度势，努力在经济全球化中抢占先机、赢得主动。在国有企业条款形成过程中，中国应坚持以下原则发出属于自己的声音：

第一，坚持多边协商。2021 年 1 月习近平总书记在世界经济论坛"达沃斯议程"对话会特别致辞中提出，多边主义的要义是国际上的事由大家共同商量着办，世界前途命运由各国共同掌握。这既是中华传统文化价值取向，也是世界各国人民共同追求。

第二，坚持大小国家平等、共商共建共享。正如习近平总书记在中国—中东欧国家领导人峰会上的主旨讲话所提出的，有事大家商量着办。我们坚持相互尊重、合作不附带政治条件，坚持大小国家平等、共商共建共享。[3]当前国有企业条款主要反映了发达经济体的诉求，尚未考虑到以国有企业为主的发展中经济体以及新兴经济体的诉求。国有企业条款一旦成型，发展中经济体与新兴经济体及其国有企业是最受影响的主体。因此，在国有企业条款形成的过程中，应为发展中经济体以及新兴经济体创设更多的平台，来表达其诉求，而不是从一开始就剥夺其参与规则制定的机会和权利。

第三，坚持以规则为导向。要坚持以国际法则为基础，不搞唯我独尊。国有企业条款应当有一些合理标准，既可通过经济和法律分析来检验，又符合未来的现实和趋势，而不是在各大利益集团之间寻求"中间道路"，成为政治交流和妥协的结果。随着国有企业条款的形成和推进，美日欧最终必定将

---

〔1〕　参见葛建华：《日欧联手应对美国全球贸易摩擦的途径和方法》，载《现代日本经济》2019 年第 5 期。

〔2〕　参见韩立余：《国际法视野下的中国国有企业改革》，载《中国法学》2019 年第 6 期。

〔3〕　参见求是网：《中国—中东欧国家合作如何发展？习近平指明方向》，载 http://www.qstheory.cn/qshyjx/2021-02/10/c_1127088857.htm，最后访问日期：2021 年 2 月 15 日。

其推向 WTO。作为一种兼容机制，国有企业条款应当遵循并加强该体制的基本原则，尤其是非歧视原则，避免在法律上或事实上歧视任何一个 WTO 成员。

二、提出符合国情的国有企业定义

中国在国有企业条款谈判中对国有企业的定义与范围的承诺，决定了将有多少企业受制于国有企业条款。在国有企业条款中，对国有企业的界定已经突破了所有制的要求。所有权益的多少，实际上与政府是否能够控制企业并无绝对的关联。政府通过少数所有权也可以对企业施加控制。正如中欧 CAI 中所规定的，国家对"涵盖实体"的控制可以是因所有权益，也可以是依法通过指示控制其决策。当政府通过法律、法规或命令的方式行使权力时，就需要仔细判断是否由于此种权力的行使而导致企业总体政策的确定并因此控制了该企业。适用于全社会所有单位或某一行业所有单位的法律法规不应视为对这些单位的控制。当国家通过法律或公司章程等方式对实体进行控制时，这种控制权需要达到何种程度才能决定企业的总体政策，取决于不同国家的法律法规的具体规定。

就中国而言，立法中没有关于国有企业定义与范围的统一规定。[1]对于国有企业的界定，我国更多的是从所有制的角度，即国家占全部所有权、大多数所有权或少数所有权加以界定的，分为国有独资企业、国有控股企业以及国家参股企业。根据我国法律规定，不同的国有企业受到政府的影响是不同的。在同一企业中，其不同类型的决策受到政府的影响也是不同的，因此并不能一概将国家资本参与的企业视为 FTAs 中的国有企业，而是需要结合具体情况具体分析。

---

[1]　根据 2001 年最高人民法院《关于在国有资本控股、参股的股份有限公司中从事管理工作的人员利用职务便利非法占有本公司财物如何定罪问题的批复》（法释〔2001〕17 号）与 2005 年最高人民法院《关于如何认定国有控股、参股股份有限公司中的国有公司、企业人员的解释》（法释〔2005〕10 号）的相关内容，国有企业仅指国家拥有全部股权的企业，并不包括国有控股或参股的企业。但是，国资委发布的相关规范性文件，如 2017 年 6 月，财政部关于印发《国有企业境外投资财务管理办法》的通知（财资〔2017〕24 号）中对国有企业的界定则包括国务院和地方人民政府分别代表国家履行出资人职责的国有独资企业，国有独资公司以及国有资本控股公司，并不包括国有参股企业。

国有企业的决策可以被大致分为重要的商业决策和非重要的商业决策。[1]在前者,政府机构根据法律规定,在作出或批准最终决定时起主导作用。对于那些与国家经济战略相关的决定,政府机构的协调作用将通过共产党的组织体系得以加强。在后者,法律确保了决策权属于董事会,并通过市场等非政府机构进行协调。当然,对于重要的商业决策是否由政府控制,取决于国有企业的类型、具体的决策类型等多种要素,并不能一概而论。具体而言,根据《中华人民共和国企业国有资产法》的规定,国家作为股东的权利包括享受收益、参与重要的商业决策、选举经理以及其他法律规定的权利。

如表5-2所示,在以下几类国有企业中,不同类型重要的商业决策受到政府不同程度的影响。第一,在重要的国有独资企业、国有独资公司和国有资本控股公司中,对有关合并、分立、解散、申请破产、改制事项由政府直接干预,而对于其他的决策则由国资委控制;[2]第二,其他国有独资企业、国有独资公司中,合并、分立,增加或者减少注册资本,发行债券,分配利润,以及解散、申请破产等事项由国资委控制,而改制、上市、进行重大投资,为他人提供大额担保,转让重大财产,进行大额捐赠,由董事会决定;[3]第三,在国有资本控股公司、国有资本参股公司中,国资委作为股东,可以通过股东大会影响国有企业的重要的商业决策,具体能产生多大影响取决于其对股份和表决权所占的比例。此外,在实践中,政府对企业战略与具有社会影响力决策的影响也是不同的。对于企业战略决策,即使履行出资人职责的机构享有决定权,但事实上其所能起到的控制也是有限的,主要是激励国有企业的董事会作出有利于企业的战略决策。对于国有资产至关重要的决定,或者具有重要社会影响力的决定,履行出资人职责的机构则会提前介入并控制整个过程。然而,对于上述重要事项以外的商业决策,如组织生产活动、决定产品价格和数量、决定企业上下游的客户等,法律规定由国有企业管理层决定。《中华人民共和国企业国有资产法》第14条规定,履行出资人职责的机构应当维护企业作为市场主体依法享有的权利,除依法履行出资人职责

---

〔1〕 See Ru Ding, "Interface 2.0 in Rules on State-Owned Enterprises: A Comparative Institutional Approach", *Journal of International Economic Law*, 2020, Vol. 22, pp. 649-651.

〔2〕 参见《中华人民共和国企业国有资产法》第34条、第40条。

〔3〕 参见《中华人民共和国企业国有资产法》第30条、第31条和第32条。

外，不得干预企业经营活动。

表 5-2　政府出资企业的重要商业决策中的政府影响

国有企业的类别	重要的商业决策
①重要的国有独资企业、国有独资公司和国有资本控股公司	·在对有关合并、分立、解散、申请破产、改制事项作出决策和参与股东大会前，履行出资人职责政府机构应当报请本级人民政府批准 ·其他由履行出资人职责的机构决定
②其他国有独资企业、国有独资公司	·合并、分立，增加或者减少注册资本，发行债券，分配利润，以及解散、申请破产，由履行出资人职责的机构决定 ·改制、上市、进行重大投资，为他人提供大额担保，转让重大财产，进行大额捐赠，由董事会决定
③国有资本控股公司、国有资本参股公司	·股东大会作出决定 ·履行出资人职责的机构委派的股东代表应当依照《中华人民共和国企业国有资产法》第 13 条的规定行使权利，按照委派机构的指示提出提案、发表意见、行使表决权，并将其履行职责的情况和结果及时报告委派机构

因此，上述重要的商业决策可以被视为受到政府控制，而非重要商业决策并不受到政府控制。[1]但是具体到某一企业是否受到政府控制，还需要对其进行区分。对于前两类企业而言，不管其是否受到政府控制，仅以所有权就可以轻易将其归于 FTAs 中的国有企业；而对于第三类中的国有资本参股公司，当政府所有权或表决权不占多数，且政府不掌握重要的任命权时，不能将其归类为国有企业。

就中国的私营企业是否可能构成 FTAs 中的国有企业的问题，应当明确，政府通过专门的法律法规控制私营企业才能构成政府对企业的控制。适用于所有企业或某一行业所有企业的法律法规并不能视为政府对企业进

---

〔1〕 政府对国有企业不重要的商业决策的影响在竞争性行业和非竞争性行业中还存在区别。在竞争性行业中，国有企业经理根据市场机制，决定产品的价格和数量：如公开的信息和公平交易。在竞争性行业中，政府机关的双手不仅仅受到法律的限制，还受到可操作性的限制。而在那些国有专营贸易或垄断行业中，包括电力、水以及其他公用事业、电信服务等，国有企业主要依赖于政府协调，并参考市场协调来决定价格。例如，2013 年国家发改委向所有省级政府、地方发改委以及五个相关的国有企业集团发布了通知，制定电力的基准价格。这一价格是根据对当前平均核电社会成本和市场中对电力的供需的分析制定的。

行了控制。

　　当前，FTAs 中国有企业的界定已经不再局限于"政府对企业的所有权"，而是向"政府对企业的控制权"发展。这一趋势与联合国等国际机构提出的定义基本相符。其中的关键在于如何去界定"控制"。中国需要在方案中明确的是，不管是政府享有法律上指示企业行动的权力，还是根据法律规章行使同等控制的权力，都需要具体的、非普适性的国内的法律法规予以规定，否则不构成政府对企业的控制。

三、善用例外排除特定国有企业

　　目前看来，国有企业条款中的例外条款主要分为两类：一类是已经或者逐渐定型的例外，如对国有企业 2 亿特别提款权的规模要求，中国已在中欧 CAI 中作出承诺。又如，国有企业的层级。目前来说，对中央级别的国有企业适用国有企业条款已无争议，但是对中央级别以下的国有企业尚需要进一步谈判。另外一类是中国可通过谈判争取的例外，例如，争取 3～5 年的适用过渡期、寻求新加坡与马来西亚在 TPP 中所要求的附件例外，以及在国别例外清单中做文章。

　　就单独附件例外而言，新加坡与马来西亚将主权财富基金与国家投资公司等的部分行为排除在国有企业条款的适用范围之外。新加坡主权财富基金的目标不仅仅限于提高外汇资产的投资收益，而且肩负提高国内战略性产业竞争力的重任。[1]以淡马锡集团为例，其由财政部全资所有，旨在实现对新加坡的国联企业[2]控股管理。尽管淡马锡参股了 23 家国联企业，且全额出资 14 家国联企业，[3]但其并不会干预国联企业商业运作。淡马锡可以向国联企业的董事会推荐董事成员，但最终任命权在董事会手中。类似地，中国可以将中投公司列入这一单独附件例外中。第一，非歧视待遇和商业考虑条款不适用于中投公司拥有或控制的国有企业。第二，就非商业援助条款而言，原则上不适用于中投公司拥有或控制的国有企业，除非任命了国有企业的高

---

　　〔1〕　参见戴利研：《主权财富基金研究：成因、影响及运营模式》，东北财经大学 2012 年博士学位论文。

　　〔2〕　国联企业指的是国有资本投入或参与的企业。

　　〔3〕　参见中国社科院金融所课题组：《新加坡和韩国政府投资公司：运行模式及其启示》，载《中国经贸导刊》2007 年第 5 期。

级管理层的大多数人员，或董事会的大多数人员，或采取措施使用其在该国有企业中的法律权利积极引导和控制该国有企业的商业决策，或者根据法律、政策或其他措施要求该国有企业向另一国有企业提供非商业援助或就其商业购销决策作出决定。

而国别例外清单，实际上是缔约方为了保护境内特定产业、特定地区、特定国有企业与人群而提出的保留，旨在缓冲严格义务对其国内的影响。其中，越南作为公有制经济占据主导地位的转型国家，在谈判后被其他缔约方所接受的国有企业国别例外值得中国关注。研究发现，在越南的国别例外清单中，既有针对所有国有企业的例外，也有针对特定产业的国有企业的例外；既有将商业考虑因素和非歧视待遇条款与非商业援助条款合并列出的，即通过法律法规要求考虑非商业因素或给予优惠待遇，同时通过非商业援助给予补偿，也有单独将其中之一作为例外加以列出的。此外，还对豁免于非商业援助条款的情况作出限制，以对越南国家煤炭——矿产工业控股有限公司及其采矿部门的子公司和后继者的非商业援助为例，必须以维持其在越南境内偏远地区或具有战略重要性地区的现有煤炭和矿物生产活动为目的，并且不会导致该实体在相关市场份额明显增加或价格明显下滑、显著价格抑制降低或销量降低。

尽管有人戏称越南在国有企业的管理上几乎不承担任何义务，但不可否认的是，越南如此广泛的产业例外[1]都能被 TPP 其他缔约方所接受，这表明缔约方对于国有企业章节的国别例外的包容度并不低。因此，对于中国而言，在参与国有企业条款谈判时，可以参照越南，以 14 项例外为底线，根据所要保护的特定产业、特定地区、特定国有企业和人群提出保留，提出国别例外清单。

就我国国有企业而言，纵向上，国有企业可分为中央国有企业和地方国有企业，分别由中央和地方国有资产监管部门监管，即由中央和地方的国有

---

[1] 在其国别例外清单中，共列出了 14 项例外，其中 4 项（涉及重组融资、提供公共物品、特定地区经济发展以及中小企业）针对所有国有企业，而另外 10 项则是针对特定的国有企业的特定活动，如越南、政府 企业或国有企业可以向越南国家咖啡公司提供非商业援助，以在越南境内生产和销售咖啡。其中有 10 项将非歧视待遇与商业考虑条款与非商业援助条款联系起来，即一方面国家可根据法律法规要求这些国有企业在特定商业活动中给予特定主体优惠待遇，另一方面国家、政府企业或国有企业可以对这些国有企业为执行上述法律法规予以补偿。

资产监管部门履行出资人职责。横向上，国有企业分为一般国有企业与特殊国有企业（如金融类国有企业、文化类国有企业）。而根据国有企业监管归口的不同，我国国有企业现有的监管格局主要可划分为三类：第一，由国务院国资委监管的国有企业，[1]也被称为央企；第二，由财政部监管的三类国有企业：中央行政事业单位所属企业、中央金融企业以及财务关系在财政部单列的其他国有企业；第三，由地方（地方国资委、地方财政、文化资产监管部门等）监管的地方国有企业。那么，首先，按照目前 TPP 国有企业条款的适用层级，将仅有国务院国资委监管的央企受到约束。而截至 2020 年 6 月底，国务院国资委监管的央企共 97 家[2]，主要涉及军工、石油石化、钢铁、电力、机械设备制造、通信、航空运输、水运、建筑施工、投资和商贸企业、生产经营型的科技型企业等领域。

其次，国有企业定义将受规制的国有企业限定于主要从事商业活动的企业。商业活动指的是企业从事的营利活动，排除了履行公共职能的、不营利的或仅回收成本的活动。据此，可以基本上排除国有企业条款对公益类国有企业的适用。中国的公益类国有企业是以保障民生、服务社会、提供公共产品和服务为主要目标，必要的产品或服务价格可以由政府调控的企业，[3]如中储棉、中储粮等。但若一公益类国有企业得到国家允许，仅求成本回收而不追求利润，实际上等于得到了国有股东的补贴。若这类国有企业与那些必须给股东提供市场水平回报率的企业在同一市场上竞争，对后者而言就是不公平竞争。然而，这属于我国国内竞争法应该解决的问题，即如何构建健全的公共产品市场。立足于社会公共性，在公益性国有企业中引入竞争机制，以最小成本投入获得最令公众满意的公共产品与服务作为衡量公益类国有企业发展的标准。然而，是否可以认为，所有公益类国有企业都会因不符合国有企业定义中的"从事商业活动"要素而被排除在规制范围之外？答案是不

---

〔1〕　国有资产监督管理委员会，根据国务院授权，依照《中华人民共和国公司法》等法律和行政法规履行出资人职责，监管中央所属企业（不含金融类企业）的国有资产，加强国有资产的管理工作。

〔2〕　参见国务院国有资产监督管理委员会：《央企名录》，载 http://www.sasac.gov.cn/n4422011/n14158800/n14158998/c14159097/content.html，最后访问日期：2021 年 2 月 23 日。

〔3〕　参见国资委、财政部、国家发改委：《关于国有企业功能界定与分类的指导意见》（国资发研究〔2015〕170 号）。

一定。这是因为，在我国，公益类国有企业也可能从事竞争性业务。[1]况且我国划分公益类或商业类国有企业是按照"谁出资谁分类"的原则，由履行出资人职责的机构负责制定所出资企业的功能界定和分类方案，报本级政府批准。这一划分可能并不被协定其他缔约方所认可。

另外，在我国国有企业分类改革中，特定功能类国有企业的定位值得关注，这类国有企业指主业处于关系国家安全、国民经济命脉的重要行业和关键领域、主要承担重大专项任务的商业类国有企业，以及处于自然垄断行业的商业类国有企业。特定功能类国有企业以服务国家战略、保障国家安全和国民经济运行为主要目标，实现社会效益和经济效益的统一，包括石油石化、电力、通信等领域国有企业，如中石油、中石化、中国移动、中国联通等。在有关国有企业改革的讨论中，不少人提出应当将特定功能类国有企业归于公益性较强的公用企业范畴，[2]从而为国家提供的各种支持提供合法理由。[3]当然，即使将其归于公益类国有企业，其是否受到国有企业条款的约束，还是要看其具体行为。

国有企业条款的适用对象主要是我国的商业竞争类国有企业。且其仅适用于国有企业的商业活动，明确排除对国有企业从事的非营利性活动的适用。商业竞争类国有企业指主业处于充分竞争行业和领域的商业类国有企业，该类国有企业以经济效益为主要目标，兼顾社会效益，基本涵盖了中粮集团、五矿集团等大部分国有企业。[4]那么，中国就国有企业条款的国别例外清单进行谈判时，应主要考虑商业竞争类国有企业，结合 TPP 中国别例外清单的特点，提出中国必须保留的领域、行业或特定国有企业。例如，针对所有国有企业，在提供公共物品以及为促进边远地区经济发展方面，允许国有企业

---

[1] 国资委在其公众号《激发国有企业活力 促进国资国企与市场经济深度融合》一文中提出，经过 40 多年的改革开放，国有企业总体上已经同市场经济相融合，成了自主经营、自负盈亏、自担风险、自我约束、自我发展的独立市场主体，但其内部公益性业务与商业性业务始终存在"混搭"共存的问题，在一定程度上造成了企业目标任务"分不清"、成本效益"算不清"、业绩考核"兑不清"、政策补贴"说不清"。对国有企业承担的公益性业务实行"分开核算、分类考核"，让企业成为真正的独立市场主体，是激发国有企业活力，实现国有企业与市场经济深度融合的重要抓手。

[2] 参见孙晋：《竞争性国有企业改革路径法律研究——基于竞争中立原则的视角》，人民出版社 2020 年版，第 90 页。

[3] 参见韩立余：《国际法视野下的中国国有企业改革》，载《中国法学》2019 年第 6 期。

[4] 参见《国务院国有资产监督管理委员会、财政部关于印发〈关于完善中央企业功能分类考核的实施方案〉的通知》（国资发综合〔2016〕252 号）。

在出售或购买货物或服务时不遵守非歧视待遇与商业考虑条款，且政府或国有企业可以向该国有企业提供补偿，即同时也不适用非商业援助条款。为促进中小企业发展，国有企业在与中小企业交易时，可以考虑商业因素之外的其他因素，或者为境内投资者的中小企业提供优惠待遇。又如，将对中国具有重要国家利益的某些行业，如军工、石油石化、航空服务等作为例外，这也是缔约方所认可的例外。此外，还可以在国别例外清单中加入针对特定国有企业的例外，如金融类国有企业中的特定银行保留例外。

四、总体上接受非歧视待遇与商业考虑条款

非歧视待遇条款要求国有企业履行准政府义务，作为公共产品提供者公平对待竞争相对方。尽管这一义务增加了国有企业参与商业活动的成本，但在一定程度上具有预防国有资产流失的功能。非歧视待遇包含国民待遇，因此在国有企业作为买方或卖方的交易中，外国企业可以要求享受不低于该国有企业所在缔约方境内国有企业的待遇，从而为国有企业之间的交易增加了一种外部监督。[1] 而商业考虑的义务，与中国在《入世议定书》与《入世工作组报告》中所作的承诺，总体上是一致的，都旨在促进从事商业活动的国有企业像私营企业一样行事。因此，中国在对国有企业条款进行谈判时，可以总体上接受新一代区域自由贸易协定中国有企业非歧视待遇与商业考虑的条款。其中，就商业考虑的定义，可参照中欧 CAI 中提出的界定：摒弃对所有制的要求，将商业考虑界定为同一行业以盈利为目标并受市场力量约束的实体在决策中通常考虑的因素。

就国内而言，尽管竞争类国有企业由国家出资设立，但其设立目标之一在于利润最大化，最大程度上实现国有资产的保值增值。从这一角度而言，政府对于竞争类国有企业与私营企业的干预应当是一视同仁的。在一般商业活动中，竞争类国有企业与私营企业应当享有相同的权利与义务，而不得因企业的投资来源而享有不同的权利和义务。也就是说，需要将竞争类国有企业塑造为独立的市场主体，使其完全适用市场优胜劣汰的竞争法则。

---

〔1〕 参见陈瑶：《新一代区域贸易协定对非歧视待遇与商业考虑条款的重塑》，载《海关与经贸研究》2021 年第 1 期。

五、区别国有企业与补贴条款

TPP 与 USMCA 中的国有企业非商业援助条款对 WTO 中的 SCM 协定补贴存在的认定、专向性的判断、不利影响和损害的界定作出了专门针对国有企业的重塑，打破了 SCM 协定所坚持的补贴规则与反补贴规则之间的平衡。总体上，中国应反对在 FTAs 国有企业条款中嵌入专门针对国有企业的补贴条款。

（一）国有企业并不必然构成"公共机构"，推动行为区分型规则

在中美反补贴措施执行之诉中各方所提出的"公共机构"认定标准，可以概括为：美国在其《公共机构备忘录》中对中国的经济和国有企业采取了宏观层面的分析，认为不仅仅是那些国家控股企业应当被视为"公共机构"，而是不管是否有国家股份的企业都可以被视为"公共机构"，将"公共机构"与国家所有权完全脱钩。这种认定方法可以称为以国家为单位的方法，即对整个国家、整个行业甚至整个实体适用单一标准的规则，过于宽泛。相较而言，中国提出"公共机构"的认定方法属于以单个交易为单位，要求调查机构提供证据对特定交易与政府职能的逻辑关系加以证明。这一方法虽然可以较为准确地界定"公共机构"，但对于调查机构而言，实施成本过高，且依赖于该补贴提供成员的透明度。

相应地，上诉机构给出的"该实体本身是否具有符合一个公共机构的核心特点和职能"标准，可以视为以实体为单位认定方法。即一实体符合"公共机构"的特点与职能，其行为就可以归于政府。对此，一上诉机构成员认为，上诉机构将"拥有、行使或被赋予政府权力"作为确定一个实体是否为"公共机构"的必要因素，同时在之后诉诸 WTO 的争议中又增加了一些削弱该因素作用的标准，导致了实践中各方观点差异。并且进一步提出，一个实体与一个政府之间的关系可能采取不同的形式，这取决于相关成员的法律和经济环境。当一个实体"拥有、行使或被赋予政府权力"时，可被认定为"公共机构"。但这并不是也不应该被视为每个案件的基本标准。如果政府有能力控制该实体或其行为来传递财政资金，那么该实体可以被认定为"公共机构"。除此之外，上诉机构不应当继续做出更为具体的阐明。相反，上诉机构应该为国内调查机构留出必要空间，使其能够适用上述的标准，只要其决

定符合客观且合理的解释与充分证据的要求。

除了上述以国家为单位、以交易为单位、以实体为单位的方法之外，有学者从公司治理的角度，根据中国国有企业与政府之间的关系，提出了以活动为单位的认定方法。[1]即通过该活动的性质，来判断一实体是否构成"公共机构"。如前文所述，国有企业的商业决策可以大概分为重要的商业决策和不重要的商业决策。其中重要的商业决策可以视为政府决策，而不重要的商业决策则属于非政府决策。当一国有企业的活动是基于重要的商业决策，或者说政府主导下作出的，即可认为该国有企业构成"公共机构"。

无论如何，在国有企业是否构成"公共机构"的问题上，中国应坚持遵循主体和行为相统一的标准。尽管当前的趋势是对"公共机构"做扩大解释，但也不能仅因为国有企业与政府之间宽泛联系而将其一概认定为"公共机构"。正如上诉机构所提出的，"公共机构"的具体范围与轮廓取决于各成员的国情。因此，根据各成员国内法律法规，来判断政府对国有企业决策以及基于决策的活动所产生影响应是题中之意。只有当国有企业传递利益的活动是在政府主导下作出的，才能将这一活动归于政府。也只有在这种情况下，国有企业才构成"公共机构"。

（二）反对针对国有企业的补贴专向性测试

尽管中国在《入世议定书》中作了与非商业援助条款相类似的，以国有企业作为补贴接受者的专向性测试的承诺，但是这一承诺实质上并不符合WTO所有制中立的立场，有违非歧视的基本原则。以国有企业作为接受者的补贴，本质上也并不会比以其他企业作为接受者的补贴更具贸易扭曲作用。

对于中国而言，国有企业是中国国民经济的支柱。在可预见的未来，这一点不会改变。在针对国有企业的补贴专向性测试下，事实上，中国提供的大多数国内补贴都有可能，以国有企业作为接受者。因此，以国有企业作为接受者的专向性测试，在中国的语境下，变成了一个可有可无的过滤器，无法筛选出更具贸易扭曲性的可诉补贴。因此，中国在今后的国有企业条款谈判中，应拒绝针对国有企业的补贴专向性测试。并且对《入世议定书》进行修改，删除基于针对国有企业的专向性测试条款，将以国有企业作为接受者

---

〔1〕 See Ru Ding, "Interface 2.0 in Rules on State-Owned Enterprises: A Comparative Institutional Approach", *Journal of International Economic Law*, Vol. 22, 2020, p. 658.

的补贴是否具有专向性交由 SCM 协定加以判断。

就国内而言，中国应坚持国内补贴政策的平等，减少国际社会对国有企业因政府所有或控制而接受不正当优势而进行不公平竞争的担忧。补贴条件符合客观性和中立性。在补贴授予过程中，对符合条件的国有企业、民营企业和外商投资企业等所有市场主体一视同仁。[1]规范对国有企业的补贴与补贴授予程序。完善补贴的申请、授予的方式，如制定完善的竞争程序和规则，采取招投标或其他竞争性的方式，将补贴授予最具科技含量与创新力的企业，实现补贴最优化分配。

（三）严格补贴利益外部基准适用的限制

补贴利益的计算是当前反补贴规则谈判的重点议题之一。补贴利益是判断一项财政资助行为是否构成补贴和计算反补贴税率的依据。因此，对国内市场基准的拒绝和替代市场基准的选择都应慎重，否则将导致反补贴措施的滥用，甚至否定其他成员确定其国内市场运行体制条件的权利。

反补贴所关注的要素和主要投入品部门是否存在政府主导，[2]对要素市场化程度较低的中国提出了很大挑战。近些年，中国在要素市场化改革中取得了许多突破，包括土地要素分配更加灵活、资本要素的市场化配置等。然而，《入世议定书》第 15 条授权其他 WTO 成员永久性对原产于中国的货物进行反补贴措施时适用外部基准，不论中国是否已经成为市场经济，缺乏规则合理性。另一方面，即便没有《入世议定书》第 15 条的授权，即便其他WTO 成员承认中国已经成为市场经济国家，针对原产于中国的货物的反补贴措施适用外部基准的做法很有可能得到延续。近些年来，WTO 争端解决实践对外部基准的限制较少，只要求调查机构确保其所采用的基准与补贴提供成员的现行市场条件相关。调查机构必须"尽最大努力确定一个近似于不发生扭曲情况下普遍存在的国内市场条件的基准"。换言之，若无政府的扭曲性干预，补贴提供成员的国内市场价格应当是什么样的。那么，调查机构就需要尽可能复制补贴提供成员的现行市场条件。这理应包括国内市场的背景性条件。然而，目前看来，这一规则并非得到严格遵守。在某些情况下，进口成

---

〔1〕 参见贺小勇、陈瑶：《"求同存异"：WTO 改革方案评析与中国对策建议》，载《上海对外经贸大学学报》2019 年第 2 期。

〔2〕 参见张斌：《外部基准：另一种替代国价格》，载《世界经济研究》2013 年第 9 期。

员调查机关干脆直接使用第三国的市场基准，而不作任何重大调整。然而，正如有学者指出的，未经调整的替代价格作为基准是存在问题的，因为它可能会否定出口国的比较优势，而且它没有考虑到该国按照自己的意愿设计市场体制的主权权利。[1]

当一项措施被适当地定性为背景体制条件时，调查机构就不能将其作为价格扭曲的证据。若因其他原因适用替代价格作为基准，则需要阐明适用外部基准的理由，并尽可能合理地调整这一替代基准，以确保其能反映具有这种背景制度条件的市场。[2]但这也并不意味着"市场扭曲"概念的实质内容完全由各调查机关根据其价值观和公平标准自行确定。必要时，WTO 成员可协商制定一份非详尽清单，如有关措施的普遍性、意图、历史和政治条件、其对有关经济中系统功能的重要性及其与该经济其他结构要素的相互作用，供调查机构作出此类决定时考虑。最终，由 WTO 争端解决机构来审查调查机构对要素的定性是否准确、客观且公正。

（四）加强补贴通报与透明度的实施

补贴透明度问题，是 WTO 现代化改革中各方都关注的议题。提高补贴透明度也是美日欧三方唯一明确达成的共识。补贴的透明度对判断某一实体是否构成"公共机构"以及补贴是否具有专向性尤为重要。在缺乏透明度的情况下，调查机构几乎无法对某一实体是否构成"公共机构"进行判断。当前看来，补贴透明度和通报纪律并未得到 WTO 各成员的良好遵守。这一现象严重削弱了 WTO 补贴实体纪律的价值。然而，补贴的通报需要从以下两个方面看待：一方面，对于所有的 WTO 成员而言，补贴的通报都并非易事，但这决不能成为消极履行义务的借口。另一方面，相较于发达成员，发展中成员在补贴通报方面可能需要更多的协助。因此，在当前 WTO 改革中，应通过引入强有力的通报激励机制，鼓励各成员对补贴进行及时通报，允许发展中成员获得特殊待遇，或争取过渡期，营造更为公平与透明的竞争环境。

---

〔1〕　See Julia Ya Qin, "Market Benchmarks and Government Monopoly: The Case of Land and Natural Resources under Global Subsidies Regulation", *University of Pennsylvania Journal of International Law*, Vol. 40, 2019, p. 613.

〔2〕　See Andrew Lang, "Heterodox Markets and 'Market Distortions' in the Global Trading System", *Journal of International Economic Law*, Vol. 22, 2019, p. 712.

另外，美日欧提出，某些类型的补贴具有有害影响，因此有理由实行举证责任倒置，由补贴提供成员证明不存在严重的负面贸易或能力影响，从而提高补贴透明度。在这一类别中讨论过的补贴包括但不限于：过大的补贴；支持没有竞争力的公司并阻止其退出市场的补贴；在没有私人商业参与的情况下创造大规模生产能力的补贴；以及与出口的相同货物的价格相比，降低国内投入价格的补贴。如果发现存在这种补贴，而且不能证明没有严重的负面影响，补贴成员必须立即撤销有关补贴。对此，我国应主张严格界定具有有害影响的补贴并提供充足的理由，明确这些补贴与其他可诉补贴之间的关系。

（五）要求恢复不可诉补贴，以应对禁止性补贴

2018年9月的美欧日联合声明就专门列举了其认为具有市场扭曲作用的几类补贴，旨在增加禁止性补贴的范围。这些补贴主要包括国有银行对资信不佳的国有企业发放贷款；政府或政府控制的基金（如国家集成电路投资基金）以非商业条件的投资；非商业债转股（如国有银行对国有企业的贷款被转为股权）；对原材料和能源价格等投入品优惠定价；对僵尸企业提供补贴使其继续生产导致产能过剩等。[1]若允许增设禁止性补贴，则SCM协定在补贴与反补贴措施之间的平衡将再次被打破。

因此，我国可以提出恢复不可诉补贴条款加以应对。SCM协定的不可诉补贴，根据第31条规定已于1999年底失效。而由此导致第8条所列明的三种具有专向性的不可诉补贴，即环境补贴、研发补贴和落后地区补贴被自动归入可诉性补贴，从而受到有关可诉补贴规定的约束。[2]而实际上，在不可诉补贴条款临时适用结束前，补贴与反补贴委员会曾召开会议讨论该条款的延期适用问题。必须承认的是，不可诉补贴对技术进步、环境保护、贫富差距等全球问题的解决意义重大。对此，发达成员与发展中成员均表达了积极的态度，且同意延长适用。最终由于各方所附加的利益难以调和，不可诉补贴

---

[1] See Joint Statement on Trilateral Meeting of the Trade Ministers of the United States, Japan, and the European Union, at https://ustr.gov/about-us/policy-offices/press-office/press-releases/2018/may/joint-statement-trilateral-meeting, last visited on Oct. 16, 2020.

[2] 参见朱庆华：《SCM协议不可诉补贴条款简析》，载《世界贸易组织动态与研究》2007年第2期。

条款未能得到延期。但是考虑到补贴与反补贴措施委员会公布的 SCM 协定最新修正案中保留了不可诉补贴条款，[1]不可诉补贴有被恢复的可能。对中国而言，恢复不可诉补贴至关重要，使我国对关键核心技术研发提供的研发补贴，尤其是对高等院校与科研机构的补贴，向中西部地区提供的落后地区补贴以及为保护环境和维护可持续发展提供的环境补贴免于反补贴调查。

本章小结

随着国有企业条款逐渐成型与成熟，对于依赖国有企业发展的新兴经济体而言，国有企业条款显然会成为其发挥后发优势的障碍和参与国际竞争的新规则壁垒。基于竞争中立的国有企业条款已经在国际社会取得一定的共识，不论中国是否加入 TPP 协定，其中的高标准条款都将对中国的国有企业参与国际竞争活动产生巨大的影响。诚然，国有企业条款内含欧美等经济体平衡新兴经济体，尤其是中国的迅猛发展、重塑国际规则等深层动机，但是从根本上说，竞争中立与我国经济体制改革方向是一致的。国有企业条款也能倒逼中国的国有企业改革。通过对比国有企业条款与中国对外作出的国有企业承诺发现，中国早已在《入世议定书》中就国有企业非歧视待遇和商业考虑作出承诺。当前仍有争议的国有企业条款的主要内容在于国有企业的定义和范围以及国有企业与补贴。本书在最后提出了中国参与国有企业条款谈判应秉承的基本原则以及参与国有企业条款谈判文本：提出符合国情的国有企业定义；善用例外排除特定国有企业；总体上接受国有企业非歧视待遇与商业考虑条款；以及推动行为区分型"公共机构"认定标准、反对国有企业补贴专向性测试、严格限制补贴利益外部基准的适用等与国有企业相关补贴条款。

---

[1]　See Gary Horlick, Peggy A. Clarke, "Rethinking Subsidy Disciplines for the Future: Policy Options for Reform", *Journal of International Economic Law*, Vol. 20, 2017, pp. 683-690.

结　语

当前国有企业引发的问题，实际上是市场模式的问题，更进一步是如何来理解和解释不同市场经济环境下的国有企业，进而实现"兼容"和"协调"。竞争中立旨在建立和维护市场的公平竞争秩序，遏制国有企业享有的不正当竞争优势，给所有市场参与者一个平等的市场竞争机会。但竞争中立在国内和国际层面实施具有显著不同的效果和目的，前者旨在促进本国市场的公平竞争，而后者则很有可能演变为新型贸易保护主义。当前新一代区域自由贸易协定中的国有企业条款呈现出以下特点和趋势：

1. 从国有企业条款的理论基础与来源看，在国际贸易协定中为国有企业设定特殊规则起因于实现不同市场和经济体制的兼容，尽管其与非歧视原则不完全符合。新一代区域自由贸易协定中的国有企业条款通过对竞争中立理论的借鉴，对 WTO 下对国有企业不正当优势和反竞争行为的规制不足作出了一定补充，尤其是国有企业议题作为一项横向议题，从竞争政策章节分离，独立成章，重要性不断提升，约束力不断加强。

2. 国有企业条款中的国有企业定义不再局限于"政府对企业的所有权益"，而是将重点放在了"政府对企业的控制"上，使受到国有企业条款规制的企业范围不断扩大。国有企业定义允许采取多种形式对企业施加"控制"：既可以是通过所有权益控制多数表决权，也可以是控制企业的重要人员或部门，还可以是通过法律法规实施控制。但另一方面，国有企业条款又允许缔约方根据谈判提出国别例外。这些例外既有针对所有国有企业的，也有针对某一行业的国有企业的，还有针对特定国有企业的。数量庞大且各异的例外使得国有企业条款的适用呈现出碎片化、缺乏可预期性。然而，由于各经济体国内情况的不同，对国有企业的依赖程度不同，未来应就例外作出更为一致的、系统化的规定作出努力。

3. 就非歧视待遇和商业考虑条款而言，新一代区域自由贸易协定中的国有企业条款对 GATT 第 17 条对国营贸易企业的规定以及以往 FTAs 中的国有企业条款的规定作出了突破与超越。并且该条款对非歧视待遇作为一种准政府义务或市场管理者应承担的义务与商业考虑作为市场参与者应当遵守的竞争行为守则之间作出了一定协调适用。要求国有企业在服务贸易领域给予包括国民待遇在内的非歧视待遇并不会侵蚀缔约方在跨境服务贸易章节作出的承诺。但是，要求国有企业在投资领域也给予非歧视待遇，并未考虑到与国际投资协定之间可能的适用问题。未来国有企业条款应考虑要求贸易协定中国有企业非歧视待遇条款与投资协定中的非歧视待遇条款之间的协调。

4. 就国有企业与补贴而言，总体趋势是更加严格的补贴规则。新一代区域自由贸易协定主要采取两种模式：美式国有企业非商业援助条款和欧式补贴规则。对国有企业与国有企业之间的交易，美式国有企业非商业援助条款对 SCM 协定中存在的"公共机构"、"补贴利益"以及"补贴专向性"等一系列争议作出了一定回应。欧盟尽管在补贴章节下新增了几个禁止性补贴，但基本上是坚持在补贴章节中讨论国有企业相关问题。无论如何，补贴规则应体现政府补贴中立，不应区别对待国有企业作为接受者的补贴与非国有企业作为接受者的补贴。国有企业获得的有些政府补贴是因为其政府所有权或控制权，有些则不是。因此，未来的补贴规则将加强对不同补贴的甄别，"捕捉"那些真正扭曲市场和贸易的补贴，并对国有企业承担的社会目标与政策予以考虑。

总之，国有企业是当前 WTO 现代化改革、FTAs 谈判中的重要议题，主要涉及国有企业的定义和范围、非歧视待遇和商业考虑以及与国有企业相关补贴等问题。国有企业深度参与全球竞争创造财富和促进社会进步发展的同时，也因其特殊优势使私营企业处于竞争不利的地位。因此，对国有企业参与国际竞争采取规制措施是必要的，但是这种规制的度或者边界在何处，需要从公平、非歧视等基本原则加以考虑。不能简单地以企业所有制不同而采取不同监管措施。研究国有企业条款，落脚点在于中国如何制定并引领国有企业条款，这需要从国内和国际两个层面考虑。最终，中国提出的国有企业条款应既为国际社会普遍接受，又能与自身承受力相适宜，符合自身国家利益与安全。

参考文献

一、著作及译著类

1. 白树强：《全球竞争政策——WTO 框架下竞争政策议题研究》，北京大学出版社 2011 年版。

2. 曹建明、贺小勇：《世界贸易组织》，法律出版社 2011 年版。

3. 邓德雄：《国外对华反补贴研究——政策转变、影响及对策》，中国商务出版社 2010 年版。

4. 丁茂中：《竞争中立政策研究》，法律出版社 2018 年版。

5. 冯辉、石伟：《贸易与投资新规则视野下的竞争中立问题研究：国企改革、贸易投资新规则与国家间制度竞争》，格致出版社、上海人民出版社 2018 年版。

6. 甘瑛：《国际货物贸易中的补贴与反补贴法律问题研究》，法律出版社 2005 年版。

7. 宫仁海：《论贸易救济法与竞争法的冲突和协调——以区域贸易制度安排为视角》，中国政法大学出版社 2016 年版。

8. 韩立余：《世贸规则与产业保护》，北京大学出版社 2014 年版。

9. 彭岳：《贸易补贴的法律规制》，法律出版社 2007 年版。

10. 单一：《WTO 框架下补贴与反补贴法律制度与实务》，法律出版社 2009 年版。

11. 史际春：《国有企业法论》，中国法制出版社 1997 年版。

12. 石静霞：《WTO 服务贸易法专论》，法律出版社 2006 年版。

13. 石伟：《"竞争中立"制度的理论和实践》，法律出版社 2017 年版。

14. 孙晋：《竞争性国有企业改革路径法律研究——基于竞争中立原则的视角》，人民出版社 2020 年版。

15. 孙立文：《WTO〈反倾销协议〉改革——政策和法律分析》，武汉大学出版社 2006 年版。

16. 杨国华：《WTO 中国案例评析》，知识产权出版社 2015 年版。

17. 杨卫东：《国企工具论》，武汉大学出版社 2012 年版。

18. 应品广：《竞争中立规则研究：国际比较与中国选择》，中国政法大学出版社 2020
    年版。

19. 曾令良：《世界贸易组织法》，武汉大学出版社 1996 年版。

20. 赵维田：《世贸组织（WTO）的法律制度》，吉林人民出版社 2000 年版。

21. ［德］弗里德里希·李斯特：《政治经济学的国民体系》，陈万煦译，商务印书馆 1983
    年版。

22. ［德］魏德士：《法理学》，丁晓春、吴越译，法律出版社 2005 年版。

23. ［美］理查德·波斯纳：《法律的经济分析》，蒋兆康译，法律出版社 2012 年版。

24. ［美］罗伯特·吉尔平：《全球政治经济学：解读国际经济新秩序》，杨宇光、杨炯译，
    上海人民出版社 2006 年版。

25. ［美］曼昆：《经济学原理》，梁小民译，机械工业出版社 2003 年版。

26. ［美］约翰·H·杰克逊：《世界贸易体制——国际经济关系的法律与政策》，张乃根
    译，复旦大学出版社 2001 年版。

二、杂志类

1. 艾素君：《WTO 框架下服务贸易补贴的立法构想》，载《上海大学学报（社会科学
   版）》2012 年第 2 期。

2. 白巴根：《"国有企业"是否构成"公共机构"？——"美国对华反倾销和反补贴调查
   案"上诉机构观点质疑》，载《法治湖南与区域治理研究》2011 年第 5 期。

3. 白洁、苏庆义：《〈美墨加协定〉：特征、影响及中国应对》，载《国际经济评论》2020
   年第 6 期。

4. 包晋：《TPP 谈判中的竞争中立议题》，载《武大国际法评论》2014 年第 1 期。

5. 毕晶：《政府采购领域的壁垒现状与合作前景——基于中欧自贸协定谈判框架下的研
   究》，载《国际经济合作》2017 年第 7 期。

6. 蔡鹏鸿：《TPP 横向议题与下一代贸易规则及其对中国的影响》，载《世界经济研究》
   2013 年第 7 期。

7. 陈汉、彭岳：《TPP 关于国有企业的规则研究》，载《北京化工大学学报（社会科学
   版）》2018 年第 1 期。

8. 陈晓华：《国有企业法律规制与政治规制：从竞争到融合》，载《法学评论》2019 年第
   6 期。

9. 陈卫东：《中美围绕国有企业的补贴提供者身份之争：以 WTO 相关案例为重点》，载

《当代法学》2017 年第 3 期。

10. 丁茂中：《竞争中立政策走向国际化的美国负面元素》，载《政法论丛》2015 年第 4 期。

11. 东艳：《全球贸易规则的发展趋势与中国的机遇》，载《国际经济评论》2014 年第 1 期。

12. 东艳、张琳：《美国区域贸易投资协定框架下的竞争中立原则分析》，载《当代亚太》2014 年第 6 期。

13. 樊富强：《澳大利亚关于国有企业竞争中立政策的实施与评析》，载《对外经贸实务》2016 年第 10 期。

14. 冯辉：《竞争中立：国企改革、贸易投资新规则与国家间制度竞争》，载《环球法律评论》2016 年第 2 期。

15. 干潇露：《竞争推进与竞争中立：政府反竞争行为规制研究》，载《浙江树人大学学报（人文社会科学版）》2012 年第 2 期。

16. 甘瑛：《WTO〈补贴与反补贴措施协定〉第 14 条的适用前提之辨——以对外贸易补贴利益与数额计算基础即"市场"为核心》，载《政治与法律》2013 年第 11 期。

17. 高疆、盛斌：《国际贸易规则演进的经济学：从市场准入到规制融合》，载《国际经贸探索》2019 年第 5 期。

18. 龚柏华：《国有企业是否当然为〈补贴与反补贴协定〉第 1.1 条意义上"公共机构"辨析——兼评美国对来自中国某些产品最终反倾销和反补贴税措施 WTO 争端案》，载《国际商务研究》2010 年第 6 期。

19. 顾功耘、胡改蓉：《国企改革的政府定位及制度重构》，载《现代法学》2014 年第 3 期。

20. 顾敏康、孟琪：《TPP 国企条款对我国国企的影响及对策》，载《中国政法大学学报》2014 年第 6 期。

21. 海闻等：《中国加入〈政府采购协定〉国有企业出价策略研究》，载《国际贸易问题》2012 年第 9 期。

22. 韩立余：《国际法视野下的中国国有企业改革》，载《中国法学》2019 年第 6 期。

23. 韩立余：《TPP 国有企业规则及其影响》，载《国家行政学院学报》2016 年第 1 期。

24. 韩立余：《构建国际经贸新规则的总思路》，载《经贸法律评论》2019 年第 4 期。

25. 韩龙：《市场准入与国内规制在 WTO 法中应如何合理界分》，载《政法论坛》2006 年第 4 期。

26. 韩永文等：《WTO 背景下改革补贴政策研究》，载《全球化》2020 年第 2 期。

27. 贺小勇：《中国尽早加入〈政府采购协定〉的法律建议》，载《经贸法律评论》2019 年第 6 期。

28. 贺小勇、陈瑶：《"求同存异"：WTO 改革方案评析与中国对策建议》，载《上海对外经贸大学学报》2019 年第 2 期。

29. 何颖：《论 WTO 国营贸易规则与中国入世承诺》，载《国际经济法学刊》2005 年第 3 期。

30. 胡建国、刘柒：《美国对华反补贴中"公共机构"的泛化及法律规制》，载《法学》2019 年第 10 期。

31. 黄志瑾：《国际造法过程中的竞争中立规则——兼论中国的对策》，载《国际商务研究》2013 年第 3 期。

32. 金碚：《新时代充分竞争型国有企业的改革发展取向》，载《经济纵横》2020 年第 10 期。

33. 金善明：《困境与路径：竞争法国际化的规范分析》，载《社会科学》2012 年第 11 期。

34. 金孝柏：《服务贸易补贴与我国外贸发展方式转型》，载《国际贸易》2011 年第 6 期。

35. 蒋奋：《反补贴语境下的国有企业定性问题研究》，载《上海对外经贸大学学报》2017 年第 1 期。

36. 蒋璐芳：《欧盟贸易救济立法修改述评——以 WTO 改革为背景》，载《武大国际法评论》2019 年第 2 期。

37. 李本、姚云灿：《美国对华"双反"措施中外部基准规则的适用问题》，载《国际商务研究》2016 年第 4 期。

38. 李国海：《论反垄断法对国有企业的豁免》，载《法学评论》2017 年第 4 期。

39. 李国学：《WTO 能够制定全球统一的国际投资协议吗?》，载《国际经济评论》2008 年第 3 期。

40. 李俊峰：《竞争中性的国际规制演进与中国因应策略——以美欧互诉"民用大飞机补贴案"为参照》，载《上海财经大学学报》2021 年第 1 期。

41. 李思奇、金铭：《美式国有企业规则分析及启示——以 NAFTA、TPP、USMCA 为例》，载《国际贸易》2019 年第 8 期。

42. 李晓玉：《"竞争中立"规则的新发展及对中国的影响》，载《国际问题研究》2014 年第 2 期。

43. 李仲平：《自制抑或拓展：补贴法律专向性判断的新问题》，载《上海对外经贸大学学报》2017 年第 5 期。

44. 廖凡：《政府补贴的法律规制：国际规则与中国应对》，载《政治与法律》2017 年第 12 期。

45. 廖凡：《经济全球化与国际经济法的新趋势——兼论我国的回应与对策》，载《清华法学》2009 年第 6 期。

46. 廖诗评：《"中美双反措施案"中的"公共机构"认定问题研究》，载《法商研究》

2011 年第 6 期。

47. 林惠玲：《美国对华产品反补贴调查外部基准适用问题述评》，载《经济问题》2019 年第 4 期。

48. 林惠玲、卢蓉蓉：《WTO 新一轮谈判中美国在补贴与反补贴规则修改上的立场和建议》，载《国际商务研究》2010 年第 2 期。

49. 刘笋、许皓：《竞争中立的规则及其引入》，载《政法论丛》2018 年第 5 期。

50. 刘雪红：《国有企业的商业化塑造——由欧美新区域贸易协定竞争中立规则引发的思考》，载《法商研究》2019 年第 2 期。

51. 刘瑛：《〈跨太平洋伙伴关系协定〉国有企业章节的中国应对》，载《东方法学》2016 年第 5 期。

52. 马其家、樊富强：《TPP 对中国国有企业监管制度的挑战及中国法律调整——以国际竞争中立立法借鉴为视角》，载《国际贸易问题》2016 年第 5 期。

53. 马新民：《〈联合国国家及其财产管辖豁免公约〉评介》，载《法学家》2005 年第 6 期。

54. 毛真真：《国有企业补贴国际规则对比研究——从传统补贴规则到非商业支持规则》，载《河北法学》2017 年第 5 期。

55. 毛志远：《美国 TPP 国企条款提案对投资国民待遇的减损》，载《国际经贸探索》2014 年第 1 期。

56. 欧福永、罗文正：《试析 WTO 〈补贴与反补贴措施协定〉中的严重侵害实体规则》，载《时代法学》2018 年第 6 期。

57. 潘晓明：《TPP 高标准国际贸易规则对中国的挑战及应对策略》，载《国际展望》2015 年第 5 期。

58. 彭德雷：《"超 WTO 条款"法律适用研究：基于中国"稀土案"的考察》，载《国际经贸探索》2015 年第 1 期。

59. 彭五堂：《"国家资本主义"概念辨析》，载《河北经贸大学学报》2014 年第 2 期。

60. 彭岳：《论反补贴税法中的两类规则：以 WTO 协定和美国法为对象》，载《国际法研究》2015 年第 5 期。

61. 祁欢、阎聪：《2012 美国 BIT 范本对中美 BIT 谈判之影响的再研究》，载《山西大学学报（哲学社会科学版）》2015 年第 1 期。

62. 漆彤、窦云蔚：《论〈跨太平洋伙伴关系协定〉国有企业透明度规则》，载《武大国际法评论》2016 年第 2 期。

63. 漆彤、窦云蔚：《日欧经济伙伴关系协定：国际贸易投资规则新发展》，载《区域与全球发展》2018 年第 3 期。

64. 秦国荣：《WTO 反补贴措施：价值理念与制度功能——对〈SCM 协定〉的法理解读与思考》，载《法学家》2006 年第 4 期。

65. 沈铭辉：《"竞争中立"视角下的 TPP 国有企业条款分析》，载《国际经济合作》2015 年第 7 期。

66. 沈铭辉：《美国双边投资协定与 TPP 投资条款的比较分析——兼论对中美 BIT 谈判的借鉴》，载《国际经济合作》2014 年第 3 期。

67. 沈木珠：《我国双反成功案例剖析及启示——以 WT/DS379 案为例》，载《法学杂志》2014 年第 4 期。

68. 沈伟：《"竞争中性"原则下的国有企业竞争中性偏离和竞争中性化之困》，载《上海经济研究》2019 年第 5 期。

69. 石静霞：《国际服务贸易规则的重构与我国服务贸易的发展》，载《中国法律评论》2018 年第 5 期。

70. 石静霞：《新一轮服务贸易谈判若干问题》，载《法学研究》2006 年第 3 期。

71. 石静霞：《国际贸易投资规则的再构建及中国的因应》，载《中国社会科学》2015 年第 9 期。

72. 史际春、罗伟恒：《论"竞争中立"》，载《经贸法律评论》2019 年第 3 期。

73. 时建中：《论竞争政策在经济政策体系中的地位——兼论反垄断法在管制型产业的适用》，载《价格理论与实践》2014 年第 7 期。

74. 时业伟：《WTO 补贴协定中"公共机构"认定标准研究——以 DS379 案为例》，载《比较法研究》2016 年第 6 期。

75. 宋锡祥、张贻博：《〈欧盟–日本经济伙伴关系协定〉透视及中国的应对之策》，载《国际商务研究》2019 年第 3 期。

76. ［日］松下满雄：《世界贸易组织的基本原则和竞争政策的作用》，朱忠良译，载《环球法律评论》2003 年第 1 期。

77. 孙晋：《新时代确立竞争政策基础性地位的现实意义及其法律实现——兼议〈反垄断法〉的修改》，载《政法论坛》2019 年第 2 期。

78. 汤婧：《"竞争中立"规则：国有企业的新挑战》，载《国际经济合作》2014 年第 3 期。

79. 唐宜红、姚曦：《竞争中立：国际市场新规则》，载《国际贸易》2013 年第 3 期。

80. 唐宜红、姚曦：《混合所有制与竞争中立规则——TPP 对我国国有企业改革的挑战与启示》，载《人民论坛·学术前沿》2015 年第 23 期。

81. 田丰：《国有企业相关国际规则：调整、影响与应对》，载《国际经济合作》2016 年第 5 期。

82. 屠新泉等：《国有企业相关国际规则的新发展及中国对策》，载《亚太经济》2015 年第 2 期。

83. 王晨曦：《美国主导的国有企业国际造法：历史进程、核心内容及应对策略》，载《南京理工大学学报（社会科学版）》2021 年第 1 期。

84. 王晨竹：《竞争法与反倾销法的功能性冲突及协调路径》，载《法学》2020 年第 9 期。

85. 王海峰：《WTO 非违约之诉机制研究——兼论中国汽车零部件进口争端及其启示》，载《法商研究》2006 年第 6 期。

86. 王璐瑶、葛顺奇：《TPP 透视："国有企业和指定垄断"议题分析》，载《国际经济合作》2015 年第 11 期。

87. 王秋雯：《国有企业规则在区域贸易谈判平台中的新发展与中国对策》，载《国际贸易》2018 年第 6 期。

88. 王婷：《竞争中立：国际贸易与投资规则的新焦点》，载《国际经济合作》2012 年第 9 期。

89. 王先林：《国际贸易协定谈判中的竞争政策问题——以 WTO 和 TPP 谈判为例》，载《竞争政策研究》2015 年第 1 期。

90. 王燕：《自由贸易协定下的话语权与法律输出研究》，载《政治与法律》2017 年第 1 期。

91. 闻韬：《区域贸易协定中的竞争章节研究》，载《法学论坛》2018 年第 4 期。

92. 徐程锦、顾宾：《WTO 法视野下的国有企业法律定性问题——兼评美国政府相关立场》，载《上海对外经贸大学学报》2016 年第 3 期。

93. 徐昕：《国有企业国际规则的新发展——内容评述、影响预判、对策研究》，载《上海对外经贸大学学报》2017 年第 1 期。

94. 杨秋波：《国企条款透视：特征、挑战与中国应对》，载《国际商务——对外经济贸易大学学报》2018 年第 2 期。

95. 姚曦：《国际补贴规则的新动向及中国改革建议》，载《东北师范大学学报（哲学社会科学版）》2019 年第 6 期。

96. 易在成：《后"非市场经济"时代的双重救济问题研究——以美国对华产品适用"双反"措施为例》，载《法商研究》2018 年第 1 期。

97. 应品广：《竞争中立：多元形式与中国应对》，载《国际商务研究》2015 年第 6 期。

98. 应品广：《中国需要什么样的竞争中立（上）——不同立场之比较及启示》，载《中国价格监管与反垄断》2015 年第 2 期。

99. 应品广：《中国需要什么样的竞争中立（下）——不同立场之比较及启示》，载《中国价格监管与反垄断》2015 年第 3 期。

100. 余劲松、任强：《论"产能过剩"与反补贴协定冲突》，载《政法论丛》2017 年第 5 期。

101. 余敏友、刘雪红：《从外部基准看中国补贴领域的超 WTO 义务》，载《国际贸易》2015 年第 2 期。

102. 张斌：《国际投资协定中的国有企业条款：美欧模式演变与比较》，载《国际商务研究》2021 年第 2 期。

103. 张斌：《国有企业商业考虑原则：规则演变与实践》，载《上海对外经贸大学学报》2020 年第 4 期。

104. 张晨颖：《竞争中性的内涵认知与价值实现》，载《比较法研究》2020 年第 2 期。

105. 张超汉、刘静：《WTO 框架下美国大飞机补贴实证研究——以"欧盟诉美国大飞机补贴案"为例》，载《国际经贸探索》2020 年第 4 期。

106. 张久琴：《竞争政策与竞争中立规则的演变及中国对策》，载《国际贸易》2019 年第 10 期。

107. 张丽英：《〈中国入世议定书〉第 15 条到期的问题及解读》，载《中国政法大学学报》2017 年第 1 期。

108. 张琳、东艳：《主要发达经济体推进"竞争中立"原则的实践与比较》，载《上海对外经贸大学学报》2015 年第 4 期。

109. 张目强：《〈补贴与反补贴措施协定〉中的补贴专向性》，载《政法论坛》2012 年第 2 期。

110. 张雪：《论 WTO 国营贸易企业非歧视待遇义务的若干问题》，载《经济与社会发展》2006 年第 10 期。

111. 张正怡：《国际经贸规则中的竞争要求演变与我国的应对》，载《学习与实践》2016 年第 3 期。

112. 赵海乐：《多边贸易体制下国营贸易企业的多重义务研究——以加拿大的国际司法实践为例》，载《世界贸易组织动态与研究》2012 年第 1 期。

113. 赵海乐：《论国有企业"政府权力"认定的同源异流——国家责任、国家豁免与反补贴实践比较研究》，载《人大法律评论》2015 年第 2 期。

114. 赵海乐：《是国际造法还是国家间契约——"竞争中立"国际规则形成之惑》，载《安徽大学学报（哲学社会科学版）》2015 年第 1 期。

115. 赵学清、温寒：《欧美竞争中立政策对我国国有企业影响研究》，载《河北法学》2013 年第 1 期。

116. 郑伟、管健：《WTO 改革的形势、焦点与对策》，载《武大国际法评论》2019 年第 1 期。

117. 钟立国：《从 NAFTA 到 TPP：自由贸易协定竞争政策议题的晚近发展及其对中国的启示》，载《武大国际法评论》2017 年第 6 期。

118. 钟立国：《自由贸易协定竞争政策条款研究》，载《武大国际法评论》2020 年第 6 期。

119. 周艳、李伍荣：《〈服务贸易协定〉国有企业规则及其启示》，载《国际贸易》2016 年第 10 期。

120. 朱兆敏：《国际经济法学的研究方法新论》，载《国际商务研究》2015 年第 5 期。

三、学位论文类

1. 李本：《WTO 框架下的补贴与反补贴协定研究》，华东政法学院 2004 年博士学位论文。

2. 何艳华：《区域贸易协定中的反倾销制度研究》，华东政法大学 2012 年博士学位论文。

3. 毛志远：《TPP 国有企业规则规范属性问题研究》，南京大学 2016 年博士学位论文。

4. 应品广：《竞争政策的宪政分析——以反垄断法为中心》，华东政法大学 2012 年博士论文。

四、报纸类

1. 刘敬东：《双反案胜诉后的法律思考》，载《中国社会科学报》2012 年 8 月 22 日，A07 版。

2. 项安波：《借鉴竞争中立原则应对 TPP 国企条款挑战》，载《中国经济时报》2016 年 6 月 22 日，第 5 版。

3. 徐旭红：《"竞争中立"论：美式项庄舞剑》，载《中国企业报》2011 年 12 月 6 日，第 1 版。

4. 《美国出新招对付"中国模式"（国际视点）》，载《人民日报》2011 年 11 月 24 日，第 21 版。

5. ［美］布莱恩·布莱默、向阳：《中俄经济模式与西式资本主义激烈交锋》，载《环球时报》2014 年 8 月 7 日，第 6 版。

五、中文网站类

1. 上海 WTO 事务咨询中心：《TiSA 国有企业条款附件泄露文本》，载 http://www.sccwto.org/post/24666？locale＝zh-CN，最后访问日期：2020 年 11 月 30 日。

2. 苏庆义：《RCEP 后中国加入 CPTPP 只能宜早不宜迟，可考虑与美国联手》，载 https://baijiahao.baidu.com/s？id＝1685112717580801171，最后访问日期：2020 年 12 月 6 日。

3. 中国新闻网：《李克强：营造国企、民企、外企公平竞争、一视同仁的营商环境》，载 https://www.chinanews.com.cn/gn/2018/11-07/8670369.shtml，最后访问日期：2019 年 4 月 25 日。

4. 蒋哲人：《澳大利亚国企竞争中立制度的启示》，载 http://china-esc.org.cn/c/2015-11-10/618167.shtml，最后访问日期：2019 年 3 月 2 日。

5. 孙晋：《习近平法治思想中的公平竞争法治观》，载 http://news.cssn.cn/zx/bwyc/2021 01/t20210106_5242508.shtml，最后访问日期：2021 年 2 月 22 日。

六、外文案例类

1. GATT, Belgian Family Allowances, BISD1S/59, 1952.

2. GATT, Canada-Administration of the Foreign Investment Review Act, BISD 30S/140, 1984.

3. GATT, US-Taxes on Petroleum, BISD34S/136, 1987.

4. WTO, Japan-Measures Affecting Consumer Photographic Film and Paper, WT/DS44, 1998.

5. WTO, Korea-Measures Affecting Imports of Fresh, Chilled, or Frozen Beef, Korea Various Measures on Beef, DS161/DS169, 2000.

6. WTO, United States-Final Countervailing Duty Determination with Respect to Certain Softwood Lumber from Canada, WT/DS257, 2003.

7. WTO, Canada-Measures Relating to Exports of Wheat and Treatment of Imported Grain, WT/DS276, 2003.

8. WTO, Korea-Measures Affecting Trade in Commercial Vessels, WT/DS273, 2005.

9. WTO, United States – Definitive Anti – Dumping and Countervailing Duties on Certain Products from China, WT/DS379, 2010.

10. WTO, United States-Countervailing Measures on Certain Hot-Rolled Carbon Steel Flat Products from India, WT/DS436, 2014.

11. WTO, United States-Countervailing Duty Measures on Certain Products from China, WT/DS437, 2014.

12. WTO, EU-Measures Related to Price Comparison Methodologies, WT/DS516, 2018.

七、外文论著类

1. Aldo Musacchio, Sergio G. Lazzarini, *Reinventing State Capitalism*: *Leviathan in Business*, *Brazil and Beyond*, Harvard University Press, 2014.

2. David A. Gantz, *Liberalizing International Trade after Doha*: *Multilateral*, *Plurilateral*, *Regional*, *and Unilateral Initiatives*, Cambridge University Press, 2013.

3. Douglas A. Irwin, et al., *The Genesis of the GATT*, Cambridge University Press, 2008.

4. Edmond McGovern, *International Trade Regulation*, Globefield Press, 1995.

5. G. M. Meier, *International Economics*: *The Theory of Policy*, Oxford University Press, 1980.

6. Gurwinder Singh, *Subsidies in the Context of the WTO's Free Trade System*: *A Legal and Economic Analysis*, Springer International Publishing, 2017.

7. Jeffrey A. Hart, *Rival Capitalists*: *International Competitiveness in the United States*, *Japan*, *and Western Europe*, Cornell University Press, 1992.

8. Kenneth W. Dam, *The GATT: Law and International Economic Organization*, University of Chicago Press, 1977.

9. Luca Rubini, *The Definition of Subsidy and State Aid: WTO and EC Law in Comparative Perspective*, Oxford University Press, 2009.

10. Marc Benitah, *The Law of Subsidies under the GATT/WTO System*, Kluwer Law International, 2001.

11. Meredith A. Crowley, *Trade War: The Clash of Economic Systems Endangering Global Prosperity*, CEPR Press, 2019.

12. Michael J. Trebilcock, et al., *The Regulation of International Trade*, Routledge, 2013.

13. N. Gregory Mankiw, *Principles of Microeconomics*, South-Western Cengage Learning, 2008.

14. Peter Van den Bossche, *The Law and Policy of the World Trade Organization: Text, Cases and Materials*, Cambridge University Press, 2005.

15. Petros C. Mavroidis, et al., *The Law and Economics of Contingent Protection in the WTO*, Edward Elgar, 2008.

16. Pier Angelo Toninelli, *The Rise and Fall of State-Owned Enterprise in the Western World*, Cambridge University Press, 2008.

17. Raj Bhala, *Modern GATT Law, A Treatise on the General Agreement on Tariffs and Trade*, Sweet and Maxwell, 2005.

18. Rambod Behboodi, *Industrial Subsidies and Friction in World Trade: Trade Policy or Trade Politics?* Routledge, 1994.

19. Roland Weinrauch, *Competition Law in the WTO: The Rationale for a Framework Agreement*, Neuer Wissenschaftlicher Verlag, 2004.

20. Simon Lester, Bryan Mercurio, *Bilateral and Regional Trade Agreements*, Cambridge University Press, 2009.

21. Theodore H. Cohn, *The World Trade Organization and Global Governance*, Springer, 2007.

22. Wu Yingying, *Reforming WTO Rules on State-Owned Enterprises: In the Context of SOEs Receiving Various Advantages*, Springer Singapore, 2019.

八、外文编著类

1. Benjamin L. Liebman, Curtis J. Milhaupt eds., *Regulating the Visible Hand? The Institutional Implications of Chinese State Capitalism*, Oxford University Press, 2015.

2. C. L. Lim, et al., eds., *The Trans-Pacific Partnership: A Quest for a Twenty-first Century Trade Agreement*, Cambridge University Press, 2012.

3. David Kennedy, Joseph E. Stiglitz eds. , *Law and Economics with Chinese Characteristics*: *Institutions for Promoting Development in the Twenty-First Century*, Oxford University Press, 2013.

4. Julien Chaisse, et al. , *Paradigm Shift in International Economic Law Rule-Making*: *TPP as a New Model for Trade Agreements?*, Springer, 2017.

5. Marco Bronckers, Reinhard Quick eds. , *New Directions in International Economic Law*: *Essays in Honour of John H. Jackson*, Kluwer Law International, 2000.

6. M. M. Kostecki ed. , *State Trading in International Markets*: *Theory and Practice of Industrialized and Developing Countries*, Palgrave Macmillan, 1982.

7. Pier Angelo Toninelli ed. , *The Rise and Fall of State-Owned Enterprise in Western World*, Cambridge University Press, 2000.

8. Raymond Vernon, Yair Aharoni eds. , *State-Owned Enterprise in the Western Economies*, Routledge, 1981.

9. Roger Zaech ed. , *Towards WTO Competition Rules*: *Key Issues and Commentson the WTO Report on Trade and Competition*, Kluwer Law International, 1998.

10. Suzanne Berger, Ronald Dore eds. , *National Diversity and Global Capitalism*: *Domestic Institutions and the Pressures for National Convergence*, Cornell University Press, 1996.

11. Thomas Cottier, Petros C. Mavroidis eds. , State Trading in the Twenty-FirstCentury, The University of Michigan Press, 1998.

九、外文论文类

1. Andrea Mastromatteo, "WTO and SOEs: Article XVII and Related Provisions of GATT 1947", *World Trade Review*, Vol. 16, No. 4. , 2017.

2. Andrei Shleifer, "State versus Private Ownership", *Journal of Economic Perspectives*, Vol. 12, No. 4. , 1998.

3. Andrew Dickinson, "State Immunity and State-Owned Enterprises", *Business Law International*, Vol. 10, No. 2. , 2009.

4. Andrew Lang, "Heterodox Markets and 'Market Distortions' in the Global Trading System", *Journal of International Economic Law*, Vol. 22, No. 4. , 2019.

5. Anna Kingsbury, "Should United States Antitrust Law Be Applied to State Trading Enterprises in Agricultural Trade?" *Drake Journal of Agricultural Law*, Vol. 9, No. 2. , 2004.

6. Bing Song, "Competition Policy in a Transitional Economy: The Case of China", *Stanford Journal of International Law*, Vol. 31, No. 2. , 1995.

7. Chios Carmody, "A Theory of WTO Law", *Journal of International Economic Law*, Vol. 11,

No. 3. , 2008.

8. Claus-Dieter Ehlermann, Lothar Ehring, "Decision-Making in the World Trade Organization: Is the Consensus Practice of the World Trade Organization Adequate for Making, Revising and Implementing Rules on International Trade?", *Journal of International Economic Law*, Vol. 8, No. 1. , 2005.

9. Curtis J. Milhaupt, Wentong Zheng, "Beyond Ownership: State Capitalism and the Chinese Firm", *Georgetown Law Journal*, Vol. 103, No. 3. , 2015.

10. D. Andrew, et al. , "State-Owned Enterprises in Less Developed Countries: Privatization and Alternative Reform Strategies", *European Journal of Law and Economics*, Vol. 12, No. 3. , 2001.

11. Daniel C. K. Chow, "How the United States Uses the Trans-Pacific Partnership to Contain China in International Trade", *Chicago Journal of International Law*, Vol. 17, No. 2. , 2017.

12. D. Daniel Sokol, "Order without (Enforceable) Law: Why Countries Enter into Non-Enforceable Competition Policy Chapters in Free Trade Agreements", *Chicago-Kent Law Review*, Vol. 83, No. 1. , 2008.

13. David E. M. Sappington, J. Gregory Sidak, "Competition Law for State-Owned Enterprises", *Antitrust Law Journal*, Vol. 71, No. 2. , 2002.

14. David E. M. Sappington, J. Gregory Sidak, "Incentives for Anticompetitive Behavior by Public Enterprises", *Review of Industrial Organization*, Vol. 22, No. 3. , 2003.

15. D. McRae, J. Thomas, "The GATT and Multilateral Treaty Making: The Tokyo Round", *American Journal of International Law*, Vol. 77, No. 1. , 1983.

16. Deborah Kay Elms, "The Trans-Pacific Partnership Trade Negotiations: Some Outstanding Issues for the Final Stretch", *Asian Journal of WTO and International Health Law and Policy*, Vol. 8, No. 2. , 2013.

17. Eleanor M. Fox, "Competition Law and the Agenda for the WTO: Forging the Links of Competition and Trade", *Pacific Rim Law and Policy Journal*, Vol. 4, No. 1. , 1995.

18. Ernst-Ulrich Petersmann, "Violation Complaints and Non-Violation Complaints in Public International Trade Law", *German Yearbook of International Law*, Vol. 34, 1991.

19. Fleury, et al. , "The US Shaping of State-Owned Enterprise Disciplines in the Trans-Pacific Partnership", *Journal of International Economic Law*, Vol. 19, No, 2. , 2016.

20. Frieder Roessler, "Canada-Wheat: Discrimination, Non-Commercial Considerations, and the Right to Regulate through State Trading Enterprises: Prepared for the ALI Project on the Case Law of the WTO", *World Trade Review*, Vol. 7, No. 1. , 2008.

21. Gary Clyde Hufbauer, Cathleen Cimino-Isaacs, "How will TPP and TTIP Change the WTO System?", *Journal of International Economic Law*, Vol. 18, No. 3. , 2015.

22. Gary Horlick, Peggy A. Clarke, "Rethinking Subsidy Disciplines for the Future: Policy Options for Reform", *Journal of International Economic Law*, Vol. 20, No. 3., 2017.

23. Gregory Messenger, "The Public-Private Distinction at the World Trade Organization: Fundamental Challenges to Determining the Meaning of 'Public Body'", *International Journal of Constitutional Law*, Vol. 15, No. 1., 2017.

24. Harold J. Krent, "The Private Performing the Public: Delimiting Delegations to Private Parties", *University of Miami Law Review*, Vol. 65, No. 2., 2011.

25. Ines Willemyns, "Disciplines on State-Owned Enterprises in International Economic Law: Are We Moving in the Right Direction", *Journal of International Economic Law*, Vol. 19, No. 3., 2016.

26. James B. Speta, "Competitive Neutrality in Right of Way Regulation: A Case Study in the Consequences of Convergence", *Connecticut Law Review*, Vol. 35, No. 2., 2003.

27. Jaemin Lee, "Trade Agreements' New Frontier-Regulation of State-Owned Enterprises and Outstanding Systemic Challenges", *Asian Journal of WTO and International Health Law and Policy*, Vol. 14, No. 33., 2019.

28. Jiangyu Wang, "The Political Logic of Corporate Governance in China's State- owned Enterprises", *Cornell International Law Journal*, Vol. 47, No. 3., 2014.

29. Joel Slemrod, Reuven Avi-Yonah, "(How) Should Trade Agreements Deal with Income Tax Issues?", *Tax Law Review*, Vol. 55, No. 1., 2001.

30. Joost Pauwelyn, "Treaty Interpretation or Activism? Comment on the AB Report on United States- ADs and CVDs on Certain Products from China", *World Trade Review*, Vol. 12, No. 2., 2013.

31. Julia Ya Qin, "WTO Regulation of Subsidies to State-Owned Enterprises (SOEs) -A Critical Appraisal of the China Accession Protocol", *Journal of International Economic Law*, Vol. 7, No. 4., 2004.

32. Lu Wang, Norah Gallagher, "Introduction to the Special Focus Issue on State-Owned Enterprises", *ICSID Review*, Vol. 31, No. 1., 2016.

33. Mark A. A. Warner, "After Seattle: Is There a Future for Trade and Competition Policy Rule-Making?", *Brooklyn Journal of International Law*, Vol. 26, No. 2., 2000.

34. Margaret C. Levenstein, Valerie Y. Suslow, "The Changing International Status of Export Cartel Exemptions", *American University International Law Review*, Vol. 20, No. 1., 2004.

35. Martha Finnemore, Kathryn Sikkink, "International Norm Dynamics and Political Change", *International Organization*, Vol. 52, No. 4., 1998.

36. Mark Wu, "The 'China, Inc.' Challenge to Global Trade Governance", *Harvard International*

Law Journal, Vol. 57, No. 2. , 2016.

37. McRae, D. M. , J. C. Thomas, "The GATT and Multilateral Treaty Making: The Tokyo Round", *American Journal of International Law*, Vol. 77, No. 1. , 1983.

38. Michael Albers, "Achieving Competitive Neutrality Step-By-Step", *World Competition Law and Economics Review*, Vol. 41, No. 4. , 2018.

39. Michel Cartland, et al, "Is Something Going Wrong in the WTO Dispute Settlement?", *Journal of World Trade*, Vol. 46, No. 5. , 2012.

40. Mikyung Yun, "An Analysis of the New Trade Regime for State-Owned Enterprises under the Trans-Pacific Partnership Agreement", *Journal of East Asian Economic Integration*, Vol. 20, No. 1. , 2016.

41. Ming Du, "China's State Capitalism and World Trade Law", *International and Comparative Law Quarterly*, Vol. 63, No. 1. , 2014.

42. Minwoo Kim, "Regulating the Visible Hands: Development of Rules on State-Owned Enterprises in Trade Agreements", *Harvard International Law Journal*, Vol. 58, No. 1. , 2017.

43. Neeraj, R. S, "A Defining Act: How TPP Rules are Undermining WTO Jurisprudence", *Journal of World Trade*, Vol. 53, No. 1. , 2019.

44. Neil Fligstein, Jianjun Zhang, "A New Agenda for Research on the Trajectory of Chinese Capitalism", *Management and Organization Review*, Vol. 7, No. 1. , 2011.

45. P. Marsden, "WTO Decides Its First Competition Case, with Disappointing Results", *Competition Law Insight*, Vol. 16, No. 3. , 2004.

46. Pargendler, et al. , "In Strange Company: The Puzzle of Private Investment in State-Controlled Firms", *Cornell International Law Journal*, Vol. 46, No. 3. , 2013.

47. Patricia Isela Hansen, "Antitrust in the Global Market: Rethinking Reasonable Expectations", *Southern California Law Review*, Vol. 72, No. 6. , 1999.

48. Peck, Theodore, "Variegated capitalism", *Progress in Human Geography*, Vol. 31, No. 6. , 2007.

49. Petros C. Mavroidis, Merit E. Janow, "Free Markets, State Involvement, and the WTO: Chinese State Owned Enterprises (SOEs) in the Ring", *World Trade Review*, Vol. 16, No. 4. , 2017.

50. Petros Mavroidis, Sally Van Siclen, "The Application of the GATT/WTO Dispute Resolution System to Competition Issues", *Journal of World Trade*, Vol. 31, No. 5. , 1997.

51. Philip I. Levy, "The Treatment of Chinese SOEs in China's WTO Protocol of Accession", *World Trade Review*, Vol. 16, No. 4. , 2017.

52. Raj Bhala, "Exposing the Forgotten TPP Chapter: Chapter 17 as a Model for Future Interna-

tional Trade Disciplines on SOEs", *Manchester Journal of International Economic Law*, Vol. 14, No. 1. , 2017.

53. Raj Bhala, "Trans-Pacific Partnership or Trampling Poor Partners: A Tentative Critical Review", *Manchester Journal of International Economic Law*, Vol. 11, No. 1. , 2014.

54. Raj Bhala, TPP, "American National Security and Chinese SOEs", *World Trade Review*, Vol. 16, No. 4. , 2017.

55. Raj Bhala, Nathan Deuckjoo Kim, "The WTO's under-Capacity to Deal with Global over-Capacity", *Asian Journal of WTO and International Health Law and Policy*, Vol. 14, No. 1. , 2019.

56. Raymond Vernon, "The International Aspects of State-Owned Enterprises", *Journal of International Business Studies*, Vol. 10, No. 3. , 1986.

57. Robert Wolfe, "Sunshine over Shanghai: Can the WTO Illuminate the Murky World of Chinese SOEs?", *World Trade Review*, Vol. 16, No. 4. , 2017.

58. Ru Ding, " 'Public Body' or Not: Chinese State-Owned Enterprises", *Journal of World Trade*, Vol. 48, No. 1. , 2014.

59. Ru Ding, "Interface 2. 0 in Rules on State-Owned Enterprises: A Comparative Institutional Approach", *Journal of International Economic Law*, Vol. 23, No. 3. , 2020.

60. Pierre Sauvé, "Questions and Answers on Trade, Investment and the WTO", *Journal of World Trade*, Vol 31, No. 4. , 1997.

61. Steven McGuire, "BETWEEN PRAGMATISM AND PRINCIPLE: Legalization, Political Economy and the WTO'sSubsidy Agreement", *The International Trade Journal*, Vol. 16, No. 3. , 2002.

62. Sungjoon Cho, "GATT Non-Violation Issues in the WTO in the WTO Framework: Are They the Achilles' Heel of the Dispute Settlement Process?", *Harvard International Law Journal*, Vol. 39, No. 2. , 1998.

63. Veijo Heiskanen, "The Regulatory Philosophy of International Trade Law", *Journal of World Trade*, Vol. 38, No. 1. , 2004.

64Martti Virtanen, Pekka Valkama, "Competitive Neutrality and Distortion of Competition: A Conceptual View", *World Competition*, Vol. 32, No. 3. , 2009.

65. Weihuan Zhou, et al. , "China's SOE Reform: Using WTO Rules to Build a Market Economy", *International and Comparative Law Quarterly*, Vol. 68, 2019.

66. William E. Kovacic, "Competition Policy and State-Owned Enterprises in China", *World Trade Review*, Vol. 16, No. 4. , 2017.

67. William K. Wilcox, "GATT-Based Protectionism and the Definition of a Subsidy", *Boston University International Law Journal*, Vol. 16, No. 1. , 1998.

68. Wolfgang Alschner, Dmitriy Skougarevskiy, "The New Gold Standard? Empirically Situating

the Trans-Pacific Partnership in the Investment Treaty Universe", *The Journal of World Investment and Trade*, Vol. 17, No. 3., 2016.

69. Yong Shik Lee, "WTO Discipline and Economic Development: A Reform Proposal", *Journal of International and Comparative Law*, Vol. 1, 2014.

70. Yong Shik Lee, "The Eagle Meets the Dragon-Two Superpowers, Two Mega RTAs, and So Many in Between: Reflections on TPP and RCEP", *Journal of World Trade*, Vol. 50, No. 3., 2016.

十、外文报告类

1. Alan O. Sykes, The Limited Economic Case for Subsidies Regulation, E15Initiative, Geneva: International Centre for Trade and Sustainable Development (ICTSD) and World Economic Forum, 2015.

2. Alan O. Sykes, The Questionable Case for Subsidies Regulation: A Comparative Perspective, *Journal of Legal Analysis*, Vol. 2, No. 2., 2010.

3. Antonio Capobianco, Hans Christiansen, Competitive Neutrality and State- Owned Enterprises: CHALLENGES AND POLICY OPTIONS, *OECD Corporate Governance Working Paper*, 2012.

4. Australia Government, Australian Government Response to the Competition Policy Review, 2015.

5. Commission of the European Communities, Competition Policy in the New Trade Order: Strengthening International Cooperation and Rules, 1995.

6. Csilla Bartók, Sébastien Miroudot, The Interaction amongst Trade, Investment and Competition Policies, *OECD Trade Policy Papers*, 2008.

7. Diane P. Wood, Richard P. Whish, Merger Cases in the Real World: A Study of Merger Control Procedures, OECD Publishing, 1994.

8. Gary Clyde Hufbauer, Jeffery J. Schott, Will the World Trade Organization Enjoy a Bright Future?, Policy Brief, Peterson Institute for International Economics, PB12- 11, 2012.

9. Hoeckman, B, Primo Braga, C, Protection and Trade in Services, Policy Research Working Paper, World Bank, 1997.

10. International Competition Policy Advisory Committee to the Attorney General and Assistant Attorney General for Antitrust, Final Report, 2000.

11. Jenny, Frederic, Globalization, Competition and Trade Policy, Paper for the Conference on Competition Policy in the Global Trading System, 2000.

12. Marc Benitah, Subsidies, Services and Sustainable Development, ICTSD, 2005.

13. Matthew Rennie, Fiona Lindsay, Competitive Neutrality and State-Owned Enterprises in Australia: REVIEW OF PRACTICES AND THEIR RELEVANCE FOR OTHER COUNTRIES,

OECD Corporate Governance Working Papers, 2011.

14. Ministerial Declaration of WTO Ministerial Conference Fourth Session at Doha, WT/MIN (01) / DEC/1, 2001.

15. OECD, Competitive Neutrality: A Compendium of Recommendations, Guidelines and best Practices, Economic SciencePress, 2015.

16. OECD, Competition Neutrality: Maintaining a Level Playing Field between Public and Private Business, OECD Publishing, 2012.

17. OECD, Competitive Neutrality: National Practice, Economic Science Press, 2015.

18. OECD, Competitive Neutrality and State-Owned Enterprises-Challenges and Policy Options, OECD Publishing, 2011.

19. OECD, Consistencies and Inconsistencies between Trade and Competition Policies, 1999.

20. OECD, Discussion on Competitive Neutrality, OECD Publishing, 2015.

21. OECD, OECD Business and Finance Outlook 2017, OECD Publishing, 2017.

22. OECD, OECD Guidelines on Corporate Governance of State-Owned Enterprises, 2015 Edition, OECD Publishing, 2015.

23. OECD, OECD Principles of Corporate Governance, OECD Publishing, 1999.

24. OECD, State-Owned Enterprises as Global Competitors: A Challenge or An Opportunity?, OECD Publishing, 2016.

25. OECD, State-Owned Enterprise Governance: A Stocktaking of Government Rationales for Enterprise Ownership, OECD Publishing, 2015.

26. Przemyslaw Kowalski, et al., State - Owned Enterprises: Trade Effects and Policy Implications, OECD Trade Policy Papers, No. 147., OECD Publishing, 2013.

27. Przemyslaw Kowalski, Kateryna Perepechay, International Trade and Investment by State Enterprises, OECD Publishing, 2015.

28. Report of the Drafting Committee of the Preparatory Committee of the United Nations Conference onInternational Trade and Employment, EPCT/34, 1947.

29. Sara Sultan Balbuena, Concerns Related to the Internationalization of State- owned Enterprises: Perspectives from Regulators, Government Owners and the Broader Business Community, OECD Publishing, 2016, p. 10.

30. Simon Evenett, Can Developing Economies Benefit from WTO Negotiations on Binding Disciplines for Hard Core Cartels 5- 18, United Nations, 2003.

31. State Trading: Proposal by the United States, MTN. GNG/NG7/W/55, 1989.

32. The White House, National Security Strategy of the United States of America, The White House Publishing, 2017.

33. UNCTAD, Recent Important Competition Cases in Developing Countries, 2002.

34. UNCTAD, Recent Competition Cases, 2003.

35. UNCTAD, World Investment Report 2017, 2017.

36. WTO, Working Group on the Interaction between Trade and Competition Policy, Communication from the European Community and its Member States, WT/WGTCP/W/78, 1998.

37. WTO, WTO Working Group on the Interaction between Trade and Competition Policy, Report on the Meeting of 27-28 July 1998, WT/WGTCP/M/5, 1998.

十一、外文网站类

1. Competition Principles Agreement-11 April 1995 (As amended to 13 April 2007), at http://ncp. ncc. gov. au/docs/Competition% 20Principles% 20Agreement% 2C% 2011% 20 April% 201995%20as%20amended%202007. pdf, Dec. 20, 2019.

2. Derek Scissors, Why the Trans-Pacific Partnership Must Enhance Competitive Neutrality, at https://cn. bing. com/search? q=Why+the+Trans- Pacific+Partnership+Must+Enhance+Competitive+Neutralityandqs=nandform=QBR Eandscope=webandsp=-1andpq=andsc=7- 0andsk= andcvid=835AA9549D1845999FC8A21A610BD08F, Feb. 27, 2021.

3. European Commission, EU Concept Paper, at http://trade. ec. europa. eu/doclib/docs/2018/september/tradoc_ 157331. pdf, May 14, 2019.

4. European Commission, Staff Working Document on Significant Distortions in the Economy of the People's Republic of China for the Purposes of Trade Defense Investigations, at https://trade. ec. europa. eu/doclib/docs/2017/december/tradoc_ 156474. pdf, Dec. 12, 2019.

5. Foreign Relations of the United States, at http://digital. library. wisc. edu/1711. dl/FRUS, July 4, 2020.

6. Charles Lake, et al. , The Urgent Challenges Posted by State-Owned and Assisted Enterprises, at http://uscsi. org/about-csi/global- services-summit-2012, Apr. 12, 2019.

7. Hilmer F. , et al, 1993 National Competition Policy, at http://ncp. ncc. gov. au/docs/National%20Competition%20Policy%20Review%20report %2C%20The%20Hilmer%20Report% 2C%20August%201993. pdf, 21st Feb. , 2021.

8. Ines Willemyns, Disciplines on State-Owned Enterprises in TPP: Have Expectations Been Met?, at https://ghum. kuleuven. be/ggs/publications/working_ papers/2016/168willemyns, Feb. , 27, 2021.

9. USTR, Joint Statement on Trilateral Meeting of the Trade Ministers of the United States, Japan, and the European Union, at https://ustr. gov/, Dec. 30, 2020.

10. Kawase Tsuyoshi, Trans-Pacific Partnership Negotiations and Rulemaking to Regulate State-owned Enterprises, at https://www. rieti. go. jp/en/special/policy - update/053. html, Feb. 27, 2021.

11. Kevin R. Kosar, Federal Government Corporation: An Overview (CRS Report for Congress), at https://fas. org/sgp/crs/misc/RL30365. pdf, July 7, 2020.

12. Luis AbugattasMajluf, Towards Disciplines on Subsidies on Agreements to Liberalize Trade in Services, at https://caricom. org/documents/9814-subsidies. pdf, July 7, 2020.

13. M. Angeles Villarreal, Ian F. Fergusson, NAFTA Renegotiation and the Proposed United States-Mexico - Canada Agreement (USMCA)., at https://heinonline. org/HOL/License, Dec. 2, 2020.

14. Robert D. Hormats, Addressing the Challenges of the China Model, at https://2009-2017. state. gov/e/rls/rmk/20092013/2011/157205. htm, May 5, 2019.

15. Robert D. Hormats, Ensuring a Sound Basis for Global Competition: Competitive Neutrality, at https://2009-2017. state. gov/e/rls/rmk/20092013/2011/163472. htm, May 16, 2020.

16. Robinett, David, Held by the Visible Hand: the Challenge of State-Owned Enterprise Corporate Governance for Emerging Markets, at http://documents. worldbank. org/curated/en/39607146 8158997475/Held- by - the - visible - hand - the - challenge - of - state - owned - enterprise - corporate-governance-for- emerging-markets, Oct. 15, 2019.

17. Simon J. Evenett, Incorporating Competition Principles into Regional Trade Agreements: Options for Policymakers, at http://www. oecd. org/officialdocuments/publicdisplaydocumentp-df/? cote = DAF/COMP/LACF (2008) 5anddocLanguage=En, July10, 2019.

18. Statement of the European Union and the United States on Shared Principles for International Investment, at https://2009-2017. state. gov/p/eur/rls/or/2012/187618. htm, Oct. 17 2019.

19. The White House Washington. DC: National Security Strategy of the United States of America, at https://www. whitehouse. gov/wp-content/uploads/2017/12/NSS- Final-12-18-2017-0905. pdf, Dec. 14, 2019.

20. United States, European Union Reaffirm Commitment to Open, Transparent, and Non-Discriminatory Investment Policies, at https://2009- 2017. state. gov/r/pa/prs/ps/2012/04/187645. htm, Apr. 12, 2020.

21. World Bank Corporate Governance, Held by the Visible Hand-The Challenge of SOE Corporate Governance for Emerging Markets, at http://documents1. worldbank. org/curated/en/39607146 8158997475/pdf/377110Corpo rate0Governance0SOEs01PUBLIC1. pdf, Dec. 15, 2020.

22. WTO, Revised Agreement on Government Procurement, at https://www. wto. org/english/docs_ e/legal_ e/rev-gpr-94_ 01_ e. htm, June 20, 2020.